新しい保育講座 **6**

保育方法・指導法

大豆生田啓友・渡邉英則 編著

ミネルヴァ書房

「新しい保育講座」シリーズ刊行にあたって

　1989（平成元）年の幼稚園教育要領の改訂に合わせて刊行された「保育講座」シリーズは，何回かの改訂を行いながらも，約30年の月日が過ぎようとしています。このように長く続いた理由として，「保育講座」シリーズでは，発刊当初から，子どもや保育のことをほとんど知らない学生や一般の人にも，できるだけわかりやすく，しかも保育の本質がイメージできるような編集方針を貫いてきたからともいえます。それは，作家・井上ひさしの言葉にあるように「むずかしいことをやさしく，やさしいことをふかく，ふかいことをおもしろく，おもしろいことをまじめに，まじめなことをゆかいに，そしてゆかいなことはあくまでゆかいに」保育を語ろうということでもありました。

　この度，2017（平成29）年3月に幼稚園教育要領や保育所保育指針，幼保連携型認定こども園教育・保育要領が改訂（定）されたのを機に，この「保育講座」シリーズも新たに内容を見直すことになりました。改訂（定）そのものは，1989（平成元）年に大きく改訂された幼稚園教育要領の方向に沿ったもので，その原理，原則が大きく変わったわけではありません。

　ただ，この30年の間に，保育，教育，そして子育てを取り巻く環境や状況は大きく変わりました。少子化が進み，家庭・地域の教育力が低下していく中で，国際的な乳幼児期への関心の高まりもあって，日本でも新たに幼保連携型認定こども園制度ができ，幼児教育の無償化も進むなど，幼稚園，保育所，認定こども園といった施設の種類にかかわらず，乳幼児期の保育・教育の重要性は飛躍的に高まってきています。

　また小学校以上の学習指導要領も大きく改訂され，「アクティブ・ラーニング」という言葉に代表されるように，これまでの知識や技能を教える教育から，これからの時代を生きぬくことができる資質・能力を育成する教育へと大きく方向を変えようとしています。

　このような時代に，保育者を志す学生が乳幼児期の教育・保育の基本について，何をどのように学ぶかはとても重要です。やみくもに知識の量を増やしていくという学び方ではなく，問いをもって自ら課題に取り組み，保育や幼児教育の基本を常に問い直し，保育者になった時に，その実践の場で生かせるような力をいかに獲得していくか，その学びが，「新しい保育講座」シリーズを通して獲得していけると信じています。このシリーズの本を手にしたすべての学生が，子どもたちのための保育を実現できる保育者になってくれることを切に願っています。

2018年3月

子どもと保育
総合研究所代表 森上史朗　　ゆうゆうのもり
幼保園園長　渡邉英則

はじめに

　みなさんは，幼稚園や保育所，あるいは認定こども園で，保育者が保育をする場面をどのようにイメージするでしょうか？　それは，みんなで集まって体操をしたり，工作をしたり，折り紙をしたりしている場面でしょうか？　それとも，園庭でどろんこ遊びをしたり，ごっこ遊びをしたり，色水遊びをしたりなど，好きな遊びをしている場面でしょうか？

　おそらく，みなさんがイメージしたものは，みなさんが小さな頃から経験してきた保育のイメージなのではないでしょうか。

　実際には，保育のやり方は園によってもずいぶん異なるようです。日本の一般的な小学校などのようにクラスで集まって一律にやることが中心のやり方，子どもが好きな遊びを自由に選んでやるやり方もあるでしょう。また，子どもを認めたり，ほめたりして育てることが中心の関わり方もあれば，子どもに注意や指導的な関わりをすることが多い関わり方もあるでしょう。あるいは，保育室にコーナーを設けている園もあれば，机がずらっと並んでいる園もあります。こうした保育の方法の違いは，どちらが正しい・正しくないという二者択一で言えるものではありません。

　こうした乳幼児期の子どもに対する教育・保育の方法については，長い保育の歴史のなかでも，世界的にもさまざまな議論がなされ，研究，検討がなされてきました。どのような方法で保育が行われるかは，子どもの育ちや学びに少なからぬ影響を与えるものです。また，私たちが子どもって素晴らしい，保育の仕事って素晴らしいと思えるような保育方法であることも重要なことです。だからこそ，現場の保育者や保育者を志す人たちには，保育の方法について真摯に学ぶことが必要なのです。本書では，保育方法について理論的にも学びますが，現場に関わりをもつ方にとっては，その理論を実践とつなげながら学ぶことで，より深い学びとなるものと考えています。

　そこで本書では，次にあげるような工夫を加えてあります。

① 　学んだことが実際の保育に結びつくように，具体的な実践事例をできるだけ多く取りあげてあること。
② 　単に知識を増やすということだけでなく，自分で判断する力を養えるようにワーク（作業課題）や演習問題を多く取り入れていること。
③ 　保育を学んだ者として欠かすことのできない基本的な知識は漏らさず位置づけてあるが，さらに深く学びたい人のために，参考となる文献や図書を多く紹介し

ていること。

　　本書を手掛かりに，乳幼児期にふさわしい保育方法への理解を深め，子どものおもしろさ，保育の楽しさなどを感じられる保育者が実践の現場に増えていくことを期待しています。

　　2020年3月

編著者を代表して　大豆生田啓友

も く じ

第3章　子どもにふさわしい園生活と保育形態

第4章　養護と教育が一体となった保育の方法

第5章　環境を通した保育の方法

第6章　遊びを通した保育の方法

第7章　個と集団を活かした保育の方法

第8章　0・1・2歳児の発達に応じた保育方法

第9章　3・4・5歳児の発達に応じた保育方法

第10章　保育の計画・実践・評価

第11章　家庭・地域と連携した保育

第12章　小学校との接続のデザイン

第13章　配慮を要する子どもへの保育方法

第14章　教材や情報機器を活かした保育方法

各章扉写真提供：かえで幼稚園・港北幼稚園・多摩川保育園

ゆうゆうのもり幼保園

第 1 章

保育方法とは何か？

ボールをのぞき込む子どもたちと保育者。そして，その声に引き寄せられ
て近寄ってくる子ども。一体何がそんなに魅力的なのでしょうか。

それは，ボールのなかをのぞいてみないとわかりません。でも，子どもたちの声や表情，身体からも伝わってくるかもしれません。少なくとも，写真の子どもたちの表情や身体からは，何かしらを楽しんだり，発見したり，達成しているようにも見えます。子どもたちは，遊び込んでいくことを通してそうした経験を積み重ねていきます。乳幼児期の教育（保育）の方法・指導法の出発点は，そうした遊びのなかで，子どもたちが目を向けている先を共に見て，子どもたちの「声」（心の声を含む）を聴くことにあります。そして，写真の保育者のように，子どもが発見したことや達成したことを，共に喜んだり，驚いたりすることも大切です。さらに，そこから必要な援助や計画への着想が生まれます。

　一人一人の子どもが，いま一体何に魅力を感じているのかを考えることから，教育（保育）の方法・指導法の在り方を考えてみてもよいかもしれません。

　「保育方法」とは何でしょうか？　あまり聞きなれない言葉かもしれませんね。はじめの一歩として，本章では保育方法とは何かについて，その基本の考え方について学んでいきましょう。

　保育方法の基本を学ぶにあたって，特に身近な具体的な事例（エピソード）を通して考えていきます。みなさんならどのように子どもに関わるか，考えてみましょう。

　さらに，エピソードを通してみなさんで考えたことについて，現場の先生ならどう考えるかについても意見を聞いてみましょう。「小さな子どもにはこう関わるべき」と思っているやり方とは違う，子どもに関わる方法が発見できるかもしれません。乳幼児の保育は，小学校以上の教育の方法ともずいぶん違いがあると思います。

　ここでは，保育方法の基本的な考え方のポイントを押さえ，第2章以降さらに詳しく学んでいくこととしましょう。

1　保育方法とは？

　「保育内容」についてはすでに学んだでしょうか？　保育内容とは，幼稚園や保育所，認定こども園で子どもが経験したり，学んだりする内容を指します。そうした子どもが園において豊かに経験したり，学んだりすることができるようにするための方法（method）が「保育方法」です。保育者（あるいは園）の子どもへの関わり方，保育の展開の仕方とも言い換えられるでしょう。ちなみに，保育者の子どもへの関わりは，「指導」「援助」「支援」などとも呼ばれ，それぞれニュアンスの違いがあり，人によっては場面ごとに使い分けています。[1]

　一口に「保育方法」といっても，実際は多様です。みなさんが乳幼児期に通った幼稚園や保育所はどうだったでしょうか？

　一日中，自由に遊ぶことが中心だったでしょうか。それとも，クラス全員で先生の指示のもと，同じ活動をすることが多かったでしょうか。あるいは，どちらもバランスよく織り込まれていたでしょうか。

　このような違いにも，保育方法の違いがあると言えます。

　こうした，園によって異なる保育活動のかたちを「形態」と言い

[1]　指導・援助・支援
　特に，「指導」は「指し，導く」と表記されているように大人の主導的な関わりと捉えられることが多いようです。「指導的」というときには，大人の主導性の強い関わりを指します。しかし，幼児教育における「指導」とは，保育者が子どもを保育する営みを総称して用いられる場合があります。つまり，その「指導」の実際は「援助」や「支援」と同様，子どもに即して発達を支えるといった意味として用いられます。

3

▶2　自由保育

一般に外的な形態で自由活動が多いと自由保育と呼ばれることが多いようです。しかし，本来，「自由保育」とは子どもの自由な活動を尊重する保育の理念であり，形態ではありません。そこに大きな問題があります。

▶3　コーナー保育

子どもの活動の拠点となるように設定した空間がコーナーです。保育室などに製作コーナー，ままごとコーナー，絵本コーナーなどのコーナーを設定して行う保育をコーナー保育と呼ぶことがあります。

▶4　縦割り保育

年齢別のクラス構成ではなく，3・4・5歳児などの異年齢でクラスを構成する形態のことです。

▶5　保育に影響を与えた

思想家や実践家は数多く，ルソー，ペスタロッチ，フレーベル，デューイ，ピアジェ，倉橋惣三など，際限なくあげられます。なかでも，モンテッソーリ，シュタイナーなどの方法論を採用する園は少なくありません。さらには，「○○式」という名前のついた方法論が流行することもあります。

ます。自由活動が中心の園は「自由保育」の園，クラス全体による一斉活動が中心の園は「一斉保育」の園と呼ばれたりすることがあります。また，保育コーナーを基盤に保育を行う「コーナー保育」や，年齢の異なる幼児を一緒に保育する「縦割り保育」などの形態もあります。このように，さまざまな保育の形態に名称がつけられている実態があるのです。また，ある保育の思想家や実践家による理念に影響を受けた保育方法もあります。みなさんの住んでいる地域には，どのような形態や方法をとっている園があるかを調べてみるのもよいでしょう。

しかし，こうした保育の形態や理念の外的な側面で分けることには問題もあります。なぜなら，同じように「自由保育」と言われる園のなかにも，子どもが好き放題に過ごす園もあれば，保育者が子どもの実態に即してきめ細かく必要な環境構成や関わりを行っている園もあるからです。「一斉保育」だってそうです。同じ絵を描かせるにしても，全員が同じ出来栄えになることを求める園もあれば，一人一人の個性や興味に即してある程度自由に描かせる園もあるからです。

つまり，同じ形態や方法論で分けられたとしても，園によってその方法は同じではないのです。たいていの園では，自由か一斉か，コーナーをつくるかつくらないか，年齢別か異年齢か，という二者択一で行っているわけではありません。その時期の子どもの姿や実態に応じて必要な方法が取り入れられているのです。だから，表面的な見方による形態だけで分類するのは，あまり意味がないのです。

大切なことは，目の前の一人一人の子どもの発達や状況に応じて，ふさわしい保育の方法を行うことです。それは，簡単にマニュアル化できるものではありません。なぜなら，一人一人の子どもは違うし，その時々によって状況は異なるからです。園も違えば，家庭や地域の実態も違います。だからこそ，保育方法の本質が重要なのです。

本書では，単に「こういうときはこうすればよい」といったマニュアル化された方法論を学ぶのではなく，保育の在り方の本質を探りながら，状況に応じて目の前の子どもにふさわしい関わりをするための方法の在り方を学んでいきましょう。

2 エピソードから考えてみよう！
──こんなとき，どう関わる？　どう保育する？

　それでは次に，エピソードを通して学んでいきましょう。これから，エピソードのワークを行います。次の3つのステップで進めてみましょう。

【第1ステップ】

　次のエピソードについて，自分ならどのように関わるか，またなぜそう考えたのかを一人一人，ノートに書き出してみましょう。

【第2ステップ】

　5人程度のグループで自分の考え方を出し合ってみましょう。

【第3ステップ】

　グループの意見のなかでもっとも説得力があった考えを，クラスのなかで発表してみましょう。

Episode 1 パンチやキックをしてくる子ども

　実習に行きました。私は数名の4歳児の女の子と砂場で遊んでいました。すると，同じ4歳児クラスのミツルくんがやってきて，私に後ろからパンチやキックをしてきます。「やめて」と言っても，笑いながら，やめようとしません。一緒に遊んでいた女の子たちが「やめなさいよ」と言うと，さらにヒートアップして，「お前なんか，幼稚園に来るな」と言ってきます。しつけのためには厳しく叱ったほうがよいと思うのですが，みなさんならどう対応するでしょうか？

Episode 2 折り紙でシュリケンのつくり方を子どもたちに教えたい

　今度の秋の実習では部分実習があります。私は4歳児クラスに入ることが決まっています。子どもに何か楽しい遊びを提案したいと考えています。そこで，小さい頃大好きだった折り紙のシュリケンづくりをやりたいと考えました。でも，どうやって，つくり方を教えたらいいんだろう？　クラス全員で集まって教えたらいいのかな？　その場合って，折り紙を大きな画用紙に貼ってみんなに見えるようにして，説明したらいいのかな？　みなさんなら，どのような方法で教えますか？

Episode 3 🎓　食事の好き嫌いをなくすために

　３歳児の実習をさせていただいたときに，いまの子どもは好き嫌いが多いことに気づかされました。その園はお弁当だったのですが，その子の好きな物ばかりが入っているのです。それにもかかわらず，残す子どもも結構いました。「食育」が大事だと言われています。これではいけないのではないでしょうか？　幼児期にもっと好き嫌いがなくなるような働きかけが必要だと思います。野菜も残さず我慢してでも食べるような習慣形成に取り組んだほうがよいのではないでしょうか？　みなさんはどう考えますか？

3　現場の先生にインタビューしてみよう！

　どのエピソードも具体的にどう対応してよいか，とても難しいですね。現場の先生方にとっても簡単ではないことばかりです。また，どれも正解があるわけではありません。

　そこで，ここではこれらのエピソードについて，現場の先生方にインタビューしてみましょう。登場いただくのは，ミカ先生（幼稚園・経験８年目）とタクミ先生（保育所・経験２年目）です。

❶ Episode 1 について

質問者：ミツルくんみたいな子ってどこにもいますよね？（笑）

タクミ先生：うちの園にもいます。

ミカ先生：実習生にとっては深刻な問題よね。

質問者：なんで，実習生を蹴ったりするんでしょう？

ミカ先生：その子によっても，その場面によっても違うので，簡単には答えられませんが……。うちのクラスにも実習生が来ると，すぐにたたく子がいます。でも，その子は本当はその実習生と遊びたいと思っているんです。でも，他の子がたくさんいて，

6

近づけないんですよ。言葉もあまり上手じゃなかったり。

タクミ先生：そうそう。あとは，友達とうまくいかずに自分の遊び
　　　がうまく見つからなかったり，親との関係がうまくいっていな
　　　い寂しいときなどに，保育者や実習生など大人にすがるように
　　　近づく場合もありますね。

質問者：じゃあ，その実習生が嫌いなわけではないんですね？

タクミ先生：そう思います。

ミカ先生：そうですね。だから，叱って解決する問題ではないと思
　　　います。「やめて」だけだと，かえってエスカレートする場合
　　　もありますよね。だから，「ミツルくんはどんなテレビが好
　　　き？」とか「ちょっと待って。もう少ししたら，一緒に遊ぼう
　　　よ」なんていうと，笑顔を見せたりすることもあります。

タクミ先生：ぼくも，実習生には「仲良くなれるようにがんばって
　　　みて」ってアドバイスすることが多いです。

質問者：そうですか。まず，「しつけ」と考えるのではなく，そう
　　　してしまう子どもの気持ちを理解することが大切なのですね。

❷ Episode 2 について

質問者：続いて，Episode 2 です。先生方は折り紙を教えたりする
　　　ことはありますか？

タクミ先生：ありますよ。でも，クラス全員に一斉に教えることは
　　　ほとんどありませんね。

質問者：え？　それはなぜですか？

タクミ先生：そうですね。折り紙を折る技術は子どもの個人差が大
　　　きいんです。みんなで一斉にやると，ついていけない子どもも
　　　出てきます。クラスの子どもが30人近くいるとなかなか対応が
　　　難しいです。もちろん，早くできた子ができない子を手伝って
　　　やる方法もありますけどね。でも，あえて全員を動かしてやる
　　　ことではないと思います。

質問者：なるほど。個人差があることが一斉にやらない理由なので
　　　すね？

タクミ先生：そうですね。あまり，集団で楽しむ活動でもないと思いますし。

ミカ先生：私もそう思います。でも，5歳児の後半などは，友達と一緒に協力してちょっとした難しいテーマを乗り越えることがおもしろい時期なので，場合によってはグループ活動として，難しい折り紙をやったこともあります。

質問者：なるほど。

ミカ先生：それから，個々の興味に即していくことを大事にしたいという面もあります。去年，4歳児でこんなことがありました。女の子の間でままごと遊びが流行ったときに，財布をつくりたいって話になって，折り紙で財布のつくり方を教えてあげたら，それに多くの子たちがハマったんです。そして，折り紙でもっといろんなものをつくりたいってことに。子どもが求めはじめたときをチャンスとして生かすんです。だから，「全員一斉に」っていうよりも，個々の興味に応じて，それが広がっていく感じですかね。

質問者：興味をもってから，提供するんですね。

ミカ先生：そうじゃない場合もあります。遊びが見つからない子がいたので，その子にシュリケンのつくり方を教えていたんです。そしたら，それが他の子にも広がっていきました。だから，翌日からは，シュリケンづくりのコーナーを室内環境につくったんです。そしたら，子どもたち同士で教え合うようになって。何日か後にはシュリケンをもって忍者ごっこに発展していきましたよ。

タクミ先生：私も時期によって，折り紙をつくるコーナーを環境として用意しておくこともありますね。

質問者：そうですか。環境を用意して，そこに子どもが興味をもって関わるということですね。

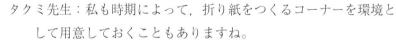

❸ Episode 3 について

質問者：続けて，Episode 3 についてお聞きします。

ミカ先生：難しいですね。私の園もお弁当ですが，たしかに好き嫌いのある子が多いですね。

質問者：給食のような日はありますか？

ミカ先生：月に1回，保護者の有志が集まってつくってもらう日があります。会食の日って呼んでます。たしかに，こうした会食の機会は，嫌いなものも食べる機会になりますね。大好きな先生や友達がおいしそうに食べていると，「自分も食べてみよう」って思うみたいです。

タクミ先生：私は保育所なので，給食です。小さい頃からみんなで同じものを食べているせいか，比較的よく野菜なんかも食べるように思います。ミカ先生がおっしゃっていたように，大好きな友達の存在は大きいと思います。

質問者：みんなで同じものを食べる機会も大切なのですね。

ミカ先生：はい。ただ，いまはアレルギー体質の子どもなどもいて，個別に対応することの必要性もあります。

タクミ先生：うちもそうです。個々のアレルギーに対応したメニューを用意しています。なるべく，他の子のメニューと違わないように工夫してつくってもらって。

質問者：個別の対応も必要なのですね。ところで，嫌いなものが入っていたりして，残したりする子には「がんばって」食べさせようとすることもありますか？

ミカ先生：ないわけではありません。「今日はブロッコリーに挑戦してみない？」と励ましたりはします。ただ，食べることが「楽しい」って感じることが一番大切だと考えていますから，無理はさせません。それよりも，クラスでハツカダイコンや，ミニトマトなどを育てる栽培の活動が効果的だったりします。自分たちで育てると，とても興味をもつので，「幼稚園のミニトマトは味が違う」なんて言う子も出てきたりしますよ。

タクミ先生：私はつい，「残さないで全部食べて」って言いすぎてしまうほうで，反省することも多いです。無理をさせることで，給食を嫌いにさせてしまうこともあります。個人差があることを大事にしなければいけません。

質問者

質問者：なるほど。

タクミ先生

タクミ先生：でも，うちの園では週に1回，ビュッフェ方式の日があります。自分で食べたい料理の量を選んでとれるんです。なかには，食べたくないものを選ばない子もいるんですが，そういう子には「ちょっとだけでも食べてみない」って声をかけています。自分で選んでいるので，いつもよりよく食べます。食べさせられるということではなく，自分で主体的に食べるってことは大事なことです。楽しく食べることが一番ですね。

質問者

質問者：なるほど。好き嫌いをなくさせるために，無理に食べさせるよりも，楽しく食べたくなるような工夫が大切なのですね。園生活のなかで，一緒に食べる場を通して友達がおいしそうに食べている姿に刺激されたり，自分たちで野菜などを栽培する体験があったり，自分で選ぶ経験をすることなどを通して，食べることの喜びの世界が広がるってわけですね。ありがとうございました。

4 エピソードから見える保育方法のポイント

　さて，第2節と第3節でのエピソードへの対応を通して見えてきた，保育方法を考えるうえでの大切なポイントについてまとめてみましょう。

❶ 背景となる保育観・子ども観・発達観

　どのような保育の方法をとるかは，それぞれの大人の保育観・子ども観・発達観が背景となっています。これは，「保育」というもの，「子ども」というもの，「子どもが育つ」ということをどのように捉えているかという，私たちの見方や枠組みのことです。
　Episode 1 であれば，「すぐに乱暴に手を出す子どもには厳しく叱ってしつけなければいけない」という子どもへの関わり方に対する固定的な考えをもっている人がいます。それに対して，「乱暴をするのは，その人への興味の表れだ」とする見方もあります。

　Episode 3 であれば，「好き嫌いのある子には無理にでも食べさせることが大切」という考え方もあります。その一方，「食べることは楽しければよい」という考え方もあります。

　このように，私たちはこれまでの生い立ちや経験のなかで知らず知らずのうちに自分の保育観・子ども観・発達観を身につけてきました。この自分の固定的な物の見方を基準にして，「こういう場合はこうしたほうがよい」と決定しがちです。ですから，この自分の保育の見方を見直しながら豊かにしていくことが大切です。そのためには，こうして自分の考えを話しつつ，いろいろな人の見方を取り入れていくことが必要です。

❷「子ども理解」が基盤──理解と信頼関係

　そして次に，現場の先生方へのインタビューから見えてきたことは，子ども理解が基盤になっているということです。

　Episode 1 であれば，たたいてしまうミツルくんがどのような思いであるかを理解して対応を考えることが重要だと述べられています。また，Episode 2 では，子どもの個人差や，興味や時期に応じたり，個々の子どもの状況を理解しながら，先生が折り紙を提供することが大切だと話されていました。Episode 3 でも，食に対する個人差に応じることの大切さについてふれられています。

　子ども理解といってもさまざまです。第一は，子どもの内面理解です。子どもがどのような思いでいるか，そうしたことの意味は何か，何に興味・関心があるかなど，子どもの気持ちに寄り添うことが子どもを理解する第一歩となります。第二には，子どもの発達理解です。子どもの発達からいって今どのようなことに興味があるか，何が課題になっているのかなど，子どもの発達に即して，その時期にふさわしい活動や援助を考えることが大切です。第三には，子どもの関係性の理解です。遊びのなかでの子ども同士の関係がどうなっているか，保育者との関係，親やきょうだいなど家族との関係なども考慮して子どもの行動を理解することが求められます。Episode 1 では，たたいたりすることの背景に親との関係がある場合もあることなどにもふれられています。

　保育のなかで子どもにどのようなアプローチをとるかは，こうした子ども理解が背景にあることが重要であることがわかります。

なお，このように個々の子どもを理解し，肯定的に受容しながら関わるなかで，保育者は子どもとの信頼関係をつくっていきます。Episode 1 に対する先生方のインタビューでも仲良くなることを勧めていましたよね。子ども理解と同時に，保育者が子どもとの信頼関係をつくることも，重要な保育方法のようです。

❸「自発性」と「環境」──遊びによる保育

　また，子どもの「自発性」あるいは「主体性」が重要視されていることがわかります。まず，自発性や主体性とは，「させられる」のではなく，自分の意思で行うということです。Episode 2 の折り紙でも，ただ単に子どもに教えればよいのではなく，子どもが興味をもって主体的・自発的に取り組めるような働きかけを大事にしています。Episode 3 の食事の好き嫌いにしても，無理に食べさせようと強制するのではなく，子どもが自分から「食べてみよう」という気持ちを大事にしていることがわかります。

　自発性と同時に大切にされるのが「環境」です。子どもが豊かな経験や学びをするためには，自発的に関わる「環境」の在り方が大事になります。そのため，保育者は子どもが自発的に関わりたくなるような「環境」を用意しているようです。それはインタビューのなかからもわかります。

　特に Episode 2 では，折り紙に自発的に関わらせるために，子どもの興味に応じて折り紙のコーナーを設定したりしています。Episode 3 では，給食にビュッフェ方式を取り入れて，子どもたちが自発的に食事を選んで食べる方法をとっているという話もありました。

　つまり，環境の工夫によって，子どもが自発的に関わって，豊かな経験ができるようにしているのです。環境といってもさまざまです。物的な環境だけでなく，自然環境，人的環境，空間や雰囲気などもあります。

　自発性や環境を重視することはすなわち，「遊び」や生活を通して保育を行っていくということです。つまり，主体的な活動としての「遊び」や「生活」を通して，子どもが豊かな経験ができるようにするのが，小学校以上の学校教育とは大きく異なる方法だと言えます。

❹ 個別性と集団

　さらに，一人一人（個別性）に応じた方法がとられていることがわかります。Episode 1 では，ミツルくんのそうせざるを得ない思いに応じた関わりが必要であると述べられています。Episode 2 では，折り紙への関心や技術の違い，Episode 3 ではアレルギーの子どもへの対応も含め，好き嫌いなどの個々の違いに応じて関わることが大事だとありました。

　ここには，一人一人の子どもはみんな違っており，その一人一人の違いにできるだけ丁寧に対応していくことが，保育方法の原理になっているようです。それと同時に，集団のなかで育ち合うようなことも方法として用いられています。Episode 2 では，一人の子がつくったシュリケンがみんなに広がっていくということもありました。Episode 3 では，自分が嫌いな食べ物でも大好きな友達や先生が食べている姿から「自分も食べてみよう」という例もあげられていました。

　このように，集団のなかで，子ども同士が響き合い，育ち合いが起こるように仕掛けていくことが，重要な方法であることがわかります。一人一人の個性が大事にされると同時に，集団も大事にされることで，相乗効果で豊かな経験をつくり出していくところにも，保育方法の重要な側面がありそうです。

5 「幼稚園教育要領」「保育所保育指針」「幼保連携型認定こども園教育・保育要領」に見る保育方法

　さて，最後に，保育の在り方の方向性を示す「幼稚園教育要領」と「保育所保育指針」「幼保連携型認定こども園教育・保育要領」を見てみましょう。ここには，保育方法の重要なポイントが簡潔に記されています。

❶ 幼児教育・保育の基本

　「幼稚園教育要領」には，以下に抜粋した第 1 章「総則」第 1

「幼稚園教育の基本」に記されています。また，「保育所保育指針」では，第1章「総則」1「保育所保育に関する基本原則」の(3)「保育の方法」に，「幼保連携型認定こども園教育・保育要領」では，第1章「総則」第1「幼保連携型認定こども園における教育及び保育の基本及び目標等」の1「幼保連携型認定こども園における教育及び保育の基本」に記されています。

　ここに書かれた内容は，第4節でまとめたポイントとも共通している点が多々あります。第4節の内容をふまえ，これらを読んでみましょう。そして，大切なところにアンダーラインを引き，自分なりにポイントを押さえてみましょう。

幼稚園教育要領

第1章　総　則

第1　幼稚園教育の基本

　幼児期の教育は，生涯にわたる人格形成の基礎を培う重要なものであり，幼稚園教育は，学校教育法に規定する目的及び目標を達成するため，幼児期の特性を踏まえ，環境を通して行うものであることを基本とする。

　このため教師は，幼児との信頼関係を十分に築き，幼児が身近な環境に主体的に関わり，環境との関わり方や意味に気付き，これらを取り込もうとして，試行錯誤したり，考えたりするようになる幼児期の教育における見方・考え方を生かし，幼児と共によりよい教育環境を創造するように努めるものとする。これらを踏まえ，次に示す事項を重視して教育を行わなければならない。

1　幼児は安定した情緒の下で自己を十分に発揮することにより発達に必要な体験を得ていくものであることを考慮して，幼児の主体的な活動を促し，幼児期にふさわしい生活が展開されるようにすること。

2　幼児の自発的な活動としての遊びは，心身の調和のとれた発達の基礎を培う重要な学習であることを考慮して，遊びを通しての指導を中心として第2章に示すねらいが総合的に達成されるようにすること。

3　幼児の発達は，心身の諸側面が相互に関連し合い，多様な経過をたどって成し遂げられていくものであること，また，幼児の生活経験がそれぞれ異なることなどを考慮して，幼児一人一

人の特性に応じ，発達の課題に即した指導を行うようにすること。

その際，教師は，幼児の主体的な活動が確保されるよう幼児一人一人の行動の理解と予想に基づき，計画的に環境を構成しなければならない。この場合において，教師は，幼児と人やものとの関わりが重要であることを踏まえ，教材を工夫し，物的・空間的環境を構成しなければならない。また，幼児一人一人の活動の場面に応じて，様々な役割を果たし，その活動を豊かにしなければならない。

保育所保育指針

第1章　総　則

1　保育所保育に関する基本原則

(3) 保育の方法

保育の目標を達成するために，保育士等は，次の事項に留意して保育しなければならない。

ア　一人一人の子どもの状況や家庭及び地域社会での生活の実態を把握するとともに，子どもが安心感と信頼感をもって活動できるよう，子どもの主体としての思いや願いを受け止めること。

イ　子どもの生活のリズムを大切にし，健康，安全で情緒の安定した生活ができる環境や，自己を十分に発揮できる環境を整えること。

ウ　子どもの発達について理解し，一人一人の発達過程に応じて保育すること。その際，子どもの個人差に十分配慮すること。

エ　子ども相互の関係づくりや互いに尊重する心を大切にし，集団における活動を効果あるものにするよう援助すること。

オ　子どもが自発的・意欲的に関われるような環境を構成し，子どもの主体的な活動や子ども相互の関わりを大切にすること。特に，乳幼児期にふさわしい体験が得られるように，生活や遊びを通して総合的に保育すること。

カ　一人一人の保護者の状況やその意向を理解，受容し，それぞれの親子関係や家庭生活等に配慮しながら，様々な機会をとらえ，適切に援助すること。

幼保連携型認定こども園教育・保育要領

第1章　総　則

第1　幼保連携型認定こども園における教育及び保育の基本及び目標等

1　幼保連携型認定こども園における教育及び保育の基本

乳幼児期の教育及び保育は，子どもの健全な心身の発達を図りつつ生涯にわたる人格形成の基礎を培う重要なものであり，幼保連携型認定こども園における教育及び保育は，就学前の子どもに関する教育，保育等の総合的な提供の推進に関する法律（平成18年法律第77号。以下「認定こども園法」という。）第2条第7項に規定する目的及び第9条に掲げる目標を達成するため，乳幼児期全体を通して，その特性及び保護者や地域の実態を踏まえ，環境を通して行うものであることを基本とし，家庭や地域での生活を含めた園児の生活全体が豊かなものとなるように努めなければならない。

このため保育教諭等は，園児との信頼関係を十分に築き，園児が自ら安心して身近な環境に主体的に関わり，環境との関わり方や意味に気付き，これらを取り込もうとして，試行錯誤したり，考えたりするようになる幼児期の教育における見方・考え方を生かし，その活動が豊かに展開されるよう環境を整え，園児と共によりよい教育及び保育の環境を創造するように努めるものとする。これらを踏まえ，次に示す事項を重視して教育及び保育を行わなければならない。

⑴　乳幼児期は周囲への依存を基盤にしつつ自立に向かうものであることを考慮して，周囲との信頼関係に支えられた生活の中で，園児一人一人が安心感と信頼感をもっていろいろな活動に取り組む体験を十分に積み重ねられるようにすること。

⑵　乳幼児期においては生命の保持が図られ安定した情緒の下で自己を十分に発揮することにより発達に必要な体験を得ていくものであることを考慮して，園児の主体的な活動を促し，乳幼児期にふさわしい生活が展開されるようにすること。

⑶　乳幼児期における自発的な活動としての遊びは，心身の調和のとれた発達の基礎を培う重要な学習であることを考慮して，遊びを通しての指導を中心として第2章に示すねらいが総合的に達成されるようにすること。

(4)　乳幼児期における発達は，心身の諸側面が相互に関連し合い，多様な経過をたどって成し遂げられていくものであること，また，園児の生活経験がそれぞれ異なることなどを考慮して，園児一人一人の特性や発達の過程に応じ，発達の課題に即した指導を行うようにすること。

その際，保育教諭等は，園児の主体的な活動が確保されるよう，園児一人一人の行動の理解と予想に基づき，計画的に環境を構成しなければならない。この場合において，保育教諭等は，園児と人やものとの関わりが重要であることを踏まえ，教材を工夫し，物的・空間的環境を構成しなければならない。また，園児一人一人の活動の場面に応じて，様々な役割を果たし，その活動を豊かにしなければならない。

❷ 5領域・「育みたい資質・能力」・「幼児期の終わりまでに育ってほしい姿」

　乳幼児が園生活を通して経験する内容を示した保育内容は，乳児（0歳児）は「3つの視点」，1歳以上は「5領域」で示されています（図1-1）。「3つの視点」とは，「健やかに伸び伸びと育つ」「身近な人と気持ちが通じ合う」「身近なものと関わり感性が育つ」です。また「5領域」とは，「健康」「人間関係」「言葉」「環境」「表現」です。なお，この図からもわかるように，「養護」がこれらのベースになります。詳しくは，保育内容に関する別の科目で学びますので，ここではこれ以上，触れません。

　さらにここで説明しておきたいことは，今回の「幼稚園教育要領」等では，「育みたい資質・能力」と「幼児期の終わりまでに育ってほしい姿」（10の姿）が示されたことです。これは，子ども主体の活動である遊びや生活が学びになり，その学びが，卒園以降の教育や学びにつながっていくことを示しています。

　まず，「育みたい資質・能力」は，各領域のねらい及び内容にもとづく保育活動全体によって育むものとされており，①「知識及び技能の基礎」，②「思考力，判断力，表現力等の基礎」，③「学びに向かう力，人間性等」の3つの資質・能力を一体的に育むよう努めることが求められています。図1-2で示したように，それらが遊びを通しての総合的な指導によって培われていることになるのです。

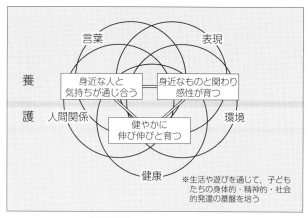

図1-1 保育内容のイメージ

📌出所：厚生労働省「保育所保育指針の改定に関する議論のとりまとめ」2016年。

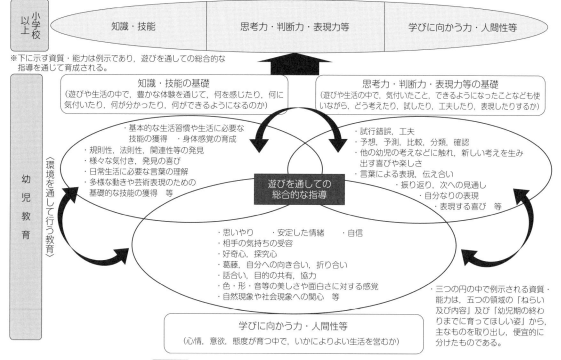

図1-2 幼児教育において育みたい資質・能力の整理

📌出所：文部科学省「幼児教育部会における審議の取りまとめ」2016年。

　そして，その「資質・能力」が育まれている子どもの具体的な姿で，保育者が指導を行う際に考慮するものとして示されたのが，図1-3に示した「幼児期の終わりまでに育ってほしい姿」（10の姿）です。

　この「幼児期の終わりまでに育ってほしい姿」（10の姿）は，単に能力や成果ということではなく，園生活のなかでのさまざまな活動を通して現れる子どもの具体的な姿を指していますが，その具体

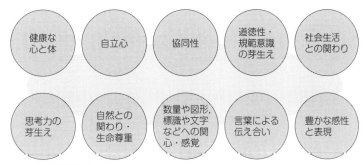

図1-3　幼児期の終わりまでに育ってほしい姿（10の姿）

▶出所：文部科学省「幼児教育部会における審議の取りまとめ」2016年を一部修正。

表1-1　5領域と10の姿の関連

5領域	10の姿
健　　康	①健康な心と体
人間関係	②自立心 ③協同性 ④道徳性・規範意識の芽生え ⑤社会生活との関わり
環　　境	⑥思考力の芽生え ⑦自然との関わり・生命尊重 ⑧数量や図形，標識や文字などへの関心・感覚
言　　葉	⑨言葉による伝え合い
表　　現	⑩豊かな感性と表現

▶出所：筆者作成。

的な内容は，特別に目新しいものでもありません。これまでの「幼稚園教育要領」等のなかで5領域の「内容の取扱い」として示されていたものを再整理して，10項目にまとめているのです（表1-1）。

　子どもが主体的に遊びを充実させていくとき，子どもの育ちが，そのような方向に向かっていくという，幼児教育の方向性を示したものなのです。言い変えれば，子どもたちが，遊び込んでいくとき，そうした姿が自ずと見えてくるのです。ですから，それらは幼児期の終わりまでにすべて完成するものでもなければ，完成させるべき到達目標でもないのです。

　つまり，「育みたい資質・能力」や「幼児期の終わりまでに育てたい姿」（10の姿）は，乳幼児期の遊びが重要な学びであることを，さらには，乳幼児期の教育や保育がその後の人生を生きる力の土台になっていることを，社会や小学校以降の教育現場に説明するための言葉です。それは，道具であり，保育という仕事がそうした重要な仕事であることを示しているのです。

子ども主体の活動である遊びや生活を通して，こうした５領域，３つの資質・能力，10の姿を育てるのですから，実際にはこれらが別々にあるのではないということを，保育方法としては捉えておく必要があります。

Book Guide

・文部科学省「幼稚園教育要領解説」2018年。
　第１章「総説」第１節「幼稚園教育の基本」の解説を読んでみましょう。幼稚園教育要領で示された内容が詳しく解説されています。
・厚生労働省「保育所保育指針解説」2018年。
　第１章「総則」１「保育所保育に関する基本原則」の(3)「保育の方法」を読んでみましょう。保育所保育指針で示された内容が詳しく解説されています。
・内閣府・文部科学省・厚生労働省「幼保連携型認定こども園教育・保育要領」2018年。
　第１章「総則」第１「幼保連携型認定こども園における教育及び保育の基本及び目標等」の１「幼保連携型認定こども園における教育及び保育の基本」の解説を読んでみましょう。幼保連携型認定こども園教育・保育要領で示された内容が詳しく解説されています。

Exercise

1.すでに実習を行った仲間や先輩，就職した先輩に話を聞き，あるいはインターネットでホームページを検索して，自分の周りの園がどのような保育をしているか，話し合ってみましょう。
2.幼稚園・保育所・認定こども園のビデオを視聴し，保育方法として工夫されているところを探し出してみましょう。その際，本章の第４節で取り上げた保育方法のポイントを参考にしてください。

第 2 章

子ども理解にもとづいた保育方法と評価

自分で眼鏡をつくって実に誇らしげな姿を見せる男の子。どんな思いを
もっているか，どんなつぶやきが聞こえてきそうかを想像し，グループで
考えを出し合ってみましょう。

どんな思いやつぶやきを想像しましたか？　「やっと，できたぁ！」「みて，いいでしょ，これ！」「ゴムがすごい伸びる！」「全部，自分でつくったんだよ！」「○○ちゃんに教えてもらった」など，いろいろな思いやつぶやきが浮かんだでしょうか。

　保育の評価の原点は，そうした子ども理解が土台となります。何が「できた」のか，反対に「できない」のか，といった一方的で単線的な見方で子どもを評価することではありません。むしろ，子どもがどんな場面においてどんなことを経験しているのかを，子どもの姿から評価する必要があります。よって，評価の対象となるのは，子どもの姿だけでなく，むしろ，その経験を生み出している保育者自身のまなざしや関わり，それにより展開される日々の保育内容や生活なのです。なぜなら，子どもの見せる姿と私たち大人の関わりや援助の在り方は，相互に影響を与え合っているからです。そのため，子どもの姿（子どもの経験や学び，見取った育ちなど）を評価することは，私たち自身の保育（子どもに向けるまなざしや子ども理解，具体的な援助や環境構成，日々の保育内容など）を評価することにもつながるのです。

> 廊下で
>
> 　泣いている子がある。涙を拭いてやる。泣いてはいけないという。なぜ泣くのかと尋ねる。弱虫ねえという。……随分いろいろのことはいいもし，してやりもするが，ただ一つしてやらないことがある。泣かずにいられない心もちへの共感である。

➡1　倉橋惣三『育ての心（上）』フレーベル館，2008年，p. 35。

　これは，"日本の幼児教育の父"とも言われる倉橋惣三の言葉です。私たち大人は，ついつい「なんで泣くの？」とか「誰がやったの？」と聞いてしまいがちですが，子どもがまず一番してほしいことは，"泣かずにはいられない自分の気持ち"に目を向け，理解してくれることなのだということを，倉橋はわかりやすい言葉で表現しているのです。言い換えれば，この"子どもの気持ちへ目を向け，理解すること"なくして，子どもに対するさまざまな関わり，すなわちあらゆる保育方法は生まれないのです。しかし，子どもの気持ちは，必ずしも目に見えやすいとは言えません。しぐさや表情，身体の動きに表れている場合もあれば，反対に，置かれている状況によって見えにくくなっている場合もあるでしょう。では，どのようにすれば，子どもの気持ちに迫ることができるのでしょうか。また，その際，子どもの発達や育ちをどのように捉え，どのように評価していけばよいのでしょうか。

1　保育の出発点としての子ども理解

❶ 子ども理解から生まれる具体的な関わり

Work 1 ✏

　次の写真を見てください。

　さっきまで楽しそうに遊んでいた男の子（生後7か月）が急に泣き出しました。一体，彼に何が起きたのか考えてみてください。

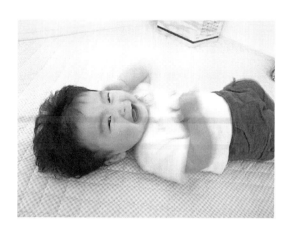

　下記の①〜⑦は，筆者が学生に同じ質問をしたとき（1年生の最初の授業）に学生から出てきた考えの一部です。

　①おむつがぬれて気持ちが悪い。

　②お腹が空いた。

　③お母さん（保育者）がそばにいなくなって寂しい。

　④好きなオモチャがとれない。

　⑤眠くなってしまった。

　⑥熱がある・具合が悪い。

　⑦知らない人が近寄ってきた。

　まだ保育に関する専門的な知識を学ぶ以前の段階ですが，こうした考えにも「子ども理解」は存在します。いずれの考えも，泣いている子が「なぜ，泣いているのか」「うったえていることは何か」を探っているからです。

　泣き出したのですから，彼が何かしらの不快や不安感を感じ出したことに違いはないでしょう。しかし，一体何が彼に不快や不安をもたらしているのか，まだ7か月の乳児ですから，彼自身がしたい（してほしい）ことを言葉で表現するわけではありません。よって，その子の思いに応え，具体的な援助をどのように施すかを考えるためには，その子が何を求めているのか，何をうったえているのか，その子の思いやしていることの「意味」を，その子の表情やしぐさなどから探ることが必要になってきます。つまり，その子の内面を理解しようとすることなくして，具体的な関わり（保育方法）を考えることはできないのです。

❷ 関わっていくなかで見えてくる子どもの内面

　では，先の泣いている彼の思いをどのようにして私たちは探って
いくのでしょうか。「おむつが気持ち悪い」とうったえていると捉
えた人ならば，「おしっこ出た？」「おむつを替えようか」などと語
りかけながら抱き抱え，おむつをチェックするかもしれません。し
かし，実際におむつをチェックしてみると問題はなく，抱き抱えら
れただけで安心した表情を見せ，微笑みかけてくるかもしれません。

　反対に，彼が「寂しい」とうったえていると考えた人は，「ごめ
ん，ごめん，さびしくなっちゃったね」と抱き抱えて，身体を密着
させ，少し揺すったりするかもしれません。しかし，それでも泣き
止まず「あれ？　オムツが気持ち悪いかな」とおむつをチェックし，
交換するとニッコリと微笑むといったことがあるかもしれません。

　いずれにしても，彼が「泣く」ということで表現していることを，
関わりながら探っていくでしょう。つまり「こういう場合には，〇
〇する」という，いつでもどこでも通用するやり方（方法）がある
わけではなく，相手と関わり，相手の様子を見ながら，相手が何を
必要としているかを探り，その子の内面理解を深めていくのです。

　その一方で，彼と日々一緒に過ごしている保護者や保育者である
ならば，彼が何をうったえているのか，瞬時にわかる場合もあり得
るでしょう。まだ言葉を発せない赤ちゃんであっても，身体の動き
や表情を通して実にさまざまなサインを私たちに向けて送っている
ことが見えているのです。しかし，それは，ただ単に日々共に生活
していれば見えてくるというものではありません。その子のこと
（表現していること，考えていることなど）をわかりたいと願い，絶え
ずその子との間に信頼関係を築いていくなかで，見えてくるものな
のです。言い換えれば，子ども理解にもとづいた保育方法の土台に
は，目の前の子どもとの間に築く信頼関係があるのです。では，目
の前の子どもとの間に信頼関係を築くには，具体的にどうしたらい
いのかを，次節で考えてみたいと思います。

2 子どもの内面に迫るためには

❶ 子どもの行為の「意味」を探る

Work 2 ✏️

　保育の場を訪れた際，次のような子どもの姿に出会ったとき，あなたは，その子にどんな思いがあると考えますか？
　園庭で，子どもたちの様子を見ていると，まだ名前も知らない女の子が近くに寄って来て，「ねぇ，私いいものもっているの。見せてあげようか？」と話しかけてきた。

　筆者が学生に聞いたところ，次のような考えが返ってきました。
①一緒に遊びたい。
②自分を見てほしい。かまってほしい。
③話しかけた相手（自分）に興味がある。
④自分の居場所がない。やりたい遊びが見つからない。
⑤自分のもっているものを自慢したい。
　上記の学生の考えは，Work 1のときと同様に，どれもその女の子の言葉の裏側にあるその子の思いを読み解こうとしています。しかも，⑤以外は，言葉で話している内容をそのまま受け取るのではなく，「なぜ，その子がそう言うのか（するのか）」を，その子の姿だけでなく，いろいろな事柄をイメージしながら読み解こうとしています。もちろん，上記の質問の情報だけでは，どれがその子の気持ちなのかはわかりません。しかし，子どもの内面を理解するということは，このように，目に見えるかたちで子どもの「する」こと（行為）の背後にあるその子にとっての「意味」を探ることでもあるのです。つまり，直接は目に見えない，そのとき，そこで，その子が感じていることや葛藤など，心のなかの気持ちへとまなざしを向けることなのです。
　さて，そうした子どもの心のなかの気持ちに目を向けるためには，

みなさんがさまざまな授業のなかでいままさに学んでいるような子どもの心理や発達に関する専門的な「知識」や，保護者とのやり取りなどから得られるその子の家庭環境や生育暦といった「情報」が，大切な「手がかり」になります。しかし，それらは，その子への理解を深めていく際のあくまで「手がかり」の一つ，言い換えれば参考資料の一つに過ぎないことも気にとめておく必要があります。なぜなら，同じ月齢や年齢の子どもであっても，一人一人個性があり，個人差も大きいからです。その子の個性や発達の個別性に目を向けず，「知識」や「情報」にばかり頼ってしまうとき，私たちは，その子に対する「先入観」を形づくり，目の前の子どもの気持ちに目を向けることを阻むことにもなりかねません。

　一人一人の子どもの行為には，その子の内的な世界が表れているものです。一見すると，何気ないことや否定的に見える姿であったとしても，必ず，その子にとっての行為の「意味」が存在するのです。よって，いままさに目の前にいるその子が見せてくれている（見せようとしている）姿に注目し，言動や表情，しぐさなどから，その子が何を訴えようとしているのか，何を表現しているのかを探っていくことが，一人一人の子どもを理解しようとする際の土台となるのです。

　では，目には見えにくいその子にとっての「意味」を，その子の表面的な姿からどのように探っていけばよいのか考えてみましょう。

❷「子どもの視座に立つ」ことで見えてくる「意味」

　次のエピソードは，実習生の実習記録からの抜粋です（下線筆者）。

Episode 1　Rくんの思い

　普段あまり自分から声を掛けてこないRくん（5歳児）が，「先生，遊ぼう！」と言ってきました。そんなRくんの言葉がうれしく，抱きしめてあげたくなるくらいでした。しかし，その前に「鬼ごっこをしよう」と別の子どもたちと約束していたことを思い出し，「先生，鬼ごっこをするんだけど一緒にやろうよ」と答え，一緒に鬼ごっこをすることになりました。

　はじめは一緒にやっていたRくんですが，急に鬼ごっこに参加しなくなりました。ちょっと離れたところで，一人でポツンと座ってしまっていたので「どうした？　やらないの？」と声をかけても，私の顔を見て，ぷぅ～と口を尖らせるだけでした。Rくんは気持ちを言葉にしませんでしたが，座っているときも私の顔を見ていて，"気にかけてほしい"のだと感じ，Rくんに近づき「どうしたのよぉ～」と

言いながらギュッと抱きしめてくすぐると，笑顔を見せ「遊ぼう」と言ってきました。Rくんが "子どもたち" と遊びたいのではなく "先生（大人）と遊びたいんだ" という気持ちが伝わってくるとともに，Rくんなりに「一緒に遊びたい」という気持ちを言葉で，態度で表現しようとしていることが感じられ，より愛おしく感じられるようになりました。
④

　先にあげた Work 2 の学生たちの考えも，Episode 1 の実習生も，共通していることは，子どもの思いを読み取るために，その子の側に立って，その子が何を求めているかを読み取ろうとしていることです。特に Episode 1 は，何気ないどこにでもありそうなエピソードですが，実習生が自分の誘いに乗ってこないRくんの思いを，Rくんの側に立って読み取っていることがうかがえます（下線部分①②③）。また，そうした一連のRくんのRくんなりにRくんのやり方で自分の思いを表現しようとしている姿を，肯定的なまなざしで見ていることも伝わってきます。だからこそ，Rくんに対する「愛おしさ」が増しているようにも感じられます（下線部分④）。

❸ 子どもの行為の「意味」を発見することの意味

　次のエピソードは，実習で印象に残ったことを学生たちと話し合った際に，一人の学生が語った内容をもとに作成したものです。

Episode 2 　　　Tくんの思いが見えないとき，見えてくるとき

　3歳児のTくんは，朝の身支度も済ませないうちに，ぱーっと外に飛び出し，自分の好きな遊びを始めます。自分のやりたい遊びが見つけられてたくましく思う反面，かばんなどをロッカーにしまってほしいなと思いつつ近づくと，「こっち来なくていいよ」といった雰囲気だったのでしばらく見守ることにしました。
①

　しばらくすると，遊びの合間に他の子と遊んでいる私のところにきて，肩をポンと叩いては，離れていくようになりました。私は，「一緒に遊ぼう」という合図だなと感じ，「かばん片付けようよ」と声をかけつつ，近寄っていきますが，すっと逃げていきます。無理強いはしないほうがいいなと思って，私はまた他の子と遊びはじめました。すると，またTくんは駆け寄ってきて，今度は肩に重くのしかかってくるようになり，「びっくりしたぁ，一緒に遊ぼうか」と言ってTくんのほうを振り向きますが，Tくんはまた逃げてしまいます。そんなことを何回か繰り返すうちに，私の髪の毛をぎゅっとまとめて引っ張るようになりました。思わず「痛いよ，やめてよ，Tくん」と大きな声を出さずにはいられないほどの強い力でした。それでも，Tくんはちょっと離れては寄ってきて，他の子とつくった山やお団子を壊しに来るので，私はどうしていいかわからなくなりました。
②

　Tくんが一緒に遊びたいと思ってちょっかいを出しにきていると思って関わろうとしても，拒否され，
③

ちょっと見守ると，またちょっかいを出しにくる。"どうしてこうなっちゃうんだろう？" "私はどうしたらいいの？" という気持ちでした。

　そこで，保育後に担任の先生に相談すると，「きっと，Ｔくんはあなたの気を引きたかったんじゃないかしら」とアドバイスをもらいました。私は，人の関心を引くときには相手が喜ぶような手段を選ぶ<u>④</u>ものだと決めつけていたので，驚きました。

　改めてＴくんやあの場面での自分の関わりについて考えてみると，Ｔくんにしてみれば，私の肩を叩<u>⑤</u>いたり，髪をひっぱったりすることが，そのときの彼の精一杯の関わりや意思表示だったように思えてきました。　一方，私はといえば，繰り返されるＴくんの行為に慣れてしまうとともに，当初読み取ったような「一緒に遊びたい」というＴくんの思いに目が向かず，むしろ他の子との遊びを邪魔されているようにさえ感じつつ，表面的にＴくんに応えるだけになっていたように思います。そんな私の気持ちを見透かしているかのように，Ｔくんは，私に心から振り向いてもらおうと，どんどん行動をエスカレートさせていったように感じられました。

　Ｔくんに申し訳なくて，かなり落ち込みましたが，翌日から「Ｔくん，私を許してね」という気持ちで，彼の働きかけに心をこめて応えるように努めました。一方のＴくんは，照れながらも私の関わりを<u>⑥</u>受け入れるようになり，髪の毛をひっぱったり，他の子のつくったものを壊すという姿は嘘のように見られなくなりました。

　このエピソードを語ってくれた学生も，一生懸命，Ｔくんの思いを読み取ろうとしていることがうかがえます。

　たとえば，下線①のところでは，朝の支度をしてほしいなという自分の願いをもちつつ，Ｔくんの醸し出す雰囲気から，見守ることを選択しています。その後のＴくんとのやり取りにおいても，自分にちょっかいを出してくる意味を丁寧に考えています（下線②）。

　しかし，子どもの思いに応えたいと思っていても，いつもうまくいくとは限りません。この学生自身，だんだんとエスカレートするＴくんの関わりに，何を求めているのかがわからなくなり，悩んでいたようです（下線③）。そして，この時点では，Ｔくんの一連の姿が否定的に見えていたようです。

　しかし，重要なことは，次に彼女がとった行動です。彼女は，自分のそうした「わからなさ」や「戸惑い」，「不安」などを正直に担任の先生に語っているのです。そして，担任の先生と語り合ううちに，自分自身の見方や枠組み（相手の気を引きたいときは，相手が喜ぶ方法でするという自分の思い込み）に気がついていくのです（下線④）。さらに，それをもとに，Ｔくんの姿と自分自身の関わりを「ふり返り」，何が起きていたのか問い直しているのです（下線⑤）。

　すると，Ｔくんと関わっているときには見えなかった（考えつか

なかった），Ｔくんや自分自身の思いに気がつき，それらと向き合い，次（明日）の自分自身の関わりを構築しているのです。その結果が，下線⑥で見られたＴくんと学生の姿だったと言えるでしょう。

　子どもの行為の「意味」を発見することの意味は，お互いの気持ちが通じ合うといった感覚を生み出すことや，それに伴って見えてくる子どもの育ちや新たな一面があることに対する気づき，さらには自分自身の保育（子どもに対する気持ちや関わりなど）を振り返ることにつながることにあるのです。

3 子どもの内面理解を支える発達を見る目

　子どもの内面理解を深めていくとき，子どもの発達をどのように捉えるかも重要になります。そこで，子どもの発達を捉えるうえで重要となる視点についても考えてみたいと思います。

❶ 子どもは自ら育とうとしている

　突然ですが，生まれて間もない赤ちゃんの姿をイメージしてみてください。赤ちゃんは，私たち大人がするように「言葉」を「話す」わけでもなければ，歩いたり，必要な栄養を自分で補給するわけではありません。しかし，Work 1 で見てきたように，たとえ私たちのように「言葉」を話せないとしても，自分のしてほしいことを赤ちゃんなりのやり方で表現していると見ることもできます。また，特別な指導をするわけでもないのに，私たちは生まれてから数年のうちに「言葉」を話すようにもなります。傍にいる大人（たとえば，親）と同じような言葉遣いをいつの間にか身につけていて，驚かされることも少なくありません。

　もちろん，その背後には，愛情をもった養育者（親や保育者など）の関わりがあることは言うまでもありませんが，子どもたちは，日々の生活や遊びのなかで，さまざまな人やモノと関わりながら，いろんなことを見て，感じ，実に多くのことを自ら学び取っているのです。

　このように子どもを自ら育とうとしている存在として認め，子ど

もが自分の世界を広げていくことを共に喜ぶまなざしをもつことが大事です。

❷ 肯定的に見る

　子ども自身が自分の世界を広げていく過程において，子どもが生き生きと活動していたり，好奇心に満ちあふれている姿などは，微笑ましく見え，共感したり，共に喜びやすいものです。しかし，子どもたちは，いつも大人の目から見て「望ましい」（共感しやすい）姿ばかりを見せるわけではありません。泣いたり，攻撃的な姿（たとえば，叩く，噛むなど）には，なかなか共感しにくいものでしょう。それどころか，「また，あの子かぁ」「あの子は，落ち着きがないからな」といったようにその子の姿を否定的に説明してしまうことはないでしょうか。こうした場合，私たちは，その子の内面を理解しようとはせず，その子の外側に表れている行動からのみ，その子を捉えている場合があります。[2]

　しかし，子どもたちは，私たち大人がそうであるように，日々の生活のなかで，一人の人間として，喜びや失敗，挫折，葛藤などさまざまな気持ちを抱いています。時としてそうした気持ちは，実際の行動に現れ，大人の目から見ると，手に余ったり，気になる姿として見えることもあるでしょう。

　たとえば，2歳児の様子を見てみると，個人差はありますが，何に対しても「いや，いや」と大人に反抗しているかのような姿がよく見られます。「そろそろ遊びを切り上げて，部屋に入りたい」と大人の側は思っていても，肝心の子どものほうが，「いやぁ～！」「まだぁ！」と言ってきたりします。こうした姿に戸惑う人も少なくないと思います。しかし，「いや，いや」と主張し出すことは，成長の証としても考えることもできます。[3]つまり，子どもの側に立てば，「自分はこうして遊びたい」「ここまでやりたい」というイメージや見通しをもちはじめていると考えることもできます。その一方で，周りの大人の関わり（止めさせるなど，かわりにやる）に関係なく，自分のイメージや見通しどおりにすることができずに，自分に苛立ち，葛藤し，ぐずったりする姿につながる場合もあると考えられます。いずれにしても，そうした子どもの姿を，ただ外面的な姿から「手のかかる子」とか「わがままな子」として否定的に見

■2　津守真は，子どもの姿を外側から眺め，大人の側の先入観で理解していこうとすることを「概念的な理解」と呼び，それが子どもに対する本質的な理解をさまたげる危険性があることを，事例をもとに指摘しています（津守真『子どもの世界をどうみるか──行為とその意味』NHK出版，1987年，pp. 128-131）。

■3　大豆生田啓友『これでスッキリ！　子育ての悩み解決100のメッセージ』すばる舎，2011年，p. 50。

るのではなく，そこには，その子の内面があり，その子の自我がいままさに育ってきていると肯定的に見ていくことが必要なのです。

　もちろん「もう部屋に入らないと次の活動の準備ができない」など，大人（保育者）の側の都合もあるでしょう。しかし，そのように遊びを切り上げなくてはならない場合にも，一方的に「もう片付けよう」「部屋に入ろう」と伝えるだけでなく，その子が楽しんでいることをしっかりと認め，「○○までやったら，いこうか」などといった子ども自身が踏ん切りをつけるきっかけを与えたり，次にどんな活動が待っているか，子ども自身が見通しをもてるような関わりが求められるのではないでしょうか。

　このように，大人の都合を全面的に押しつけるのではなく，むしろ一歩引いてその子の思いを尊重し，「まだやりたい」とか「うまくできなかった」という思いをしっかりと受け止めていくと，子どものほうも納得して，気持ちを切り替えていくことができると思うのです。

❸ 共感的・個別的理解

　一人一人の子どもの発達には，個人差や個性があります。身体の大きい子，小さい子。活発な子，おとなしい子。何にでも臆せず挑戦する子，反対に慎重な子など。また，興味をもつことにも個性があります。外遊びが大好きな子，絵を描くことが大好きな子，虫や植物が大好きな子，本や文字に興味がある子など，さまざまです。

　このようにみんなには違いがあるとわかってはいる一方で，どうしても私たちは，子どもたちを，遅い・早い・大きい・小さいなどと比較しがちであることを自覚する必要があります。そして，そのように比較することばかりに陥っているときには，目に見えやすい外面的な子どもの姿にのみ注目し，先に述べたような肯定的に見ることを忘れてしまっていることが少なくありません。

　また，「落ち着きがない」「乱暴をする」といった，一見，いわゆる「問題行動」をとっているように見える子どもの姿にも，実はその子の思いや気持ちが存在し，その子の育ちにとって重要な意味をもっているのです。たとえば，入園してから夏休みまでの1学期中は，先生の言うことをよく聞いていた子が，2学期になると，片付けの時間になってもなかなか部屋に戻ってこなかったり，友達と言

い争う姿が見られることがあったりします。片付けに遅れたり，言い争うといった行為は，一見，望ましくない行為として安易に見られがちです。しかし，その子の立場に立って捉えてみると，その子が園のなかで大好きな遊びや友達を見つけ，そのなかで自己発揮し，葛藤やいざこざも起こってはいるが，そのなかで友達との関わり方などさまざまなことを学んでいることが見えてくるのではないでしょうか。子どもと共に生活する保育者には，見えやすい外面的な子どもの姿からのみその子に必要な関わりを考えるのではなく，表面的には見えにくいその子の内面を汲み取り，その子の見方や置かれている状況を，その子の視点や立場に立って共感的・個別的に理解することが大切なのです。

❹ 周囲の状況・関係のなかでその子の「発達」を捉える

　私たちはつい子どもを他の子どもと比べてしまいがちであるということを述べました。そんなとき，私たちは「発達」を，個々の子どもが，何らかの能力や技能，知識などを身につけることによって，それまで「できなかった」ことが「できるようになる」こととしてのみ考えてしまっている場合があるのではないでしょうか。確かに，それまで「できなかったこと」が「できるようになること」は，ある能力の獲得の結果と言え，それも「発達」の一つの軸と言えるかもしれません。しかし，果たしてそうした軸だけを「発達」と考えてしまっていいのでしょうか。実際には，子どもが，何かが「できる」「できない」ということは，その子が置かれている状況や場面が影響していることが少なくありません。

　たとえば，幼稚園に入園して間もない頃，一言もしゃべらない子に出会うことがあります。しかし，実際に保護者の方に家での様子を聞いてみると，「普通に話していますよ。兄弟げんかのときなんかはすごくてね」といったことを聞ける場合があります。そして，幼稚園でも，園の生活に慣れ，保育者や友達との関係が安定してくるにしたがって，おしゃべりなどを自然にするようになっていくこともよくあります。つまり，子どもは「できる」からといって，いつも「する」とは限らず，その場の状況のなかで，できるようになっていることもあれば，できなくなっていたり，やりたくなくなっていたりすることもあるのです。[4]

➡4　このような「する」ということと「できる」ということの違いについての指摘は，浜田寿美男『発達心理学再考のための序説──人間発達の全体像をどうとらえるか』ミネルヴァ書房，1993年が参考になります。

また，その子が話さなかったのは，幼稚園やその場にいる人が，その子にとって安心して関われる場所や存在になっていなかっただけではなく，その子が，さまざまな言葉を自分のなかにためこんでいる時期であったというふうにも考えられるのです。つまり，その子が「できない（話さない）」ということにも，その子にとっての発達的な「意味」が存在するのです。

また，「できる」「できない」という表面的な子どもの姿にのみ注目していくと，その子がどのくらい「進んでいる」か，あるいは「遅れている」か，という評価を下していくことになります。そして，子どもの育つべき「望ましい発達」の道筋が想定されるとともに，早くさまざまなことが「できる」ようになることが望ましいと考えられるようになります。それに伴い，指導の必要性も過度に強調され，どういった道筋を子どもにたどらせれば，スムーズに，無駄なく，効率的にさまざまなことが「できる」ようになるか，系統的な指導計画を考え，それに沿って子どもを指導していくことになります。➡5 言い換えれば，大人（保育者・保護者など）主導の「教え込み」になっていくのです。その場合，本来重視されるべき，子ども自身の自発的・主体的な活動は認められてはいないと言えます。

そもそも，何かが「できる」ということは，それに対する能力によってのみ成り立っているわけではありません。たとえば，文字を「書く」ということ一つとっても，単にそれだけの能力が独立して存在するわけではないのです。自分が書きたいという思いや，見せたい・読んでもらいたい相手がいること，遊びとの関連など，さまざまな側面との関連のなかで「書く」という行為は存在しているのです。ましてや，その興味のもち方は，一人一人すべて異なっているものです。ある子どもは絵本が大好きで，文字を手に入れて，絵本の世界を自分のものにしたいと思うかもしれません。また，別の子はお店ごっこの看板，乗物ごっこの切符や駅の表示などを書きたいという気持ちに迫られて文字を覚えたいと思うかもしれないのです。つまり，何かが「できる」ということは，単に個別に機能している能力によるものではないのです。私たち人間が，単に個体として存在するのではなく，さまざまな他者やモノとの関係のなかで存在するのと同じように，人間の行為もまた，そうした関係のなかで生まれているのです。

➡5　極端な例で言えば，いわゆる「早期教育」がこれに当てはまります。しかし，実際には，子どもの「遊び」や「主体性」を重視しているという園のなかにも，これに近いことが暗黙のうちに行われている場合もあります。

4 養護を基盤とし，遊びが学びになる保育方法のために

❶「養護的な関わり」が保育方法の基盤

　ここまで述べてきたように，子どものことを肯定的に受け止め，子どもの置かれている関係性にも目を配り，共感的・個別的に理解していくことは，その子に対して保育者や養育者が，その目の前の子どもにとっての「安心の基地」になっていると言い換えることもできます。[6]

　それは，保育者や養育者が常に子どもに対して「あなたのことを大事に思っている」「私はあなたの味方である」「困ったら，いつでもおいで」「あなたはあなたという『よさ』をもっている」といった温かいメッセージを送ることであり，それを受け取る子どもは，「いつも愛されている」「守られている」「自分は大丈夫」「やってみよう」といったように思えるからこそ，遊びに没頭し世界を広げていくことができるのです。さらに，そのような雰囲気を園生活全体のなかに広げていくことも重要です。このような関わりが，保育方法の基盤であり，「養護的な関わり」なのです。

　新しい「保育所保育指針」や「幼保連携型認定こども園教育・保育要領」では，人生の初期に当たる乳幼児期には，「生命の保持及び情緒の安定」という養護的な関わりや環境づくりが特に重要であること，「養護と教育の一体性を強く意識する」ことの大切さが改めて強調されています。[7] 特に，乳児保育では子どもに対して「受容的」であることと，「応答的」であることが強調されています。この背後には，「非認知能力」への注目と，それが子どもと特定の大人との「アタッチメント」を土台として育まれることがわかってきたことがあげられます。「非認知能力」とは，簡単に言えば，読み・書き・計算などの「認知能力」でない力，あるいは試験などでは測りにくい内面にある力です。具体的には，目標に向かって頑張る力，困難なことに挑戦し，やり遂げる力，自分の感情をコントロールする力，他者とうまく関わる力，自分自身に価値を見出す力

[6] 遠藤利彦『赤ちゃんの発達とアタッチメント——乳児保育で大切にしたいこと』ひとなる書房，2017年，pp. 70-78。

[7] 旧保育所保育指針（2008年）では，第3章「保育の内容」のなかに記載されていた「養護に関わるねらい及び内容」が，新指針（2017年）では，保育所の基本原則を示す第1章「総則」のなかに入り，保育するうえで，養護がすべての子どもにとって重要であることが改めて強調されています。また，新指針改定の検討を行った厚生労働省社会保障審議会児童部会保育専門委員会の委員長を務めた汐見（2017）は，「養護に関する基本的事項」は，保育所保育指針の総則にのみ入っている事項ではあるが，学校教育法のなかで「幼稚園は幼児を保育し……」と書かれていることや「一人一人の子どもの……」といった記述があること等を鑑みても，幼稚園，認定こども園における保育においても重要な事項となることを指摘しています（汐見稔幸『さあ，子どもたちの「未来」を話しませんか』小学館，2017年，pp. 55-81）。

➡8 「非認知能力」が注目されるようになった背景には，およそ50年以上前にアメリカで始まりその後40年にわたって追跡調査を実施した「ペリー就学前プロジェクト」という研究調査があります。ミシガン州の貧困家庭の幼児を対象に，3歳から質の高い集団保育（子ども主体の遊びによる学習，家庭訪問指導）を受けた幼児と，受けなかった幼児と比較し，その後に与えた影響を調査しました。その結果，14歳時点での基礎学力の達成や卒業率，40歳時点での収入，持ち家率が，保育を受けた子どものほうが高く，反対に離婚率，犯罪率，生活保護受給率は低いという結果が出ました。その一方で，教科学習の先取りを行って高いIQを得たとしてもそれは短期的なもので，長期的に見れば両者のIQに差は出ないことも明らかになりました。保育を受けた子どもたちが獲得した能力のなかで，長期的に持続したのが，非認知能力（社会情動的スキル）であり，それこそが就学前教育で育むべき能力であることが明らかになったのです（ジェームズ・J.ヘックマン，古草秀子（訳）『幼児教育の経済学』東洋経済新報社，2015年，pp. 29-35）。

➡9 前掲書（➡6），p. 59。

などのことです。この「非認知能力」が，社会で生きていくうえでは，「認知能力」だけでなく重要な役割を果たしていることや，周囲の大人から温かく丁寧に関わられることによって乳児期から獲得されることが明らかにされ，世界的に非認知能力の育成の重要性が認められてきているのです。一方，「アタッチメント」とは，「特定の他者とくっつくこと」を指します。ただ，いつでもどこでもくっつくというわけではなく，何かしらの恐れや不安などのネガティブな感情を，特定の他者にくっつくことで調整しようとする欲求であり，実際にくっつくという行動の傾向を指します。子どもが夢中になって遊び込む姿の背後には，こうした不安なことや怖いことがあれば必ずくっつける（逃げ込める，守ってもらえる）という安心感があるからなのです。

　しかしそれは，乳児保育や3歳未満児保育に限ったことではありません。3歳以上児への保育方法の基盤としても「養護的な関わり」は重要です。それは，その子の見えにくい思いを丁寧に読み取り，受け止めるということだけにとどまらず，子どもが遊び込み，さまざまな人やモノと主体的に，対話的に学んでいくとき，その姿を支える保育者は，その子どもの興味・関心，問いや発見を「受容」し，「応答」的に直接喜び合ったり，考えたりしていくからです。また，子どもの興味・関心に即して環境を構成・再構成することも，子どもの姿（思い）を「受容」して，「応答」している姿と言えるでしょう。では，養護的な関わりを基盤として，遊びが学びになる保育方法とはどのようにつくっていけばいいのかを次に考えてみたいと思います。

❷ 乳児保育と未満児保育をめぐって

　新しい「保育所保育指針」と「幼保連携型認定こども園教育・保育要領」においては，未満児（0，1，2歳児）保育についての具体的な記述が増え，その充実が図られました。乳児（0歳児）保育においては，「健やかに伸び伸びと育つ」「身近な人と気持ちが通じ合う」「身近なものと関わり感性が育つ」という3つの視点（ねらいと内容）が新たに示され，1〜2歳児保育については，その時期の特性を考慮して3歳以上児とは別に新たに5領域が示されました。

　しかし，それは，3歳未満児が3歳以上児と違って物事を探求し

ないというわけではありません。新たに示された「幼児期の終わりまでに育ってほしい姿」（10の姿）のようなことやその原型は，3歳未満児にだって起こり得るし，0，1，2歳児であっても，自ら環境と関わり，世界を広げようとしています。そのことを前提として，乳児保育と3歳未満児保育の記述がより厚みを増した背景には次の3点が関係していると汐見（2018）は述べています。[10] 1つ目は，養育者の孤立化，地域社会の環境の変化，貧困率の増大など，子育てを取り巻く状況が大きく変化し，子どもが温かい環境のなかで育つことが難しい状況にあること。2つ目には，そうした状況であるにもかかわらず，旧指針等では，相対的に0，1，2歳児保育についての記述が薄かったこと。そして，3つ目として，さまざまな研究において，人間が生きていくうえで「非認知能力」が重要な役割を果たしており，それらが0，1，2歳児から育つことが明らかになってきたことがあげられています。つまり，より丁寧に個々の子どもを理解し，その育ちを支えようとする保育方法を目指し，ただ単に生活の「お世話」としての養護的な関わりを意味しているのではなく，目の前の子どもが周囲のさまざまな人やモノ，事象に対して自ら働きかけ，よくなろうとしている姿に寄り添い，喜び合うことを志向しているのです。

　このようなことから，乳児保育の3つの視点，1〜2歳児保育の5領域と3歳以上児の5領域，そして「10の姿」は連続しているのです。[11] 言い換えれば，乳児保育に日本の教育の出発点があることを示しているのです。それぞれに示された視点や内容は，その時期に即した内容であると同時に，0歳児から子どもは主体的に対話的に学んでいく存在であり，遊びが学びであり，そして，その姿は，子どもの傍らにいる大人の「受容的」で「応答的」な関わりに支えられていることを示しているのです。

❸ 子どもの興味・関心に即して環境を構成・再構成する

　子どもたちにとって遊びが学びとなり，遊び込んでいくためには，環境構成が重要になります。ただし，たくさんのモノを用意したり，一度構成すればそれで終わりということではありません。子どもの興味・関心に即して環境を再構成していくことで，遊びが広がったり，深まったりしていきます。

[10]　無藤隆・汐見稔幸・大豆生田啓友（編著）『3法令から読み解く乳幼児の教育・保育の未来――現場で活かすヒント』中央法規出版，2018年，pp. 22-32。

[11]　3つの視点と5領域，10の姿の関連などについては，本書第1章も参照してください。

たとえば，毎日のように虫捕りをしたり，クラスで育てている野菜の水やりを丁寧にしたりする子どもたちがいたとします。どこでどんな虫が捕れたか，野菜の育ちはどうなのかを記録できる園庭マップやノートをつくったり，生き物や栽培に関する本などを用意したりして，それぞれを一つのコーナーにすることもできます。また，散歩に出かけた際にも，子どもたちはいろいろな発見や問いを生み出しています。それらをもとに散歩マップなどをつくってみることで，子どもの興味・関心に即して散歩に出かけたりすることが可能になります。お店屋さんごっこのようなごっこ遊びが盛り上がっていたり，踊りが流行ったりしている場合には，参考になるような写真を掲示したり，じっくりと踊り込めるスペースを確保したりする工夫によって，新たな発想が生まれたり，新たな遊びの展開が生まれるかもしれないのです。

　子どもが主体性を発揮し，遊び込んでいくとき，子どもの興味・関心が一つということはあり得ません。同時多発的にいろいろな遊びが起きているはずです。環境を再構成していくことによって，やっていない子どもが新たに興味をもったり，仲間関係が広がったりしていく可能性もあります。また，どんな遊びが盛り上がっているか，どんなことに興味・関心をもっているかは，それぞれの園，それぞれのクラスによって当然違います。大事なことは，子どもたちの思いや言葉に目や耳を傾けることです。その思いや言葉は，遊びの場面だけでなく，意外なところで拾えることもあります。たとえば，食事中に何気なく話している内容のなかに環境を再構成する種があるかもしれません。このように，子どもの遊びを援助していく際にも，子ども理解が土台となるのです。

❹ 保育を「可視化」する工夫を

　遊びが学びになる保育方法を考える際，保育を「可視化」することも重要です。「可視化」とは，目に見える形にするということです。では，具体的に，「誰に向けて？」「どんな方法があるのか？」，そして，「なぜ必要なのか？」を少し整理してみたいと思います。➡12

　1つは，保護者に向けての「可視化」があります。「ドキュメンテーション」という言葉を聞いたことがありますか？　簡単に言えば，写真に短いコメントを添えた子どもの姿や保育を振り返ること

➡12　可視化することに関しては，本書第11章や第14章なども参照してください。

のできる掲示物（記録物）です。ドキュメンテーションをもとに保護者と子どもの姿を共有することで，遊びのなかにさまざまな学びがあることが見え，保護者が園の保育により興味をもち，支えてくれたり，参加するようになっていきます。また，子どもの興味・関心や遊びが可視化されることで，家庭でのわが子との対話や関わりに活かすこともできるのです。つまり，ドキュメンテーションは，子どもの姿を真ん中において園と保護者の信頼関係を生み出す道具であり，子育て支援の充実にもつながるものです。そのためには，写真に添える短いコメントが重要です。単に何をしたかではなく，子どもたちがどんな思いでいるのか，何を探求しているのか，何が育っているかなどを記述していくことが重要になります。

　2つ目は，子どもへの「可視化」です。壁面に現在進行しているさまざまな遊びや子どもの興味・関心を可視化していくことによって，対話が起き，相互に影響を与え合い，遊びが深まっていきます。たとえば，散歩先で見つけたお気に入りの場所やモノを写真で掲示したり，お店屋さんごっこが盛り上がっているときには，いろいろなディスプレイの仕方を掲示したりしている園があります。2019年のラグビーワールドカップ開催期間中には，子どもたちの間でラグビーが流行し，出場している国の国旗やトーナメント表，スポーツ新聞などを掲示し，ラグビーコーナーをつくったことからラグビーを巡ってユニフォームづくりや世界地図への興味など遊びが広がり深まっていった園もありました。また，クラスでの話し合いの場面でも，いまどんな意見が出ているのか，どこまで決まったのかを，イラストなどで可視化していくことも大切です。先にあげたドキュメンテーションも子どもたちが自由に手にとって観られるようにファイリングしている園では，子どもたち自身が見返して自分たちの遊びに活かしていく姿も見られます。

　3つ目は，保育者同士での「可視化」です。先にあげたドキュメンテーションなどを，計画を考える際や園内研修等の資料にすることで，クラスの枠を超えていま何が起きているのかを共有しやすくなり，保育者同士の対話が促進され，新たなアイデアが生まれます。また，ドキュメンテーション上に描かれている子どもの姿を，新たに示された「3つの視点」や「10の姿」から捉え直すことによって，子どもたちの経験していることを可視化することも可能になります。いずれにしても，「保育の可視化」は，子どもの思いや育ち，情報

を共有することを生み出し，子ども同士も，子どもと大人も，大人同士も，対話が生成され，協同的な学びが深まっていくきっかけになるのです。

5 子ども理解にもとづいた保育の評価とは

❶ 子ども主体の学びを評価するということ

　本書第1章で述べられているように，新しい「保育所保育指針」等では，「育みたい資質・能力」や「10の姿」を意識した保育内容の在り方に関する記載内容が充実しました。しかし，それらは，到達目標を示したものではありません。あくまで方向性を示したもので，それらの方向に向かって進みつつあるかを評価することが重要になります。よって，その時々において目の前の子どもが，何が「できた」のか，反対に「できない」のか，といった一方的に単線的な見方で子どもを評価するというよりは，むしろ，どんな場面（遊びや生活）においてどんなことを子どもが経験しているのかを評価する必要があります。その際，評価の対象となるのは，子どもの姿だけでなく，むしろ，その経験を生み出している自分自身のまなざしや関わり，それにより展開される日々の保育内容や生活であり，長期的な視点で保育を再構築していくことが必要不可欠です。なぜなら，子どもの見せてくれる姿と私たち大人の関わりや援助の在り方は，相互に影響を与え合っているからです。そのため，子どもの姿（個々の子どもの経験や学び，見取った育ち等）を評価することは，自分たち自身の保育（子どもに向けるまなざしや子ども理解，具体的な援助や環境構成，日々の保育内容等）を評価することにもつながるのです。

　子どもが主体的に遊びを展開し，学んでいくためには，ただ単に自由にしておけばよいということではありません。目の前の子どもが，いま，どんなことに興味・関心をもち，どんなことをおもしろがったり，悩んだり，どんな問いを生み出しているかなどを見取る必要があります。言い換えれば，子どもを見るのではなく，子ども

の見ている世界，感じている世界を，共に見て，感じることが必要になります。そして，この先，その子どもたちがどんな学びの物語を紡いでいくのかを予想し，子どもの興味・関心を刺激したり，子ども自身が多様な視点から考えるための準備をし，環境構成・再構成をしていく必要があるのです。そうした視点からも評価する必要があるのです。

　だからといって，保育者が先回りし，保育者の願いや思いばかりが先立つと，子どもに「望ましい姿」を押しつけることになり，自分たちが準備した遊びにいかに誘導するかが重視され，どのくらい達成できたが評価の対象となり，結果として子どもの学びの方向性を限定することになります。そうではなく，大事なことは，予測し，準備はするけど，それらをどう使い，どんな発想を生み出していくのかは，子どもたちに委ね，予想外の子どもの姿に驚き，新たに生み出される興味・関心や問いを，対話を通して一緒に考え，そこに蓄積された経験にその子の育ちを見出すことです。

　また，クラスや園のなかで，子どもの興味・関心に即して，いま，どんな「遊びの拠点（遊びの流行のようなもの）」が生まれているのか，生まれそうなのかを意識することも重要です。しかし，そのいくつかある拠点のいずれかに，すべての子どもを属させることが重要なのではありません。表があれば裏があるように，日向があれば日陰があるように，どちらが良い悪いではなく，その両方があってそれぞれは成り立ちます。「遊びの拠点」ができるからこそ，見えてくる「遊びの拠点」に属さない子どもの遊びや探求があると考えます。それは，また新たな「遊びの拠点」の芽と言ってもよいかもしれません。

　このように個々の子どもたちが，いまどんなことに夢中になっているのか，どんなことを探求しているのか，個々の子どもと関わりながら感じ取り，そこに個々の子どもの育ちを見出すことが，子ども主体の学びを評価する出発点となるのです。

❷ 保育における評価の原点とは

　では，具体的に子どもの姿をどのように評価すればいいのか考えてみたいと思います。繰り返しになりますが，新たに示された「育みたい資質・能力」「3つの視点」「10の姿」は，単なる到達目標で

はないし，「できる」「できない」で評価するための指標でもありません。そこに「示された姿」は，園生活を通して経験する内容であり，子ども主体の遊びのなかに，見えにくいけれども，乳幼児期特有の大切な学びがあることを示しているのです。つまり，「遊びが学びである」ことを可視化し，それが小学校以降の学びにもつながっていくことを発信しているのです。また，日々の遊びのなかでどのような学びが生まれているのかを見出し，それぞれの子どもの育ちのプロセスを保育者が「振り返る」ための道具にもなり，指導計画の立案等にもつながるものです。では，具体的にどのように使えばよいのでしょうか。

　まず大事なことは，それらの「示された姿」ありきではないということです。「示された姿」に目の前の子どもの姿を当てはめるのではなく，まずは，「子どもの姿」ありきなのです。エピソード記録でも，ドキュメンテーションでも，写真でも，保育ウェブでもいいので，まずは，子どもたちがどんなことに興味・関心をもち，どんな「よさ」を発揮しているのかを可視化することが大事です。それが，保育に求められる評価の原点です。でも，その「よさ」を見取ることは決して簡単なことではありません。そこで子どもの姿を新たに示された「3つの視点」や「10の姿」から同僚と共に捉え直してみると，多様な経験や育ちがあることが見えてくる可能性があります。同じ姿を見ても，ある人は「自立心」が，ある人は「協同性」が育まれていると見取るかもしれません。どっちが正解・不正解ではなく，多様な視点からその子の「よさ」を見取ることが重要なのです。このようなことから，新たに示された視点や姿は，子どもを評価するというよりは，子どもの育ちを支えている保育者側の保育や援助の在り方を評価する際の視点になるのかもしれません。ただし，自分の保育や，同僚の保育を，できているか，できていないか評価するということではありません。「3つの視点」や「10の姿」を，子どもの「よさ」を評価する際に必要な対話を促進する道具の一つとして，多様な見方があることを「可視化」し，自分自身の子どもの見方を「振り返り」，枠組みを広げるための道具として用いるのです。そのように振り返りを充実させていくことが，子ども理解（その子の経験や興味・関心などへの意識等）が深まり，明日の保育や具体的な方法をデザインする原動力としての評価になると考えるのです。

Book Guide

・津守真『子どもの世界をどうみるか──行為とその意味』NHK 出版，1987年。

具体的な事例などをもとに，子どもの行為を子どもの内的世界の表現として見る「人間学的理解」の在り方を論じています。子どもの行為を丁寧に捉えようとする著者の温かいまなざしや深い考察からは，保育の奥深さを感じ取ることができます。

・遠藤利彦『赤ちゃんの発達とアタッチメント──乳児保育で大切にしたいこと』ひとなる書房，2017年。

子どもたちが遊び込んでいく姿が，信頼できる大人へのアタッチメントを通した「安心の基盤」によって支えられていることを，わかりやすく解説している入門書です。

・大豆生田啓友（編著）『倉橋惣三を旅する　21世紀型保育の探求』フレーベル館，2017年。

本文の冒頭でも紹介した倉橋惣三の保育論（キーワード）に時代を超えても変わらない「真」を見出し，国内の最先端の実践事例を紹介しながら，保育の「真」と「新」を対話させ，これからの保育の在り方を探求する手がかりを示しています。

Exercise

1. 実習などで，自分が印象に残っている子どもの姿や場面を記述してみましょう。その際，表面的な子どものしたことだけを羅列するのではなく，背後にある子どもの思いを自分なりに考えてみましょう。
2. 大豆生田啓友・中坪史典（編著）『映像で見る　主体的な遊びで育つ子ども──あそんでぼくらは人間になる』（エイデル研究所，2016年）に収録されている【シーン 9】「箱んでハイタワー」を視聴して，子どもたちが経験していることを「幼児期の終わりまで育ってほしい姿」から捉えてみましょう。
3. 1. 2. についてグループで発表し合ってみましょう。

第 **3** 章
子どもにふさわしい園生活と保育形態

写真のような子どもの姿が生まれるまでの過程にはどんなことがあったの
かを想像し，話し合ってみましょう。

写真のような子どもの姿が生まれた背景には，以下のようなことがあったかもしれません。

・保育者や園に来たカメラマンがカメラで撮影しているのを見て，自分たちもカメラをつくって撮影してみたくなった。

・つくった自分のカメラで撮影に出かけたくなった。

・一人あるいは数人の子どもが始めたカメラづくりが，クラス全体に広まった。

・生き物への興味・関心が強くなっていて，虫かごやカメラなど，必要なものを思い思いにつくった。

・自分が撮りたいと思った場所を取られてしまって怒っている（後ろで泣いている子ども）。

　子どもたちは，自分たちの身の周りに存在する人やモノ，事象を自ら遊びや生活に取り込んでいきます。そんな子どもたちの主体的な活動や子どもたち相互の関わりを大切にし，子どもたち自身が発見したり，問いを生み出したり，達成感を得ていくことが大切です。また，その過程では，自分の思いに寄り添ってもらう経験も必要不可欠です。そのような乳幼児期にふさわしい体験が得られる園生活と保育形態の在り方を考えてみましょう。

　保育者が，乳幼児期にしかできない（しておかなければならない，してほしい）経験を，子どもと共につくり出していく保育の創造性は，どのような園生活によってもたらされるのでしょうか。保育所保育指針等や既成の方法やスタンダードな保育形態，一般的な発達論などを参考にしながらも，目の前の子どもの姿や保護者のニーズに向き合いつつ，子どもたちの園生活が充実するためにオリジナルな保育行為が工夫されなければなりません。こういった日常のささやかな実践の積み重ねを通して，一人一人の子どもをふさわしい園生活へと誘っていきます。子どもにとってのふさわしい園生活が保育者によってどのように理解されるかにより，具体的な実践は大きく違ってきます。

　そこで本章では，まず子どもにとって「ふさわしい園生活」をどう考えるかにふれ，これらをふまえて一般的な保育形態を捉えてみます。最後に子ども理解と保育の実践のなかで，子どもにふさわしい園生活を「デザイン」するエピソードを取り上げ，具体的な方法や指導法を紡ぎ出すところの基点を捉えていきます。

1　子どもにとってふさわしい園生活
——子どもの実態に即した相互的で柔軟な保育形態

❶ 乳幼児期にふさわしい生活

　乳幼児期にふさわしい生活の中心は遊びです。子どもは自ら興味・関心をもって周囲の人や物，身近な環境に対して，主体的，意欲的に関わることにより，活動をつくり出し，展開していきます。その主体的活動を保障する環境を整えることにより，遊びを見出し，遊びを知り，遊びを楽しみ，遊びに工夫を加え，遊びをつくり出していきます。その遊びのなかで，保育者や仲間の助力を得ながら，協調性や創造性を自ら育んでいきます。また，動植物の世話，季節による野菜の栽培・収穫など，家庭環境ではできないことを園生活を通じて経験し，具体的な体験を通して子どもたちが，自ら学ぶことができることが，子どものふさわしい生活と言えます。

　この「ふさわしい生活」に関連して，「保育所保育指針」では，

第1章「総則」の「1　保育所保育に関する基本原則(1)保育所の役割」と「1　保育所保育に関する基本原則(3)保育の方法」，そして第2章「保育の内容」，第3章「健康及び安全」の4か所で「ふさわしい」という言葉を使用しています。また「保育所保育指針解説」では，34か所にわたって「ふさわしい」が使われています。幼稚園教育要領では「前文」と第1章「総則」の「第1　幼稚園教育の基本」，「第3　教育課程の役割と編成等」，「第4　指導計画の作成と幼児理解に基づいた評価　1　指導計画の考え方」，「第4　指導計画の作成と幼児理解に基づいた評価　2　指導計画の作成上の基本的事項」，そして第3章「教育課程に係る教育時間の終了後等に行う教育活動などの留意事項」の6か所，「幼稚園教育要領解説」においては43か所において「ふさわしい」が用いられています。「幼保連携型認定こども園教育・保育要領解説」では57か所にもおよび，子どもに「ふさわしい」生活の実現は，保育の重要な課題であることがわかります。さらに「幼稚園教育要領」とその「解説」では，「幼児期にふさわしい」に「無理のないもの」であることの強調が特徴的です。乳幼児の生活が幼児期にふさわしいもの，そして無理のないものとなっているのかどうか，どの保育施設においても，保育者一人一人，園全体で常に問い直しが必要な，しかも継続的，日常的な省察の視点の一つであると言えそうです。

　さらに今後，強化される小学校との連携において，「保育所保育指針」と「幼稚園教育要領」，「幼保連携型認定こども園教育・保育要領」に共通して「小学校以降の生活や学習の基盤の育成につながることに配慮し，幼児期にふさわしい生活を通じて，創造的な思考や主体的な生活態度などの基礎を培うようにする」としています。ここで述べられていることについては，「保育所保育指針解説」がわかりやすいので以下に記すことにしますが，前述したように幼稚園も認定こども園にも共通しています。

▶1　厚生労働省「保育所保育指針解説」2018年, pp. 296-297。

　　保育所においては，第1章の1の(2)に示す保育の目標に基づき，幼児期にふさわしい保育を行う。その保育を通して育まれた資質・能力が小学校以降の生活や学習の基盤ともなる。
　　子どもは，保育所から小学校に移行していく中で，突然違った存在になるわけではない。発達や学びは連続しており，保育所から小学校への移行を円滑にする必要がある。しかし，それは，小

学校教育の先取りをすることではなく，就学前までの幼児期にふさわしい保育を行うことが最も肝心なことである。つまり，子どもが遊び，生活が充実し，発展することを援助していくことである。

保育所保育においては，在籍期間の全体を通して，乳幼児期の発達に応じて，いかにして子どもの生きる力の基礎を培うかを考えて，全体的な計画を作成しなければならない。特に，子どもなりに好奇心や探究心をもち，問題を見いだしたり，解決したりする力を育てること，豊かな感性を発揮したりする機会を提供し，それを伸ばしていくことが大切になる。子どもを取り巻く環境は様々なものがあり，そこでいろいろな出会いが可能となる。その出会いを通して，更に子どもの興味や関心が広がり，疑問をもってそれを解決しようと試みる。その子どもなりのやり方やペースで繰り返しいろいろなことを体験してみること，その過程自体を楽しみ，その過程を通して友達や保育士等と関わっていくことの中に子どもの学びがある。このようなことが保育所保育の基本として大切であり，小学校以降の教育の基盤となる。保育所は，このような基盤を充実させることによって，小学校以降の教育との接続を確かなものとすることができる。

また，「保育所保育指針」の第2章「保育の内容」においては，「教育」を「子どもが健やかに成長し，その活動がより豊かに展開されるための発達の援助」と定義しています。保育は，特定の知識や技能の修得に偏ることなく，子どもの生活や遊びを通して子どもが楽しく充実感を味わうことができるよう配慮してなされる働きです。子どもの主体性を尊重し，園の生活全体を通して，子どもが生きていくために必要な習慣や知識，態度，心情を保育者から子どもへ受け渡していきます。子どもの発達や生活の連続性に配慮して見通しをもった保育をしていくことが重要です。

「幼稚園教育要領」では，第1章「総則」第1「幼稚園教育の基本」の1において「幼児は安定した情緒の下で自己を十分に発揮することにより発達に必要な体験を得ていくものであることを考慮して，幼児の主体的な活動を促し，幼児期にふさわしい生活が展開されるようにすること」としています。また，「幼稚園教育要領解説」では，第1章「総説」第1節「幼稚園教育の基本」の3「幼稚園教育の基本に関連して重視する事項」のなかで(1)「幼児期にふさわし

い生活の展開」について，「①教師との信頼関係に支えられた生活」，「②興味や関心に基づいた直接的な体験が得られる生活」，「③友達と十分に関わって展開する生活」の３点から述べています。

　ここまで，「保育所保育指針」等から，子どもにふさわしい園生活について見てきました。その「ふさわしさ」は，乳児と幼児といった子どもの年齢や地域性に応じて変化しますが，保育所・幼稚園・こども園での違いは本来的にはありません。そこで，ここでは参考までに保育所保育指針と幼稚園教育要領の「解説」に記されている「ふさわしい」の後に続く単語について，まとめ直して羅列してみます。

【子どもの生活に関連する「ふさわしい」の視点（ふさわしい○○）】
　　・保育指針解説と教育要領解説に共通
　　　保育内容，生活（生活のリズム，生活の場），遊び，経験，玩具，
　　　環境，食べ物
　　・教育要領解説のみ
　　　無理のないもの，言葉，関わり方，幼児の生活

【保育者に対する「ふさわしい」の視点（ふさわしい○○）】
　　・保育指針解説と教育要領解説に共通
　　　専門性，指導（対応），具体的なねらいと内容，保育環境
　　・保育指針解説のみ
　　　設備
　　・教育要領解説のみ
　　　学習指導要領の在り方，教育，形で培われる

　こうして「ふさわしい」の後に記されている単語を抜き出して並べてみると，ここに列挙したものがふさわしさの視点になることがわかります。

　子どもの生活においては，振り返りの視点ともなる保育内容５領域の各項目，生活そのもの，その遊び，環境や教材（玩具），子ども同士の関わり，大人や社会・文化との関わり等において，それらがふさわしいものであることが望まれています。

　また保育者に対しては，上記の子どもにとってのふさわしさを実現するために，環境や設備，保育行為を支える計画と指導（対応）上のふさわしさが求められています。これらを真摯に受けとめ，子

どもから学び続けることで子どもにふさわしい保育者の専門性が培われていくのです。それでは，いったい「ふさわしい」とは，どういうことでしょうか。

❷ 子ども理解における「ふさわしい生活」と 「望ましい生活」

▶2　佐藤哲也・井上琴子・田中亨胤「幼児の『ふさわしい生活』を支える保育の研究」『学校教育・幼児教育・障害児教育』兵庫教育大学研究紀要第一分冊，18，1998年，pp. 147-159。

　先述したように幼児にとっての「ふさわしい生活」を求める保育者の役割は，子ども理解を基盤においた不断の保育デザインが必要不可欠となります。目の前の子どもが，保育者をどのように受け止め，子どもが主体的に生きる場としての園環境にどのように関わり，どのような仲間関係を築いているのかを保育者が把握し，捉え直したり，納得したりしながら，子どもの充実した生活を共につくり出していくことが，ふさわしい生活につながっていきます。ふさわしい生活を探求するということは，保育のなかで捉えていること，保育者集団での対話から捉え直したこと，日誌記入時に冷静になって捉えたことなどから，反省的に浮かび上がった具体案や思いを次の保育の実践に加えて生かしていくことです。子どものふさわしい生活を求める保育は，子どもの理解と振り返り・保育のデザイン（計画：心づもり）・実践が一体となった往還的な生成過程なのです。

　一方「望ましい生活」とは，経験や活動が，どの子どもにも画一的に必要で，大人が授けなければならない一方向的な意味を帯びています。一般的な子どもの育ちを捉えた「望ましい」生活の事柄は，保育行為を省察する根拠の一つとなります。しかしながら，それらの事柄を「望ましい」と共感する保育者の子どもを見るまなざしを省察する必要もあるのです。目の前の子どもの実情を受け止め，それぞれの子どもにふさわしい諸能力の獲得の仕方や筋道をその子どもの理解を基点にして追い求める保育者の姿勢が大切です。保育において，望ましい生活を目の前の子どもにとってふさわしい生活へと創造していく保育者の感性が求められているのです。

① 「ふさわしさ」とは何か

　どのような保育形態であっても，子どもたちが自分の生活や遊びを充実させていくことを支える手立てを考えるものでありたいと思います。さらに人間関係が希薄な現代では，子どもたち自身が自由

感に満たされ，主体的に環境に関わり，子ども自ら関わりを求め，そして関わり合う，協同し合う保育を求めたいと思います。

　保育者の都合や気持ちを敏感に感じ取り，保育者の指示に見事に対応する指示依存，そしてその指示どおりに動けたことに対する「ほめことば」を期待する賞賛依存は，子どもによく見られます。子どもの主体性や能動性，相互性が奪われているような保育の場があります。一見すると子どもの生きている姿も，集団で動けるその姿も，それを支えている保育者も真剣でよいように見えるのですが，冷静に捉えてみると，大人（保育者や保護者）の期待に応じる個として「よい子」の束（集合体）になっています。子どもは保育者の意図に沿う生活に能動性を発揮してしまいます。自分自身や自分の生活，自分たちの遊びを自分たちで考えて充実させる能動性が発揮されているかどうかに目を向ける必要があります。倉橋惣三はこれを「充実指導」といい，保育の真髄に位置づけています。「子供が自分の力で充実したくても，自分だけでそれができないでいるところを，助け指導してやる」とし，保育は「この子がどのくらいまで求めているかということからはじめなければならない」としています。子どもにとってふさわしい園生活の基本がここに示されています。まず子どもが自分の力で何を充実させたいと願っているのか，それが自分でできることなのか，援助をどの程度必要としているのか，これが子ども理解です。その理解を源に，保育者は援助の方略を考えますが，それはこうあるべきだとか，当然こうであるといった当然性や既成の援助ではありません。日々の省察をもとに，目の前の子どもに応じた「ふさわしい」援助は保育者の相互的関わりによって紡ぎ出されていくのです。

　そして子どもと保育者，互いの自発性を尊重しながら，子どもの生活活力を促す相互的生活へと導くことを大切にしたいものです。互いの自主性を尊重するだけではなく，または自分だけの充実感を得る生活をするのではなく，子どもと保育者，子ども同士が共鳴し合い，共感し合い，互いに関わり合うことを求め続ける生活が望まれます。「互いに感じ合いつつ行って互いに倍化されてゆくのであるが，相互を命ずることはまた原理に反する。だが，人間は，元来相互性を有するものなのである」と倉橋の述べるように，相互性が元来人間に内在するものであるならば，関わり合うなかで，相互に調整し合ってより豊かな生活を築く心もちを発揮できるような配慮

→3　倉橋惣三『幼稚園真諦（フレーベル新書⑩）』フレーベル館，1976年，pp. 35-42。

→4　倉橋は，保育法の原則として，①間接教育，②相互教育，③共鳴，④生活による誘導の4原則をあげています（土屋とく（編）『倉橋惣三「保育法」講義録──保育の原点を探る』フレーベル館，1990年，pp. 91-119）。

→5　同上書，p. 101。

を心がけましょう。

② 時間と環境

　現代の子どもは，生命を維持するため，主体的で能動的な生活を維持していくために必要な生活リズムが十分に保持できない環境に置かれていることが多いようです。そのために，保育中（午前）に眠気に襲われたり，意欲的に過ごすことができない状況にある子どもも多くいます。家庭の生活環境の変化に伴い，大人の都合や欲求が優先され，また習い事や塾，二重保育など子どもの生活時間が切り売りされ，さらに夜間の娯楽が充実し，夜更かしをしたり，夜間まで出かけている実態もあり，睡眠などの生活習慣とそのリズムが不安定です。そのようなななかで，保育の現場においては，子どもにとってのふさわしい生活を模索し，保護者にも協力を願いながら，生活リズムを整えて安定した活動が十分できるように工夫しなければなりません。また子どもが自分から始めた活動（遊び）を大切にし，試行錯誤したり没頭する時間や環境を保障し，子どもが充足感をもって過ごすことができて初めてふさわしい園生活となります。

2　保育形態

　「保育」の場，幼稚園の保育（教育），保育所の保育をどのようにイメージするでしょうか。自分が乳幼児期に受けた保育の記憶に左右されているのが実情でしょう。

　多くの学生が，幼稚園は「勉強するところ」，保育所は「面倒をみてもらうところ」と捉えていることに驚きます。まったく間違いとは言えませんが，この二つのイメージ「学ぶ，世話する（教育と養護）」を包括するものとしての「保育」を捉え直す必要があります。

　また「100の園があれば，100通りの保育がある」と表現されるほど，保育の形態は複合的で多様です。園が置かれている地域の状況やニーズ，環境に対応したなかで，さまざまな展開がなされています。保育理念や方針が似ていても，違った保育の実践がなされていることもあります。これらは，どの園もその理念や方針を大切にし

つつ，時代のニーズや子どもの実情に擦り合わせた工夫を求められているからであり，一概に「どの保育がいい，悪い」とは言えないものです。しかしながら，保育者として大切にしたいのは，「子ども」を主語にした「ふさわしさ」を求める姿勢です。

　理念と方針によって，その保育形態や計画は固定されているかのように考える傾向があります。しかしながら「ふさわしい」とは，園の理念・方針を受けながら，形態や方法が，現実の子どもたちの生活に摺り合わされて，工夫改善されていくことでしょう。

　それでは，まず一般的に「保育形態」として，どのようなものがあるのかふれておきましょう。まずは子どもの生活に対するアプローチの相違に観点を置くと，大きく分けて「一斉保育（設定保育）」と「遊びを中心とした保育（自由保育）」の2種類をあげておきましょう。

❶ 一斉保育（設定保育）

　園や保育者が子どもに身につけてほしいと願う内容をクラスの子どもたちに同じ方法や時間で行う保育です。一斉に投げかけることにより，平等に，画一的に指導内容が伝わる効率のよい方法ですが，一人一人の子どもの育ちを支える視点が欠如し，学年やクラス全体の平均的達成度から子どもに優劣の評価を下しやすいものです。

　また保育者の指示によって子どもの活動が行われることが多いため，一斉保育と混同されがちな形態が設定保育です。設定保育は保育者が子どもに対して一定の到達目標を掲げて，意図的な活動を計画し実践する保育方法であり，基本的には一人一人の達成目標を設定することも含まれており，一斉の場とは限りません。

❷ 遊びを中心とした保育（自由保育）

　これまで，子どもの自由な活動（遊び）を尊重する理念に基づく保育を自由保育と表現してきました。子どもが自分の好きな活動を自分で見つけ，没頭したり，試行錯誤したりする経験を支えることを重視してきています。子どもが自由感をもって，安心して取り組む遊びは，自分の憧れや達成したいイメージとのずれ，他の子どもの自由感との衝突などの葛藤体験や譲り合ったり思いやったりする

相互的経験が含まれます。このように子どもの遊びには子どもの社会的な育ちを保障する重要な経験が多分に含まれており，子どもの生活を自由に放任することではなく，これらの貴重な体験を遊びを通じて学びに転化せていく保育者の子ども理解が重要となります。「自由遊び」「自由な活動」などのように，本来は自由なものに「自由」と付加させることへの違和感もあり，「遊びを中心にした（大切にする）保育」と表現するようになってきました。いずれにしても，子どもにとっての自由とは何か，保育者も含めた，育ち合う仲間としての保育の場における自由とは何かを再確認することも必要です。さらに設定保育や一斉保育と違い，子どもにふさわしい経験が偏りなくなされているか，子どもの遊びが充実しているか，保育者集団での問い直しが必要です。

　次に子どもの年齢を軸に保育形態を分類すると，「異年齢児保育（縦割り）」と「年齢別保育（横割り）」があります。

❸ 異年齢児保育（縦割り）

　同一年齢によるクラス編成という枠にとらわれず，異年齢の子どもが関わり合う経験の豊かさに力点を置く保育の在り方です。異年齢間で子どもの遊びや生活技術の伝承などが期待できます。近年の少子化に伴う核家族化・都市化の進行，遊び場や子どもの群れの減少に伴って，異年齢児保育の役割が大きく期待されています。

❹ 年齢別保育（横割り）

　同じ年齢の子どもでクラス集団を構成する保育を示します。同じ年齢の子ども（〜歳児）の発達段階をイメージしやすく，より細やかな配慮がなされることが期待されます。たとえば同じ3歳児でも，月齢や家庭環境によって，育ちの姿はまったく違います。同年齢の区切りで配慮を考えるのではなく，一人一人の育ちの実情を把握し，細やかに配慮することが望まれます。

❺ 保育形態による長所と短所

　上記以外に，クラス・グループ別保育，混合保育など，園の都合

や保育の在り方によって，さまざまな保育形態を示す言葉があります。見学や実習を通じて実際にふれたり，教科書などでその形態の詳細や相違を学んでおきましょう。

しかしながら保育の形態にはそれぞれ長所と短所があります。一斉保育や設定保育は，常に保育者の指示に左右されるので，子どもが自分で夢中になったり，時間を忘れて没頭して取り組む経験が薄くなります。また自分のしたいことを自分で選び自分で決める選択力や決断力の育ちが弱まり，依存的な傾向を生みます。

遊びを中心とした保育（自由保育）は，子どもの遊んでいる姿を単純に賞賛し，放任した見守りをしていると，子どもが自分に馴染んでいる遊びや仲間関係に甘んじてしまい，経験の幅が狭くなります。子どもの遊びが充実する内容をもった方向性や仲間関係の広がりや深まりを，保育者が捉えるまなざしをしっかりもっておかねばなりません。

異年齢児保育（縦割り）は，世話を「する - される」関係に子どもが縛られ，自由感を損なう生活に陥ったり，また，クラス内の同年齢の子どもが少ないため，特に5歳児の仲間関係の広がりには配慮する必要があります。一方，年齢別保育（横割り）は，自分たちの生活や遊びに夢中になり，自分より年上・年下の子どもの姿に意識が向きにくい実情もあり配慮する必要があります。

また近年では，特別支援の観点から，発達上，何らかの障害のある子ども（気になる子ども）を積極的に受け入れる保育が実践されています。その「気になる」「障害」を，子どもたちと生活を共にするなかで捉え直し，「気になる」ところ，違和感，互いの「生きにくさ」を解消し，どの子どもにとっても「生きやすい」生活の場が求められています。

3 子どもにふさわしい園生活を考える

ここでエピソードを通じて，子どもにふさわしい園生活について考えてみましょう。このエピソードは遊びを中心に保育を展開している幼稚園でのエピソードです。10月（運動会前），子どもたちの普段の興味や関心を捉え，子どもたちと話し合って，運動会での自分

たちの種目や内容を決めていました。その結果，去年の年長さんの姿に憧れたリレー，一本橋競争，キャンプで楽しかったダンスの三種に決まりました（その詳細はここでは割愛します）。

リレーはチーム分けに始まり，走る順番も，ある程度は担任保育者が調整しながらも，子どもたちが話し合って決めていました。一本橋競争も園庭にある平均台で普段しているドンじゃんけんを，どうやったらもっとおもしろく，ダイナミックになるか，安全にできるか，子どもたちと考えながら保育者が競技化していました。ダンスも，曲はキャンプのときに使ったものに，子どもたちがオリジナルの振りを加え，保育者も曲の途中で子どもが移動し合うなど，年長児らしい大きな動きが加わるようアイデアを出しながらつくりあげていました。保育者は遊びの延長になる協働的活動として充実していく子どもたちの様子に感心し，ますます力が入っていきます。

この日，もう少し完成度を上げたくなった保育者は，「お昼食べて，少し休んだら，もう一度○○ダンスしよう！　もう少しみんなが頑張ったら，お母さんお父さんたちが，運動会で"すごい！"って褒めてくれるよ！　まだまだ，みんなかっこよくなるよ！」と提案しました。子どもたちは担任のこの一言に「いいよ！　そうしよ！」と即答します。

Episode 1　「きょう，ぜんぜん，あそんでない！」

昼食を全員が食べ終わった頃，すでに遊びはじめていた子どもたちにも「そろそろ始めるよ」と伝え，年長児全員（2クラス合同）で，降園前の帰りの会の寸前まで運動会で行う○○ダンスをしました。

「みんなのダンス，ものすごく，かっこよくなったよ！　今日はこれでおしまいにして，また明日もしよう！　それでは，お部屋に戻って，帰る準備をしようね」と伝えると，2，3名の子が「え～，もうかえるの！」と叫びのような声をあげました。一緒にいた子どもたちの気持ちを代表していたようで，多くの子どもたちが頷いているかのようでした。保育者は「これから帰りの会して，さよならしないとお母さんたちがお迎え来ちゃうよ」。

子どもたちが口々に，「きょう，ぜんぜん，あそんでない！」と心の叫びを声にしていました。もう一クラスの担任保育者と目を合わせて確認し，「それじゃあ，今日だけ特別！　帰りの会は，なしにします！　お母さんたちがいらっしゃるまで，ぎりぎりまで遊んでOKにしよう！　そのかわり，帰りの準備はささーっとすること！」。

子どもたちは「わかった！」と言いながら歓喜をあげて，それぞれの遊びに散っていきました。その後40分程度いつもの遊びをして，降園しました。

この日の保育後，二人の担任保育者にとっては何より「きょう，ぜんぜん，あそんでない！」の子どもの言葉にショックを受け，振り返りました。

- 子どもたちの遊び・生活の延長で捉えていた活動，保育者の手は多少加えても，子どもたちのイメージやアイデアを大切にしてきたつもりだった。そうか，「あそんでない」か。
- 保護者に見せるための運動会にしたくない。だから「練習」ではなく，毎日「本番」のつもりで子どもたちと取り組んできた。でも子どもにとっては「練習」だったのかもしれない。
- でも子どもにも「お父さんやお母さんに見てほしい」気持ちはある。今後どのように折り合いをつけて生活するか。
- 普段はそれぞれの遊びを十分に保障しているが，運動会への取り組みを通じて，子どもたちのなかにも「みんなで一緒に体を動かす，リズムを合わせる，作戦を考える」おもしろさが強く芽生えてきていることも感じる。
- そういう子どもたちだからこそ，一方で運動会の日が近づくにつれ，「見栄え」をよくしてやりたい気持ちが保育者のなかで強くなってきていた。だんだんと子どもたち自身の活動から離れつつあったのではないか。「もっと，かっこよくなる」や，「お父さんやお母さんが褒めてくれる」といった投げかけは，本当に必要だったのか。それ以前に，この保育者の言葉にある思いこそ，子どもの生活に無理をさせる実情を生んでいったのではないか。
- いつの間にか，子どもたちの活動から私たち保育者の活動になっていたのではないか。私たちが子どもの勢いをそこで支えているのではなく，私たちの勢いに子どもたちを焚きつけて，乗せていたんじゃないか。
- このままでは，子どもたちが運動会前には"燃え尽き症候群"になってしまうのではないか。

　これらの振り返りをもとに，二人の保育者は運動会前だからといって，子どもたちに「ぜんぜん，あそんでない！」と思わせてしまう生活はやめよう，今の出来栄えのまま，運動会当日を迎えても，十分ではないか，と覚悟を決め，少なくとも長い時間の「練習（本番）」はやめることにしました。

Episode 2　振り返りをもとに，保育を立て直したけれど……

　次の日の保育，いつものように子どもたちは，リレーをするためにラインマーカーでトラックラインを引き，バトンを手にして，三々五々仲間を加えながら，終わりのないリレーを始めました。満足するまでリレーを行った後，何人かの子どもが保育者に「せんせい〜，きょう，○○ダンスやんないの？　一本橋は？」と尋ねてきました。保育者は「○○ダンスは，お昼食べる前に少しだけしようよ！　一本橋は今日はしないよ。だって先生だって，もっと遊びたいもん！」。するとその子たちが「おとななのに，へんなひと〜せんせいなのに　あそびたいだって」と笑いながら，仲間のいるところに戻り，「きょう，一本橋しないんだって〜。○○ダンスもちょっとしか，しないんだって」と言いました。もう一人の子が「せんせい，へんなんだよ，おとなのくせに，あそびたいんだって」と言い，何人かで笑いはじめました。そこで一人が思い立ったように保育者のところに戻ってきて，「せんせい，いっぽんばしのどうぐ，だして〜」と頼みに来ました。渡すと子どもたち数人で一本橋競争の設置をして，一本橋を始めました。

　昼食前の20分，「○○ダンスしましょう」と保育者が子どもを集め，「きょうは一回しかしないよ。もうお腹ペコペコでしょう？」と言うと，「え〜」と残念がる声もありました。

　担任保育者二人はこの日の保育後にも，話し合いました。リレーは去年の年長児のモデルがあったこともあり，以前から自分たちで場の準備をし，遊びとして展開していました。子どもたちの話し合いで決めた○○ダンスと一本橋競争は，保育者の準備設定に始まり，生活のなかで提案して行っていた保育者主導のものであることが「せんせい〜，きょう，○○ダンスやんないの？　一本橋は？」の子どもの言葉からわかりました。

　次の日，園庭のリレー道具一式が置いてある場の横に，一本橋競争の道具一式，○○ダンスのための簡単な装備品と子どもたちにも使えるラジカセも置き，いつでも遊びのなかで子どもたちが始められるように整え直しました。すると，子どもたちはわざわざ集まらなくとも，それぞれの遊びの合間に小グループで一本橋やダンスにそれぞれの思いで加わっていきました。

　2日後（運動会前日）の昼食前に，みんなで一緒に行う最後の「練習」，これまでの保育期間中，大人しくて引っ込み思案な女児が，遊びのなかで曲に合わせてやっていた装備品の一つであった帽子を空中に投げてキャッチすることをやって見せ，これが年長児全員の共感を得て，新たな振り付けの一部となりました。その部分だけを3回繰り返して，翌日に臨みました。

保育者は，常に，子どもの主体性や能動性が発揮されて，今日の一日を満足して終えられるように願いながら，子どもと共に生活をしています。しかしながら，このエピソードが示すように，そのように願っていても，いつの間にか，子どもの心の実情とずれてしまうこともあるものなのです。これは保育者としての経験の長短には無関係に起こる現象でもあります。しかしこのずれこそ，「子どもから学ぶ」，子どもから「子どもにとってふさわしい生活」を学ぶチャンスのときでもあると前向きに捉えることができる保育者の素養を身につけたいものです。この「子どもから学ぶ」は，まずは保育者自身が目の前の「子どもにふさわしく，無理のない生活になっているかどうか」と常にアンテナを張り巡らせる感性と気づき，保育者同士の話し合いから考えさせられること，日誌記載時に保育を思い返して文章化するときの気づき，自宅でリラックスしているときのふとしたひらめき，のなかにあります。

　それをもとに保育者は園の理念や方針を理解し大切にしながら，目の前の子どもにふさわしい園生活になるように，日々具体的に模索する必要があります。そしてマニュアルや保育雑誌の案，また「○○式」などの一律の方法を参考にすることがあっても，頼ることなく，子どもの心の現実をよく把握して，一人一人の子どもにオリジナルな一日をデザインする保育を実践したいものです。

Book Guide

・津守真『保育者の地平——私的体験から普遍に向けて』ミネルヴァ書房，1997年。
　遊びを子どもの本性と捉え，子どもの成長と大人の配慮の相関を描いています。子どもとの実際的な関わりを通じて導き出された配慮，そして「共に育つ」ことの基点を示唆しています。
・ドナルド・ショーン，佐藤学・秋田喜代美（訳）『専門家の知恵——反省的実践家は行為しながら考える』ゆみる出版，2001年。
　既成の理論や方法，園の方針による保育形態に従いながら保育を進める一方で，たとえ集団の子どもを対象としても，一人一人に応じるのと同様に，関わり・言葉・行為などの保育行為を反省的に捉えつつ実践する。この本はその根本的な在り方について示唆を与えてくれます。特に著者が着目する「技能（art）」と「技術（technology）」の二分法の検討は子どもの育ちを捉えるにあたり参考になります。

Exercise

1. あなたにとって，望ましい生活，ふさわしい生活，とはどのようなものでしょう。箇条書きにしてみましょう。そしてあなたの望ましさとふさわしさにどのような相違があり，どのように埋め合わせることができるか，考えてみましょう。

2. 自分の幼児体験，あるいは見学・実習などを通じて，心に残っていることを記述し，それがどのような状況，生活の流れ，生活形態のなかでのことであったのか，そしてどのような工夫改善が可能かなどを考えてみましょう。

第 **4** 章

養護と教育が一体となった保育の方法

彼を悲しませていることは一体何でしょう？

写真の彼を，悲しませていることは何か。それは，その子の言葉
（言葉にできない思いを含む）に耳や目を傾けることで，少しは見え
てくるかもしれません。写真の保育者が手に持つ「めがね」が壊れ
ちゃったことが悲しいのかもしれません。でも，理由や原因を尋ね，
明らかになればそれでいいのでしょうか。それよりも，まず必要なこ
とは，泣かずにはいられないその子の気持ちに共感することです。辛
くて悲しい思いをしていることを，打ち明けてくれているのですから。
子どもは必ずしも，いわゆる「言葉」で自分の思いを表現するとはか
ぎりません。泣いたりすることや，表情やしぐさに，その子の訴えた
い思いが詰まっています。その思いに寄り添い，受け止めていくこと
で，その子に対するさまざまな援助や関わりが生まれます。だから，
保育は養護と教育を一体的に行う営みであり，行為なのです。

1 「養護と教育が一体となった保育」という言葉

　1965年に初めて「保育所保育指針」が制定されたとき，第1章「総則」の冒頭で「養護と教育とが一体となって，豊かな人間性をもった子どもを育成するところに，保育所における保育の基本的性格がある」と記されており，以来，何回かの改訂（改定）がありましたが，表現や位置づけに若干の変化はありながらも，「養護と教育が一体となった保育」という言葉は継続してきました。

　2017年改定の「保育所保育指針」では，第1章「総則」1「保育所保育に関する基本原則」(1)「保育所の役割」のイに「保育所は（…中略…）養護及び教育を一体的に行うことを特性としている」と記されています。

　ところで欧米では，「保育」に等しい言葉として「Care & Education」という言葉を使い，「乳幼児教育」のことも「Early Childhood Care & Education」と言います。「養護」は，この「ケア（Care）」に対応する言葉と考えてよいと思います。

　「養護」，「ケア」については後ほどもう少し詳しく見ていきますが，その前に注目してほしいのは，「一体となって」とか「一体的に行う」という言葉です。それは決して「養護もします。教育もします」ということではないはずです。養護的側面と教育的側面とを併せもちながら行われるのが「保育」なのだということです。

2 「養護」とは何か

　2017年改定の「保育所保育指針」では，第1章「総則」のなかに「2　養護に関する基本的事項」が設けられ，(1)「養護の理念」として「保育における養護とは，子どもの生命の保持及び情緒の安定を図るために保育士等が行う援助や関わりであり，保育所における保育は，養護及び教育を一体的に行うことをその特性とするものである」と記したうえで，「養護に関わるねらい及び内容」が次のよ

うに記されています（「内容」の部分を省略し「ねらい」のみ示します）。

ア　生命の保持

(ア)ねらい

① 一人一人の子どもが，快適に生活できるようにする。

② 一人一人の子どもが，健康で安全に過ごせるようにする。

③ 一人一人の子どもの生理的欲求が，十分に満たされるようにする。

④ 一人一人の子どもの健康増進が，積極的に図られるようにする。

イ　情緒の安定

(ア)ねらい

① 一人一人の子どもが，安定感をもって過ごせるようにする。

② 一人一人の子どもが，自分の気持ちを安心して表すことができるようにする。

③ 一人一人の子どもが，周囲から主体として受け止められ，主体として育ち，自分を肯定する気持ちが育まれていくようにする。

④ 一人一人の子どもがくつろいで共に過ごし，心身の疲れが癒されるようにする。

以上が，「保育所保育指針」が示す「養護」の内容です。

ところで英語の「ケア」という言葉は，「世話をする」という意味と「心配する，気にかける」という意味を併せもっており，それを手がかりに，「養護」についてもう少し考えてみたいと思います。

3 「世話をする」という行為

保育は，たくさんの「世話をする」行為から成り立っています。身体あるいは手足を洗う，衣服の着替えと管理，食事の世話，排泄の介助と後始末，入眠に寄り添う等々，年齢によって大きく違いはありますが，保育者にとって欠かすことのできない仕事です。

そしてそれは，単に「仕事」として片付けてはならないものを含

んでいます。「世話をする」行為を通して，子どもは世話してくれる人への信頼感，愛着をもち，それが「安心の基地」となって，人というもの，さらには外の世界へ心が開かれていくのです。

　「世話をする」人は，できる限り「世話をされる」人の心を推し量りながら，心を込めてお世話をしたいものです。そういうことが基盤となって，保育の場が，安心して日々を過ごせる場となるのであり，安心して心を開くことができる場のなかでこそ，豊かな遊びが展開され，さまざまな学びへとつながっていくのです。

　「世話をする」という行為についてもう一点。子どもが1歳，2歳，3歳と育っていく過程で，「生活習慣の自立」ということが，当然のことながら保育者の意識にのぼってきます。個人差もありますから，その子の成長の度合いや心の状態をよく見，タイミングを測って自立を促すことが必要です。その際に大事なことは「失敗を咎めない」ことです。そのことで傷つく子もいるでしょうから，「あ，出ちゃったね」と明るく受け取るようにしましょう。

　ここで「世話をする」いろいろな場面について，2つの事例を見てみましょう。

Episode 1　「交代だからタッチ！」（1歳児）

　0歳児クラスのときからEくんはHさん（保育者）が大好きだった。1歳児クラスになって，みんなが担任との関係を広げていった。もちろんEくんもだった。

　Hさんは，そんなEくんの姿から「行ってらっしゃい」の気持ちで，少し離れて見守ろうと考えたのだろう。入眠時に添うことを，いろいろな担任が関わるようにしていた。

　私とは，ごはんの話，その日の遊び，家のこと，近頃は，ぞうさんや時計の歌を歌い，しゃべり，コテッと寝てしまう。先日，久しぶりにHさんがEくんと寝たとき，Eくんはうれしすぎて，はしゃいで，しゃべって，いつまでも寝つけないほどだった。今日もHさんとうれしそうにしゃべっている布団の上のEくん。本当はそのまま入眠がいいのだが，担任の都合で私とチェンジすることになった。私はドキドキだった。「Hちゃーん」と涙になってしまっては，せっかくの良い流れがストップしかねない。でも……チャレンジしてみたい。

　「Hさんと交代だからタッチ!!」とHさんとタッチし私がそばにつくと，「Eもー」と片手をあげてタッチ!!　心配をよそに，あっけなく交代できた。そのまま楽しくおしゃべりをしたかと思ったら，もう眠っていた。

　Eくんにとって，大好きな人，頼れる人，安心できる人，守ってくれる人，そんな人がいっぱいいると感じてくれていたらうれしい。

　安心しきった，ぐーぐー大いびきのEくんの寝姿がうれしかった。

（N保育者）

午睡で眠りにつくまでの数分間，子どもたちの頭のなかにはどんなことが渦巻いているのでしょう。一人一人，またその日によって違うでしょうが，そのとき，それに寄り添ってくれる担任の関わり方は，とても大きなものがあります。一方，保育者の側には，そのことに100％関わりきれないさまざまな制約もあるでしょう。それを乗り越える保育者の機転とその底にある信頼感の大切さも物語っているエピソードのように思います。

　なお，大人が添い寝して寝かしつけるのは必ずしも一般的ではなく，西洋では，子どもはベッドに入れ，できるだけ早く自分で入眠できるようしつけるのが一般的なようです。しかし，「ねぇ，トントンして」という子どものつぶやきにできる限り応えようとする日本的（？）なやり方は，決して悪くないと思います。

Episode 2 - 1　　「着替えって楽しい」（2歳児）

　「お部屋入る〜」と外階段をあがってきたＡちゃん。「ズボンを脱いでね」と伝えると「できない……」「じゃあ，ここを持っててあげるから，やってごらん」と裾を少しつまんであげると自分で脱ぎはじめた。できるんだ。

　部屋に入ってからも，シャツを脱ぐ，ズボンを脱ぐといった一つ一つに「できない……」と言ってみるＡちゃん。お腹もすいてるし，面倒なのかな？

　「じゃあ，おてて（袖）だけお手伝いするね」「また，ここ（裾）をおさえてるからね」。少し手を添えると，自分でやってみる気持ちがわいてくるようだ。

　最後にＴシャツから頭を出すと「楽しい！」とＡちゃん。そうか，よかった。生活のことって大切なことだけど，子どもにとっては，ちょっと面倒なことなんだなと改めて思った。

　だからこそ，楽しいと思える言葉や雰囲気づくり，大切にしたいなと思った。他のクラスに入ると，そういう基本をもう一度思い出させてもらえる。

（Ｉ保育者）

　　　これは，年度初め，フリーとして入ってくれた保育者の記録です。それに添えられた2歳児担任が書いたつぶやきを次に示します。

Episode 2 - 2　　「着替えって楽しい」を読んで

　（これを読んで）初心に立ち返りました……。

　いつもと違う保育者が入ってくれると，いい気づきが得られる。日々を暮らしていると「着替えも楽しんで」なんてできず，つい流れ作業のように過ぎてしまい，「生活も楽しみながら……」とはいかず，

反省ばかりが募る。本当は，こんなふうに一瞬一瞬をゆったり楽しく過ごしたい。現実的には難しいこともわかっている。この一年，子どもたちも少しずつ変わっていくであろう。

　そう言えば，私も食事のときは楽しく迎えたいと思っていて，その日のメニューを一品一品，子どもたちと確認しながら食べはじめることは心がけている（それも，始まってしまうと，「おかわり！」の嵐で，一瞬で終わってしまうのだが……）。そう思うと，一日のどこかの一瞬を，子どもと楽しい時間として過ごせるだけでも……なんて思う。

（M保育者）

　比較的ベテランの保育者が，若い保育者の記録を読んでの率直な自己の振り返りが記されています。保育とは，そのようなものなのだと思います。

　食事一つをとっても，「楽しく食べる」ということが大きな目標としてありながらも，おしゃべりをストップさせて食事に気を向けさせたり，姿勢や手の使い方を正したり，「残さずきれいに食べよう」と促したり，個々の食材のルーツやそのもつ意味について説明したり，「このお米はどこから来たものなのか」と生産者に目を向けさせたり……といった保育者の働きは，「養護と教育が一体となった保育」のわかりやすい実例と言えるでしょう。

4 安全の確保と心のケア

▶1 「保育所保育指針」の第1章「総則」2「養護に関する基本的事項」(2)「養護に関わるねらい及び内容」ア「生命の保持」の(イ)の③に「清潔で安全な環境を整え，適切な援助や応答的な関わりを通して子どもの生理的欲求を満たしていく」と示されています。

　「清潔で安全な環境を整える」ということは「養護」の働きとして重要であることは言うまでもありません。その際，保育者間の適切な連携が必要であることに触れておきたいと思います。

　たとえば食事の場面で，ある子が嘔吐をしてしまったり，アレルギーでアナフィラキシー反応を起こしたり，食器を落として割ってしまったり……といった出来事が起きた場合を想像してみてください。周りの子どもを遠ざけて嘔吐物を迅速に消毒し適切に処理する人，アナフィラキシー反応を起こした子の看護にあたる人，割れた食器の破片をきれいに集め掃除する人が必要なことは言うまでもありません。その間，他の子どもたちの動揺を鎮め食事を継続させる役割の人も必要です。

　それと同時に，その「事故」を起こしてしまった子どもへの配慮も忘れてはなりません。その子は，「事故」を起こしてしまったこ

69

とによる動揺や，負い目の気持ちを多かれ少なかれ感じているはずです。小さな「心の傷」と言ってもよいでしょう。そうした「心の傷」のケアも，「養護」の働きとして忘れてはなりません。

5 「世話をする」大人の立ち位置

「世話をする」大人の立ち位置について考えてみたいと思います。0歳児の事例なので特別と思われるかもしれませんが，読んでみてください。

Episode 3 「この人もごろんするんだ～」（0歳児）

　30分くらい朝寝をして目が覚めたMくん。天井を静かに見ている。布団にしがみつき泣きながらの入眠だったけれど，寝起きは穏やかな表情だった。

　自分の布団が安心するんだな～と思い，そのまま布団のところに木のガラガラおもちゃを持ってきて横に置いてみた。でもだんだんと目がさえてきたのか，"ここどこだっけ？"と思ったのか，声を出して泣きはじめた。おもちゃをMくんの顔の上でガラガラと揺らしてみたが泣き止まない。

　そこで今度は，Mくんの横にごろんして同じ仰向けの姿勢になると，不思議そうに私を見つめてピタッと泣き止んだ。「この人もごろんするんだ～。意外だなぁ～」なんて感じ。木のガラガラおもちゃを上にかざしてみると，Mくんもそのガラガラと横にいる私を交互にジーッと見つめる。そのままMくんに近づけてみたり，離してみたり……。

　そうして何回か繰り返して，Mくんの目の前で止めると，ガラガラに手が伸びた。そのまま自分の手で握って，それを顔に近づけて先端のガラガラのところをなめた。とても真剣な表情だった。

　まだまだ園生活が始まったばかりで，"ごろんで遊ぶのはイヤ！""立って抱っこがいい！"と泣いていたそれまでだったので，寝起きの穏やかなMくんの表情が印象的だった。

　ごろんで遊ぶ子どもの視線から見ると，座っている大人が上からおもちゃを鳴らすのって意外と圧迫感があったりするのかもしれない。慣れていない大人ならなおさらかも……。

　隣に一緒にごろんしてみると，子どもから見ても大人の顔が同じ高さになるし，大人も子どもの視線の先を感じることができる。ごろん，はいはい，おすわり，立つ姿勢になる前の子どもの視線の先を感じること，大事だなぁと改めて思った。

（A保育者）

　このとき，Mくんは生後6か月，入園して1週間後の記録です。

　向き合う姿勢と横並びの姿勢，どちらも意味があります。特に生後9か月頃から見られるという「共同注視」は重要で，指さしなどを通して大人に注意を促し，何かのモノ，ヒト，コトを共に注視し

ようとすることを言います。そうした「共同注視」から子どもの世界が広がっていくと言われています。月齢的には，この事例はその前の段階でしょうが，保育者の側からの気づきによって，子どもに対する向き合い方を大きく変えた事例です。

　「子どもの視線から見ると，座っている大人が上からおもちゃを鳴らすのって意外と圧迫感があったりするのかもしれない」という保育者の感覚が，新しい「出会い」をもたらしたと言ってよいかと思います。「養護」の基本には，「相手の立場に立って相手の気持ちを感じてみようとすること」がなければならないと思うのです。「上から目線」ではダメなのです。

6　友達をケアする子ども

　保育の場では，友達をケアする子どもの姿をたくさん見ることができます。次の事例は，4月はじめの3・4歳児合同クラスでの散歩のときのことです。

Episode 4　手のひらから伝わる（3歳児・4歳児）

　K公園へお散歩。今日の手つなぎペアはどうだろう。

　お散歩の列のいちばん後ろからみんなを見つめていた。すると，HくんとTくんの手つなぎが動いた。車道側がTくんであることに気がついたHくんが，手をつなぎかえようと試みているのだった。でも，その想いがTくんには伝わらない。

　しばらく進み，道を曲がる。再びHくんが車道側のTくんの手をそっとつなぎかえようと首をTくんのほうに傾けて何か言葉をかけている。ふっと力のゆるんだTくん。今度はそのつなぎかえに応じた。歩いた数だけ手のひらからHくんの何かがTくんに伝わったのだろうか。とてもやさしい景色だった。

　新しいてんぐさん。新しいかっぱさん。それぞれに新米。

　おとなは「かっぱさんを守ってあげてね」だの，「てんぐさんが車道側ね」だのとは，一言も言っていない。でも，Hくんのなかでは，自分がどこかで誰かから伝えてもらった手のひらから伝わる想いをTくんに伝えたのかな……と思う。

　さりげなくごく自然な優しさ。そこに大人が「えらいねー」「さすがだねー」なんて言葉をかけたら，そのごく自然な優しい景色に違う色が混ざってしまいそうで，口にすることがもったいないとさえ思う。

　でも，散歩の先頭を歩いていたAさん（保育者）も，Hくんのその姿を知っていた。こういう一コマをそっと分け合いっこできることがうれしい。

（K保育者）

「かっぱさん」は3歳児で、「てんぐさん」は4歳児です。3・4歳児だけが混合クラスになって2グループに分れており、その一つのグループの散歩の際のエピソードです。

散歩でも安全の確保は重要で、多くの場合、あらかじめ、車道側に年上の子、内側に年下の子というペアを組んで出発します。でもこの事例では、後尾についた保育者がベテランでもあり、あらかじめそういう指示はせず、様子を見たのでしょう。それが、Hくんの自主的な判断にもとづくケアの行為を呼び出したと言えるかもしれません。

次に注目したいのは、子どもがこういう好ましい行動をしたときは褒めるのが定石とされているのに、この保育者はそれをせず、むしろ、そんな言葉をかけたら「もったいない」と思った、と書いていることです。

もう一つ注目したいのは、Hくんのこの行動を「誰かから言葉で教わった」ものとして捉えず、「誰かから手のひらを通して伝えてもらった」ものとして捉えている点です。言葉も大事ですが、身体を通して、身体の動き、触れ合い、眼差し等を通して伝わるものが多いことは、心に留めておく必要があるでしょう。

7 「教育」とは、そして「養護と教育が一体となった保育」とは

ここまで、「養護と教育が一体となった保育」について語りながら、主として「養護」とは何かを中心に話を進めてきました。ここで、「教育」とは何かについてもふれておきたいと思います。

2017年改定の「保育所保育指針」第2章「保育の内容」の冒頭に、「教育」について次のように示しています。

「保育における『養護』とは、子どもの生命の保持及び情緒の安定を図るために保育士等が行う援助や関わりであり、」に続いて、「『教育』とは、子どもが健やかに成長し、その活動がより豊かに展開されるための発達の援助である」と記されています。[2]

ここに引用したのは、第2章「保育の内容」の冒頭に記された文章であって、もっと具体的な内容がこの後に、乳児については3つの視点、1歳以上児については5つの領域に沿って記されているの

➡2　なお、これに続いて「本章では、保育士等が、『ねらい』及び『内容』を具体的に把握するため、主に教育に関わる側面からの視点を示しているが、実際の保育においては、養護と教育が一体となって展開されることに留意する必要がある」と記されています。

ですが，こんなふうに「教育とは，……発達の援助である」と言い切ってしまってよいのだろうかと，そんな思いが残るところがあります。

というのは，「発達」という言葉からは，どうしても右方上がりの成長あるいは広がりを感じてしまうのですが，人の「育ち」を考えるとき，たとえば「ゆらぎを伴った視野の広がり」とか，「葛藤に直面しなんとかそれをくぐり抜け乗り越えていけた」とか，「人の悲しみというものがどんなものかについて少しわかるようになった」といったことなどを含む，もう少し広いものとして捉えるべきだという思いがあるからです。

別の言葉でいえば，子どもを小さいながら一個の「主体」として受け止めケアしていくのが保育のなかの「養護」の働きの側面であり，子どもがより確かな「主体」として育っていくために子どもに関わっていこうとするのが保育のなかの「教育」の働きの側面であり，この2つの側面をもちながらバランスを保って進めていくのが「保育」だといった規定の仕方をしたら，もっとわかりやすいのに，といった思いがあります。[3]

次に2つの事例を見てみたいと思います。

▶3　この考え方は，鯨岡峻に負うところが大きいです。鯨岡の考えについては以下の文献を参照してください。鯨岡峻『子どもの心を育てる 新保育論のために──「保育する」営みをエピソードに綴る』ミネルヴァ書房，2018年。

Episode 5　切り紙の雪の結晶（4歳児と2歳児）

製作コーナーの机に向かい合わせに座り，それぞれ何かをしていたMちゃん（4歳児）とRちゃん（2歳児）。私はその2人の間の角にいた。

Rちゃんが Mちゃんに「（切り紙の雪の結晶）つくって」と言った。頼られてうれしかったのか，にこやかに「いいよ～」とつくり方の本を見ながらつくりはじめたMちゃん。折って折って折って……切る線を引くところになって私に「線描いて」と言った。

実は前回，Mちゃんも同じ雪の結晶をつくっていた。線を引かずにハサミを入れ，思うようにできずに悔しそうにしていたので，私は「見本を見て切る線を描いてから切るといいかも？」と提案をした。そのときは私が線を引き，Mちゃんが切った。

けれど今日は頼られてうれしそうにしていたMちゃんの背中を押したくなり，「（見本と）並べて描いてごらん」と声をかけてみた。Mちゃんは自分で線を引き，切りはじめた。しかし，少ししてRちゃんに背を向け手元を机の下に隠した。Rちゃんは，ニコニコしてじっと見続けていた。私にはワクワクと憧れのまなざしだったように見えた。

Mちゃんの表情はどんどん曇っていき，暗い小さな声で下を向いたまま「見ないで」と。Rちゃんは何かを感じたのだろうけれど，Mちゃんの気持ちまでは感じとれなかったのか，不思議そうに覗き込んでいた。Mちゃんはまた暗い小さな声で「見ないで……」「見ないで……」「見ないで……」何度も言いながらも，手元は雪の結晶を切り進めていた。私は，すぐ隣にいたこともあって助けを求めてくるかな

と思ったけれど，私のほうを見ることすらなかった。頼られたうれしさやプライド，「つくってあげたい」という思いでいっぱいだったのかもしれない。私はすぐ隣にいながら，ただ "Mちゃん頑張れ……" とそっと見守った。

そしてやっと切り終えても，Rちゃんには見えないように机の下で開こうとする。はじめは本体の結晶を開こうとしたけれど，すぐに閉じ，縁のほうを開きはじめた。形になっていることを確認し安心したのか，その後で本体のほうを開いた。そして，納得はいっていないような表情ではあったけれど，やっと手元を机の上にあげ，「……ちょっと違うけどいい？」とRちゃんに見せた。

Rちゃんは目をキラキラさせて「ありがとう」。さらに，セロハンテープを取り「ここ（台紙）に貼ってもいい？」とMちゃんに聞く。そんなRちゃんを見てMちゃんの表情は一気に緩み，照れくさそうに，そしてホッとしたような表情で「いいよ」と言った。このとき私はRちゃんは本当にうれしくてこれを大切にしたいんだなと感じた。Mちゃんのモヤモヤした心がRちゃんの真っ直ぐな「ありがとう」という言葉とうれしそうな表情によって，"ぱーっと晴れた!!" そう感じた。

一部始終をそばで見ていて私はすごく感動した。そして，この数分間でMちゃんの心がたくさん揺れていたんだろうなと思い，その心の動きを聞いてみたいと思った。「Mちゃん，どうして『見ないで』って言っちゃったの？」と聞いてみると，「間違えちゃった……」と言った。怒られると思ったのかもしれないと反省しながら，怒るつもりはまったくないことと，感動したからMちゃんの思いを聞いてみたいと思ったということを伝え直した。

続けて，「じゃあ，『ちょっと違うけどいい？』は，どんな気持ちで言ったの？」と聞いてみると，「氷に見えなかったから」と答えてくれた。そして私が「Rちゃん，どうだった？　私にはうれしそうに見えたよ？」と言うと，Mちゃんは「ありがとうって言ってくれた。喜んでたからうれしかった」と言った。

（W保育者）

午前中，各部屋を基本的に開放し，子どもたちはいろいろな部屋を行き来して過ごしていた日の制作コーナーでのエピソードです。

Mちゃんは制作好きな女の子（4歳児）で，何かをつくるときは80％以上の出来栄えを求めているところがあります。このときつくった雪の結晶はMちゃんにとっては納得いくものではなく，「期待に応えられるかどうか」の不安で心はだんだんと沈んでいきました。でもRちゃん（2歳児）の真っ直ぐな「ありがとう」という反応で，Mちゃんの心が "ぱーっと晴れた" のでした。

この間，保育者が関わったことは，横で "Mちゃん頑張れ……" とそっと見守っていたことと，そのあとMちゃんの気持ちをいろいろと尋ねたことでしたが，こうした受け止めと働きかけが，まさに「養護と一体化した教育」だったのではないかと思われます。

Episode 6 　　「コアラとかナマケモノがつかまるものをつくる」（4歳児）

　午前中，4歳児を中心に「おだんごやさん企画」が始まった。おだんご屋さんをやるにあたって役割分担をすることになった。お金をあげる人，おだんごをつくる人，おだんごを渡す人。そのときにあがった役割はこの3つで，一人一人順番に希望を聞いていく。

　Sくんが希望を聞かれると「Sくんはやらな〜い」と言い出した。でもやらないと言った後に，「Sくんはコアラとかナマケモノとかがつかまるものをつくるー」。

　B　（保育者）「つかまるものって……，じゃあ看板とかはどう？」

　S　「うん，そうそう！　あっちにおだんごやさんがありますよ〜って書いてあって，コアラとかナマケモノがつかまるやつ！」

　B　「いいね！　Sくんは看板つくる人になったら？」

　S　「そうするよ〜！」

とのことで，Sくんは看板づくり係に決定。

　Wさん（保育者）が「アトリエでじっくりやったらどう？」と提案してくれ，早速二人でアトリエに行った。アトリエでは，

　B　「どんな看板をつくる？」

　S　「『あっちに，おだんごやさんとやおやさんがあります』ってかく」

　B　「何でつくる？」

　S　「この段ボールがいい」

　B　「色はつける？」

　S　「絵の具でぬりたい」

　B　「何色でぬる？」

　S　（色々選んだ末）「ラベンダー色ができた！」

とSくんが自分で考えながら看板づくりが始まった。

　色を塗りながら，仮面ライダーや電車を色でたとえたり，「今度はコアラとかナマケモノがつかまる信号機をつくろう！　おだんごやさんがある街の道路の信号！」。看板の枠に毛糸をつけて「これはヘビ！」。できた四角い看板を見て「これは電気屋さんのテレビ！」などなど，どんどん膨らんで広がるイメージ。

　看板づくりを始めてから1時間半が経っていた。アトリエという場所で二人で向き合える空間があったからだと思うが，よほど看板づくりを楽しいと思ってやっているのか，そのことがとてもうれしかった。そんなSくんの姿を見ていて，じっくりトコトンやりたいことに向き合う時間の大切さを身に染みて感じた。

　人数の多いなかで暮らしているからこそ大切な時間。忙しい日々のなかで忘れがちな，一人一人と向き合うということを，Sくんから学んだ時間となった。

　　　　　　　　　　　　　　　　　　　　　　　　　　　　　　　　　（B保育者）

　　　　　　　　　3・4歳児混合クラスですが，4歳児だけで「おだんごやさん」をやろうとしたときの記録です。Sくんはマイペースな子どもで，集団で何かをやろうとする空気が苦手な子どもです。このときは，Sくんの突拍子のない発言をB保育者がうまくキャッチし，長時間

集中して制作活動に取り組むことができ，小さなプロジェクトのなかで一つの役割を担うことができました。もちろんこの看板は本番でも使われましたし，Sくんは「お金をあげる人」役をしたそうです。3・4歳児混合クラスは30人，4歳児だけだと15人でクラス規模が大きくないことも幸いしていますが，W保育者のフォローも見逃せません。ちなみに「アトリエ」は10㎡弱の小部屋で，普段は実質上は教材庫となっている部屋です。

　この1時間半でSくんにどんな学びがあったか，簡単には言えませんが，保育者と1対1で対話しながら過ごした1時間半は，Sくんにとって得がたい時間，養護と教育が一体化した時間だったと言えるのではないでしょうか。

8　保護者との共有と協働

　子どもは，家庭と園と少なくとも2つの場にまたがって生きているのですから，上記のすべての場面について保護者との協働がどれだけ可能となるかはとても重要です。すべてがうまくいくとは言えませんが，一つだけ参考となる例をあげておきましょう。

Episode 7　自分を守るということ（5歳児）

　いまではお箸を使いこなしているRくん。4月当初，初めてお箸を使ってみて，思いのほか使えてうれしかったようで，思わず「この組でまだお箸使えない人は，Oくんです！」と大きな声で叫んでしまった。思わず"ムッ！"と腹を立てた私から，お小言をもらうはめになった。

　そのことを振り返りながら，"Rくんはプライドを守るための言動が，日常のなかでいろいろと垣間見られていたではないか！"と思った。

　サッカーやかけっこでは「ピーッ！」と口で言うジャッジマン。みんなで歌を歌うときには音程も歌詞も完璧に覚えているにもかかわらず，「ピアノやる」とみんなに背をむけてエアー伴奏。

　お箸になかなかチャレンジしないことも，失敗したり格好良くない自分を見せたくない気持ちの表れだったのかもしれない。だから，初めからお箸が上手く使えたことは本当に叫びたいくらいうれしくて，あのような表現となったのかもしれない。

　「自分の守り方」もそれぞれで，あんな姿こんな姿がある。と，上記のお箸のエピソードもふまえて，Rくんのお母さんと話をした翌日の子育てノートにこんなコメントがあった。

Kさんのおっしゃっていた「自分を守る」ということ。とーっても大事なことだと思っています。こんなに小さいときからその機会が与えられ，そっと見守ってもらえることが素晴らしく幸せなことだと思います。ありがたいです。

　私たち大人だっていろんな価値観や考えをもつ人たちと日々を戦っていかなければならないわけで……，私が「自分を守る」ことの大切さに気づいたのは社会人になってからでした。ただでさえ言葉での表現に乏しい男子だからこそ，絵本を読み聞かせたり，ピアノを習ったりしてみましたが，Rにとって心のよりどころって何だろうな……。一緒に感じてみようと思います。

"素敵なお母さんだな"と，じーん。そして，改めてRくんを見つめてみることにした。毎日のように部屋のピアノで「♪むすんで　ひらいて♪」を弾いている。"そうだ，せっかくだからみんなで歌えばいい！"と，「クラスの集まりの時間で弾いてくれる？」と聞くと，「うん」。そしてその週に「Rくんのピアノで歌おうタイム」を設けた。「練習してくるから！」と張り切る姿が頼もしい。

「どの子のどんな姿も意味がある」という原点を，これからも大切に見ていきたいと思う。

（K保育者）

　3〜4歳あたりから「まわりの友達のなかの自分」を意識するようになると，子どもの気持ちや行動も複雑になってきます。Episode 5やEpisode 6もそうでしたが，保育者の働きも，それに見合った細やかな洞察と対応が必要となってくるように思います。

　このエピソードは，5歳児クラスの初めの頃の事例ですが，「プライドを守る」ための一見ネガティブな行動を理解し，それをネガティブな行動として受け取るのではなくポジティブなかたちで活かそうとした保育者の判断，そしてその判断をお母さんに伝え，共有することができた事例です。ラッキーと言えばラッキーな事例ですが，学ぶところは大きく，保育者と保護者とが協働して「養護と教育が一体となった保育」を行うことができたよい例と言ってよいかと思います。

9　「保育」はどこへいく？　「教育」はどこへいく？

　2017年の「保育所保育指針」の改定は，「幼稚園教育要領」「幼保連携型認定こども園教育・保育要領」の改訂と同時に行われ，できる限り三者の統一化を図ることが一つの課題だとされてきました。たしかに，「保育所保育指針」の第1章「総則」の4として新たに

書き加えられた「幼児教育を行う施設として共有すべき事項」については，見事に三者が統一化されています（それが置かれた場所やタイトルの表現は違いがありますが）。

　ところで，「養護と教育が一体となった保育」という言葉に視点を絞って三者を見ていきますと，茫然とします。「保育所保育指針」はここまで見てきたように「養護と教育が一体となった保育」を中心に組み立てられていますが，「幼稚園教育要領」には「養護」とか「保育」といった言葉はまったく登場しません。すべてが「教育」という言葉で統一されています。

　「幼保連携型認定こども園教育・保育要領」では，全体を通して「教育及び保育」という言葉が使われており，教育と保育が分離されている点が特徴的です。「保育所保育指針」が謳っている「養護と教育が一体となった保育」という文言はありません。「養護」という言葉が登場するのはただ1か所，第1章「総則」の第3「幼保連携型認定こども園として特に配慮すべき事項」の5として「生命の保持や情緒の安定を図るなど養護の行き届いた環境の下，幼保連携型認定こども園における教育及び保育を展開すること」とあり，それに続けて「保育所保育指針」の「養護に関わるねらい及び内容」に記された内容と同じことが記されています。総合して言えば，「保育所保育指針」にある「養護」の具体的な内容は受け継がれているのだけれども，「教育及び保育」というときの「保育」が何を意味しているのか，そこでいう「保育」は「養護と教育が一体となった保育」なのかは曖昧にされていると思います。

　本章のはじめに述べたように，欧米で「Care & Education」「Early Childhood Care & Education」という語で表しているものを，日本では「保育」という言葉で表現してきました。「安らかに保つ」と「育てる」を組み合わせた「保育」という言葉は，よい言葉です。

　日本の幼稚園の基礎を築いた倉橋惣三は「幼稚園教育」ではなく「幼稚園保育」という言葉を使いました。

　戦後，学校教育法が制定され，幼稚園もそこに規定されたのち，1956年に「幼稚園教育要領」が制定されるまで，それに代わるものとして機能していたのは「幼児保育の手びき」という副題をもつ「保育要領」（文部省，1948年）でした。この作成には，倉橋惣三が委員長として関わりました。

　倉橋惣三に次いで戦後の保育の世界に大きな影響をもった津守真は，次のような文章を残しています。

▶ 4　津守真『保育者の地平——私的体験から普遍に向けて』ミネルヴァ書房，1997年，p. 294。

> 　子どもが発達の途上で，存在感を脅かされ，能動性を発揮できず，相互性が妨げられ，自我の危機にあるとき，保育者は全力を尽くしてその子のそのときを支える。自我の危機にある者が自分自身となって生きられるように，その人を守り，ともにあり，育てる機能をもっているのが人間の共同体である。保育は人間の発達を支えるはたらきである。子どもは，保育者とのかかわりの中で自分を回復し，自信をもって自らの生活を進めるようになる。

　この文章で津守真は「養護」という言葉も「教育」という言葉も使っていませんが，まさに「養護と教育が一体となった保育」を語っていると思います。

　現行の学校教育法第22条には「幼稚園は，義務教育及びその後の教育の基礎を培うものとして，幼児を保育し，幼児の健やかな成長のために適当な環境を与えて，その心身の発達を助長することを目的とする」と記されていて「保育」という言葉が残されています。ところが，幼稚園教育要領には「保育」という言葉はまったく見当たらないことは前述のとおりです。

　乳幼児期の子どもにとって，「養護」あるいは「ケア」は絶対的に必要です（おそらく学童期の子どもにとってもそうです）。

　その考え方を含んだ「保育」が今後も生き続けていくのかどうか。保育所の世界では生き続けていくのでしょうが，似たような機能をもつ認定こども園の世界ではどうなのか，まして幼稚園ではどうなのかとなると，やや悲観的にならざるを得ません。

　一つの希望は，「教育」の概念が，「養護」あるいは「ケア」の概念をも包み込んだ，より子ども主体で柔らかで温かく豊かなものに発展していくことです。教育基本法や子どもの権利条約に立ち返れば，できないはずはありません。

▶ 5　「幼稚園教育要領」第 1 章「総則」第 4 「指導計画の作成と幼児理解に基づいた評価」の 3 「指導計画の作成上の留意事項」の（2）に示されています。

　2017年改訂の幼稚園教育要領には，「幼児の発達に即して主体的・対話的で深い学びが実現するようにする」という文言があります。「対話的」という言葉が見られるのはこの箇所だけですが，「対話的」という文言がもつ意味を掘り下げ拡げていくことが必要でしょう。

Book Guide

- ・子どもと保育総合研究所（編）佐伯胖・大豆生田啓友ほか『子どもを「人間としてみる」ということ——子どもとともにある保育の原点』ミネルヴァ書房，2013年。
  佐伯，大豆生田両氏の対談をもとに，「ケアリングとは？」「子どもを丁寧にみるとは？」「人とのかかわりのなかで育つ学びとは？」といった問題を解きほぐし，最後に，「子どもを『人間としてみる』ことの『人間学』」と題する汐見稔幸氏の寄稿も添えられています。
- ・庄井良信『いのちのケアと育み——臨床教育学のまなざし』かもがわ出版，2014年。
  「臨床教育学のまなざし」の副題をもつ本書は，〈弱さ〉へのいとおしみ，スローエデュケーションを説き，ケアし合うことの喜びと難しさを語り，関連してフィンランドの教育改革について語っています。

Exercise

1. 保育は養護と教育が一体の取り組みであることを学びました。では，さらに学びを深めるために，みなさんが実習などで出会ったエピソードをあげて考えてみましょう。そのエピソードの場面のなかのどこが「養護」の機能で，どこが「教育」の機能だと説明できるでしょうか。もし，実習等の実践例がない場合は，授業で用いた映像などを使用して行ってみましょう。
2. 「世話をする」ということについてもエピソードを通して学びました。しかし，保育者は単なる「お世話をする」仕事でもないとも言われます。「世話をする」ことが「養護」であるとはどういうことでしょうか。自分が子どもに関わった事例を通して説明してみましょう。

第 5 章

環境を通した保育の方法

散歩先で見つけた大きな葉っぱ。いったいどんなことに興味・関心をもったり，遊びが展開しそうか，話し合ってみましょう。

保育の環境には，保育者や子どもなどの人的環境，施設や遊具，資源などの物的環境，さらには自然や社会の事象などがあります。こうした人，物，場などの環境が相互に関係し合い，子どもの生活や遊びが豊かになっていきます。散歩先で見つけた大きな葉っぱによって，きっといろいろな方向に遊びが広がる可能性があります。また，いろいろな問いや発見を生み出す可能性もあります。そのように子どもたちの発想が豊かに生まれ，いろいろなことを試していくためには，子ども自ら環境に関わり，さまざまな経験を積んでいく機会を保障していくことが必要です。そこで，環境を通して保育するとはいかなることなのかを，本章では考えてみたいと思います。

　幼児教育・保育の方法の特徴は，一言で言うならば，「環境を通した教育（保育）」だと言われます。小学校以上の教育と大きく異なるところです。では，「環境を通した教育（保育）」とは一体どのような方法なのでしょうか？

　みなさんは，幼稚園や保育所，認定こども園（以下，幼稚園等）の環境を実際に見たことがあるでしょうか？　保育室（教室）にはどのような備品があり，素材や道具，玩具等があったでしょうか？　また，どのようにそれらは保育室のなかに配置されていたでしょうか？　それから，園庭にはどのような遊具や設備，自然物等があったでしょうか？　おそらく，園によって，クラスによって，子どもの年齢によってもそれらは異なっていることでしょう。それらの環境には子どもにこんな経験をしてほしいという保育者の思い（願い）が隠されていると言われます。それはどういうことでしょうか？

　本章では，そうした環境の意味や，保育者が環境を構成することの意味やそこにある思い，そして具体的に子どもと共に環境を生み出していくことなどについて考えていきたいと思います。第1節では，特にその考え方と具体的な事例をもとにした展開の方法について考えます。そして，第2節では，いくつかの園の環境の写真を通して，その環境の意味を考えてみましょう。

1 環境を通した保育とは

　環境という言葉は，たとえば「環境教育」や「環境問題」というように，いろいろな使われ方をしています。そのため，保育のなかで「環境を通した保育」という言葉を聞いても，それが具体的にどんな保育なのかを学生のみなさんがイメージすることは難しいかもしれません。

　ところが，身の回りの生活を考えてみると，人間そのものが周囲の環境に大きく依存していることがわかります。寒いか暑いか，広い場所か狭い場所か，高いか低いか，自然が多いか少ないか，などによって，人間の生活そのものが大きく左右されています。地球温暖化や食料問題などといった地球規模で語られる環境問題も，人間

の生活に密着した問題であるからこそ，個々の人間が真剣に受け止め取り組まなければいけない問題となっているのです。

　乳児や幼児にとっても，取り巻いている「環境」は成長していくうえでとても重要です。特にまだ話すことのできない乳児では，自分を大事にしてくれる大人がそばにいるかどうか，安心して泣いたり，寝たり，食べたりすることができるかどうかということが，成長に大きく影響します。乳児がゆったり遊んだり，午睡ができるような環境があるかどうか，また散歩に行ったり，自然にふれられるような配慮がなされているのかどうか，という生活環境や，生活の組み立て方にも配慮が必要ですし，どんな食事をするのか，また衛生面にもどれだけ配慮されているのかなど，個々に応じて，細かい点も含めて乳児にふさわしい環境を考えていく必要があります。

　幼児でもその原則は変わりません。ただ，保育方法における環境という場合，非常に幅のある環境という言葉ではあるのですが，あくまでもこの章では，保育の基本原則である「環境を通した保育」に絞って考えてみたいと思います。

❶ なぜ「環境を通した保育」なのか

　幼児期の保育・教育の大きな特色の一つは，子どもの主体性や自発性を基盤として，遊びを通して，子どもを育てようとすることにあります。このことは，小学校以上の教育，具体的に言えば，教科に分かれ，教科書を中心に授業を組み立て，あらかじめ決められた学習内容を子どもたちに教えていくような教育の在り方と明らかに違いがあります。

　子どもの主体性や自発性を認めつつ，遊びを通して子どもが成長していくためには，保育者がねらいや願いを環境に織り込むことが必要になります。ところが実際にこのことを保育で実現させていこうとすると，子どもを理解し，子どもたちや遊びの様子によって環境を構成するという保育者としての専門性が問われます。保育者が子どもに一律に同じことをさせるのでもなければ，逆にただ自由に遊ばせておけばよいということでもありません。保育の質が問われるとすれば，そこには子どもがやりたくなる環境をどのように保育のなかに織り込んでいくかにあります。そのことを，具体的な保育の一場面から考えてみましょう。

Episode 🎓　保育者の話し合いから

　10月の運動会を前に，3歳児を担当する保育者がどんな競技にするかを話し合っています。運動会では，クラスみんなで体を動かす楽しさや表現する楽しさを知ってもらいたいという願いから，忍者になって表現するような競技にしたらどうかということになりました。具体的には，忍者走りや変身の術，手裏剣の術，忍者の踊りなど，子どもたちにさせたいさまざまなアイデアが保育者から出てきました。

　さて，あなたがこの園の保育者だとすれば，このような話し合いの後で，運動会までどんな保育をしていきますか。忍者のイメージを生かした保育を考えてみてください。

　保育者主導の園ならば，かけっこや踊りなどのやり方も保育者主導で決め，それを子どもたちに練習させてできるようにするということになります。そのようなやり方をするなら，忍者になるというイメージも必要ないかもしれません。すべてをあらかじめ保育者が決め，一斉にそのことに取り組ませ，保育者のイメージしたことができるように何回も練習させるというかたちの保育では，子どもの主体性は育ちません。保育者の指示を待ったり，叱られないように保育者の顔色をうかがうことに，子どもたちは一生懸命だからです。

　この話し合いを行った園では，3歳児の子どもたちが喜んで競技に参加するようにと，保育者たちは忍者のイメージを取り入れようとしました。子どもたちは忍者になることで，より楽しく走り出したり，踊ったりするようになるのではないかということを願ってのことです。

　ただ，では運動会まで，毎日のように保育者が主導して忍者ごっこや忍者の踊りを続けることが，子どもたちの主体性や自発性を発揮させるかというと，そうとも限りません。子どもの側から見ると，やはり保育者の言葉やイメージに乗せられているだけとも言えるからです。子どもたちが思い切り走ることを楽しみたいというならば，単純に，保育者が「みんなでよーいどん」と言って，みんなで走ってみたほうが，走るおもしろさや楽しさを子どもたちに伝えることができるかもしれません。やらされているか，自分たちがやりたいと思って参加するかは，紙一重のところにあります。でもそこが乳幼児期の保育・教育ではとても大事なことなのです。

　保育者が子どもたちに何かをしてもらおうとするならば，まずはその活動のおもしろさや楽しさが子どもたちに伝わるように環境を

整えたり，関わっていくことが必要になります。忍者になることが楽しい，忍者になって踊ることが楽しいというような雰囲気づくりを，どのように可能にしていくか，そのために運動会に向けて活動する時間だけでなく，普段の保育室の環境や子どもたちの遊びの様子も含め，さまざまな時間や場所を生かして，子どもたちが忍者になることのおもしろさを味わえるような環境を整えていくことが大事なのです。

　また忍者になりたくない子どもが出る可能性があります。保育者はそのような子どもたちとどのように関わるのかも考えておく必要があります。表現することが苦手なのか，走ることが苦手なのか，保育者が丁寧に関われば一緒にしようとするのか，また友達と一緒ならできるのかなど，その子がやってみたいと思えるような，またやってみて楽しかったというような環境を探っていく必要があります。

　このように考えてくると，保育者同士の話し合いの時点で，なぜ忍者を選んだのか，そのことをもっと深く検討してみる必要があるかもしれません。1学期の間，クラスでまったく忍者になるようなごっこ遊びもなく，突然2学期の運動会だからといって，忍者になれというのでは，子どもたちは戸惑います。クラスでの遊びの様子や，または外からの何らかの影響（テレビ番組や5歳児や4歳児の遊び）も含め，忍者に子どもたちが親しみをもっているというような経験があったかどうか，そこには過去の遊びの経験といったことも含めて，子どもにとって適した環境かどうかが問われてくると言えるのです。自分たちで経験し，それが楽しかったという思いがあれば，保育者が無理にさせようとしないでも，子どもたちからもっとやりたいという声が出てくるのが保育の醍醐味だからです。

　このように，子どもたちが主体性や自発性を発揮して運動会に参加することだけを考えてみても，子どもたちがやりたくなるような環境の大切さがわかると思います。保育者が子どもたちにさせようとするのか，それとも子どもたちが自らやろうとするのかは，保育者の関わりも含め，環境に大きく依存しています。そしてこのことこそが，乳幼児期の保育・教育の大きな特色となっているのです。

❷ 環境とは，子どもがやりたくなるような状況づくり

　では次に，保育者が子どもに育ってほしいと願って環境を構成することをもう少し広い視点から具体的に考えてみたいと思います。子どもの育ちは環境によって左右されます。そのことを，以下のワークから確認してみてください。

Work 🖉

　次のような子どもの遊びが起こるためには，あなたならどのような環境を考えますか。自分なりの答えを書き出してみてください。
　①自然に対して興味や関心を深める。
　②体を動かすことが好きになる。
　③絵を描いたり，廃材などを使った造形的な遊びが日常的に起こる。
　④歌うことや踊ること，また楽器にふれることを楽しむ。
　⑤友達関係を築いていったり，関係が広がっていく。

　ここに示した子どもの姿は，幼稚園教育要領や保育所保育指針，幼保連携型認定こども園教育・保育要領で示された5つの領域に関連した子どもの姿です。みなさんの答えを読み比べてみると，保育者によっても，また園や子どもの年齢によってもいろいろな環境が考えられると思います。

　個々の子どもの興味や関心に合うように細かく環境を考えようとすればするほど，答えはもっと多様になっていき，答えは無数にあるといってもいいはずです。そのどれが正解かという議論をすることも大事な場合がありますが，ここではむしろもっと柔軟に，状況に応じて，また個々の子どもに合わせて，さまざまな環境を考えられる保育者でいてほしいと思います。

　たとえば，自然とふれるといっても，四季の草花に関心をもつ子もいれば，昆虫や小動物などの生き物に関心をもつ子もいます。近くの公園などに散歩に行けば，園内にはない自然とふれることも可能になります。さまざまな自然とふれられるような豊かな自然環境があるかどうかがとても重要なのです。

　また体を動かすといっても，小学校以上で行われている体育の授

業のような指導ではなく，鬼ごっこや三輪車，鉄棒や木登りなど，体を動かす楽しさを感じることができる多様な環境があるなかで，さまざまなかたちで体を動かす経験をすることのほうが，子どもたちはいろんなことをやりたくなるのではないでしょうか。

このような多様で豊かな環境があれば，子どもは自らやってみようとします。多様で豊かな活動が起こるなかで，それぞれ一人一人の子どもが自然にふれたり，体を動かすことが好きになっていけば，クラスみんなで一緒の活動をしようという場合でも，抵抗なく，自発的にみんなと一緒に活動することができるようになっていきます。このように，個々の子どもの気持ちが動くような環境を探っていくなかで，保育者のねらいや願いを実現させていくことが，乳幼児期の保育・教育の大きな特色なのです。

❸ 問われる保育者の存在と環境を再構成していく役割

子どもが主体性や自発性を発揮していくためには，安心して自分を出せることが必要です。そのためには，自分をわかってくれる大人（保育者）がいることが重要です。保育者と一緒ならばできるということはよくあることです。また保育者を通して，自分の世界を広げたり，新たなことに挑戦することも多くあります。保育者の関わり方によって，子どもの心情や意欲が高まるかどうかも大きく影響を受けます。禁止や叱責ばかりしている保育者ならば，子どもは自分を押さえ込んでしまうのです。

また，砂場や遊具などで遊ぶことなどを考えてみるとわかりやすいのですが，他の子が楽しそうに遊んでいるのを見て，自分もやりたくなるということも多いのです。年長や年中の子どもたちがしていることを，年少の子どもたちが真似てみたり，保護者のしていた活動や劇団公演などがきっかけで，遊びの幅が広がることもよくあります。このように，子どもが遊びたくなる環境とは，さまざまな人との関わりや新たな情報との出会いとも密接な関係があります。

幼稚園等では，遊びを通して子どもを育てていきます。ただし，時間をつぶしているような遊びが続いているだけでは，子どもは育っていきません。子どもたちは，「思わずやりたくなった」「やってみたら夢中になっておもしろかった」といった経験を何度も繰り返していくなかで，自分を成長させていきます。

　保育者は，個々の子どもが遊びに夢中になって取り組む環境を用意しつつ，遊びに応じて，また子どもに応じて，その環境を変えてみたり，遊びに直接関わったりするなかで，さらに子どもたちが関係を広げたり，夢中で遊び込めるようにしていきます。また遊びのなかで葛藤やトラブルが起こったとしても，自分たちで話し合いをしたり，よりよい解決方法を模索することも遊びを進めていく力です。時と場合によっては，保育者は何もせず，ただ子どもの様子を見守っていることも必要かもしれません。

　環境を通した保育を実現させていくには，教育課程（全体的な計画）や年間の指導計画という長いスパンでの巨視的な視点も必要ですし，その一方で個々の子どもの思いや保育者のちょっとした心配りなど，微視的な視点が必要な場合もあります。子どもが生き生きと遊ぶという背景には，緻密で繊細な保育者の配慮や計画があることを，これから出会う子どもたちとの関わりのなかで感じてほしいと願っています。

2 写真でわかる環境構成の工夫

➡️　写真協力：仁慈保幼園，ききょう保育園，川和保育園，ゆうゆうのもり幼保園。なお，写真については，園・保護者の了解を得たうえで掲載しています。

　保育の環境は園によって異なります。多くの園では，保育室（教室），ホール（遊戯室），廊下，テラス，園庭等があります。しかし，具体的に置いてある設備や遊具，玩具，素材，あるいはその構成の仕方は一様ではありません。園によって，クラスによって，あるいは子どもの年齢や時期，保育者のセンスや考え方によっても異なるのです。その環境の在り方を見れば，その園や保育者の保育への考え方の違いがわかるといってもいいでしょう。

　ここでは，実際の幼稚園等で見られる環境の工夫について，9枚の写真を通して考えていきましょう。なかにはかなり個性的な環境もありますが，さまざまな園の環境を通して保育のなかで環境がもつ意味について考えてみましょう。また，みなさんがこれまで見学や実習に行った園はどのような環境だったでしょうか。これまで見た園のこともイメージしながら保育の場に必要な環境とは何かを考えていきましょう。

❶ 保育室の環境構成

　まずは，保育室（教室）から見ていきます。写真 5-1 は 2 歳児の保育室です。保育室の一部が写してあります。写真を見ると，さまざまな物が置いてあります。一番左奥にはままごとコーナーがあります。このようなゆるやかに仕切られた場を「コーナー」と言います。ここにはレンジや丸テーブル，食器，ドレッサーまであります。2 歳児はままごとが大好きです。お母さんやお父さん，お姉さんや赤ちゃんになって遊ぶことも多い時期です。こうしたなりきったり，見立てて遊ぶ場があることによって，子どもは豊かにままごと遊びをすることができます。年齢によってもままごとコーナーの環境は変わってくるかもしれません。ままごとコーナーにはどのような物が用意されているとより子どもの遊びが豊かになるか考えてみましょう。

　また，手前には水槽があります。園によっては，魚やザリガニ，あるいはカメやモルモットなどの小動物を飼っていることも少なくありません。子どもたちがエサをあげることもあります。小動物はとても子どもたちに人気があります。なかにはじっと観察して，「せんせい，このお魚，おしりからうんちしているよ」なんて，さまざまな発見をする子もいます。また，友達に叩かれて泣いていた子が，小動物にエサをあげて，気持ちをもちなおすなど，癒しの機能もあるようです。

　写真 5-2 は 1 歳児の保育室に置かれた手づくりの動物ぬいぐるみです。手づくりの筒でできたお家もあります。1 歳児の子どもたちも片付けのときにはぬいぐるみを先生と一緒にこのお家に戻しま

写真 5-1　2 歳児の保育室の様子

写真 5-2　手づくりのぬいぐるみ

写真5-3　ベッドの下の隠れ家

す。最初は頭から逆さに入れていた子どもも，次第におしりのほうから入れるようになっていきます。つまり，ぬいぐるみが単なる「物」ではなく，名前のついた「親しい存在」になるからです。保育者がぬいぐるみや人形をただブロックなどと同じように箱に投げ入れて片付けるのではなく，こうしたお家やベッドを用意するなどの環境をつくって，丁寧に扱うようにすることで，子どもも丁寧に扱うようになります。小さな子どもが人形やぬいぐるみに「いい子ね。もう寝るのよ」なんて言っている姿を目にすることがあります。このぬいぐるみや人形の存在は，もしかすると自分自身なのかもしれません。そう考えると，こうした丁寧に扱う環境が大切だと言えるでしょう。

　写真5-3は固定のベッドの下にある隠れ家です。子どもは隅っこやもぐれる場所が大好きです。そのため，この園では意図的にこうした場所をつくっています。しかも，丸や四角の穴が空いていることがわかるでしょうか。特に，1・2歳くらいの子どもたちはいろいろな物を出したり，入れたりするのが大好きです（丸や四角などの積み木を入れる玩具を見たことがある方もあるでしょう）。そのような遊びは「いたずら」と言われてしまいますが，実は大切な経験をしているのです。空間にもぐることや，物の出し入れを通して，自分の体と空間の関係（ボディイメージ）や，物と物との関係を学んでいるのです。ですから，このような行為は「いたずら」というりむしろ知的好奇心を育む大切な経験なのです。そこで，そうした遊びをいたずらとして禁止するのではなく，こうした空間の場を保障することによって，もぐったり，物を出し入れする経験が十分にできるようにしているのです。

　写真5-4は保育室で子どもたちが大きなダンボールを使って消

写真5-4 ダンボールで消防車づくり　　　　写真5-5 モノづくりの様子

防車をつくっているところです。子どもたちは前日にクラスで消防
署を訪ね，とてもかっこいい実際の消防車をたくさん見てきました。
翌日，写真の左にあるような，昨日見た消防車の写真と図鑑のコ
ピーを保育室に貼っておくと，子どもたちは倉庫にあるダンボール
を要求し，消防車をつくり出しました。この活動は何日も続きまし
た。

　このように，保育室に子どもたちのイメージをかきたてるような
写真があると，これまでの体験と組み合わせて，活動が生まれてき
ます。そのため，壁面などにもどのような掲示をするかなども非常
に重要な環境です。また，いつでもダンボールなどが子どものリク
エストに応じて取り出せるような環境も大切です。

　写真5-5はやりたい子たちが，空き箱をハサミで切ったり，セ
ロハンテープで貼ったりして，何か好きなモノをつくっている場面
です。それぞれ何をつくっているのでしょう。園によっては，コー
ナーや棚に牛乳パックや空き箱などの廃材が自由に取れるように
なっていて，自分のイメージで好きに何かをつくれる環境が用意さ
れています。ハサミやクレヨンなども一人一人，専用のものとして
自分のロッカーに入っている場合と，棚にみんなで共通に使えるも
のとして置いてある場合があります。ある程度の年齢になると，素
材や道具を自由に使いこなせるようになるので，さまざまな物が棚
やコーナーなどに置いてあると，子どもは実に試行錯誤して，さま
ざまな物をつくって遊びます。

　年齢や興味によっては，「今日は○○をつくるんだ」とつくるこ
とが目的の場合もあるし，ごっこ遊びなどに使うための道具をつく
ることが目的の場合もあります。

　写真5-6は食事の場です。年齢や時期，園の考え方によって食

写真5-6　食事の場

写真5-7　砂場の遊び道具

べる場の環境もずいぶん異なります。これは2歳児の給食場面です。少し大人数で食べるようになってきた時期です。この園では遊んだり活動する場と，食事や午睡などの生活の場が分けられています。最近では，このように場を分けることで，生活の流れを切り替えたり，生活をスムースに進められるように工夫する園が多くなっています。園によっては，ランチルームなどがあったりします。この部屋は調理室と隣り合わせているため，子どもたちが調理している姿を見たり，栄養士さんが子どもたちの様子を見たり，交流する場面も多くなります。

❷ 園庭の環境構成

さて，次は園庭に行きましょう。外の空間も子どもにとっては重要な環境です。写真5-7は，砂場の道具置き場です。外遊びを大切にするこの園では，砂場遊びがとてもさかんです。そのため，砂場の道具もたくさん用意されています。よく見ると，一般的に置いてあるスコップやバケツだけでなく，ペットボトル，やかん，なべ，トレイ，竹の切ったもの，ショベルカーなど，さまざまな物があります。もちろん，物がないと遊べないわけではありませんが，こうした道具があることで，多様な遊びが生み出されます。

このような園では，砂場や泥の場を使ってダイナミックな遊びが展開したり，外のままごと遊びが活発に行われたりします。

写真5-8は園庭にあるプランターです。多くの園では，このようなプランターで植物等を育てています。小さくてよく見えませんが，一つ一つの芽に子どもたちの手づくりの名前の札が立てられています。一人一人の子どもが思いをもって植えたのでしょう。

 園庭のプランター　　　　　写真5-9　園庭の様子

　　こうしたお花以外に，畑などで野菜等を栽培する園も少なくありません。自分の園でサツマイモを栽培し，秋には収穫して，園庭でたき火をしながら焼き芋をする園もあります。

　　写真5-9はある園の園庭を上から見下ろしたものです。手前は外の作業場になっています。この時期は，5歳児の子を中心に弓矢づくりを行っていました。また，右手の大きな木の下は木陰のウッドデッキのようになっており，そこで絵本を読んだり，編み物をしたり，暑い時期には冷たいお茶を飲めるような場にもなっています。この日は真ん中で5歳児が中心となり，竹馬競争をしているので，それを見ている子たちが座って観戦しています。見えにくいですが，自転車（三輪車）に乗っている途中でそこで休んでいる子もいるようです。写真の奥（上）の方では，子どもたちが園庭を流れる小川の横で泥んこ遊びをしています。園庭といっても，実にたくさんの機能をもっていることがわかります。

Book Guide

・宮里暁美（監修）『子どもの「やりたい！」が発揮される保育環境』学研プラス，2018年。
　さまざまな園の環境が写真で紹介されています。0歳から5歳までの環境の違いについてもよくわかる本です。
・小西貴士『子どもと森へ出かけてみれば』フレーベル館，2010年。
　森は子どもにとって豊かな環境です。自然環境が子どもにとって豊かな環境になることを実感させられる写真集です。園内の環境だけにとらわれず，広く子どもが育つ環境について考えてみましょう。

Exercise 🎱

　園のさまざまな場や環境にはどのような意味や機能があり，またどのような工夫が必要かを，園の環境のある場（例を参照）にしぼってグループで意見を出し合い，最後に発表しましょう。すでに実習などを数回経験している場合は，これまでの実習経験をふまえて行いましょう。年齢や時期によってもふさわしい環境は違うので，それについても考えてみます。実際の環境を絵で描いてまとめると，よりわかりやすくなります。

　まだ実習経験等があまりない場合は，理想の環境を考えます。これも絵や環境図を描いて発表しましょう。

【例】ままごとコーナー，製作コーナー，絵本コーナー，玩具コーナー，トイレ，生き物を飼育する場，砂場，園庭の大型遊具，等

第6章

遊びを通した保育の方法

恐竜が大好きな男の子が，友達や先生と一緒に試行錯誤を繰り返しながら，やっとの思いで完成させた大きな恐竜。大きな口のなかを満足げにのぞき込んでいます。ここに至るまで，彼は一体どんな経験をしてきたかを想像して，話し合ってみましょう。

この大きさの作品をつくり上げることは，なかなか一人では難しいはずです。彼がつくりたいという思いを友達や保育者に伝え，どんな恐竜にするかをたくさん話し合ったと考えられます。また，そんな様子を見て，僕もやりたいと言ってきた子もいたかもしれません。一緒につくっていく過程では，それぞれのイメージがズレたりすることもあったことでしょう。共通のイメージをもつために，自分の考えを話したり，相手の考えを受け入れたりする経験もしたことでしょう。また，つくっていく過程においては，さまざまな道具や素材，あるいは図鑑等を参照したことも考えられます。さらには，材料や道具の特徴や仕組みなどを感じとり，それらを活かすようになっていったかもしれません。自分がやりたいことを，他者の力を借りながら実現していく，その過程には，遊びが学びになる要素がたくさん詰まっています。では，そうした機会を保障していくために，保育者はどのように援助していけばよいのかを，本章では考えてみたいと思います。

子どもが遊ぶということ

❶ 子どもの頃の遊びの思い出

Work

　子どもの遊びを考えるきっかけとして，自分の子どもの頃のことを思い出してみましょう。
　自分の心に残っている子どもの頃の遊びの思い出を，その遊びがどうして心に残っているのかも振り返りながら，周りの人と話してみましょう。

　子どもの頃の遊びの思い出は，人それぞれいろいろな遊びがあったと思います。夢中になって何度も挑戦したこと，不思議だなと思っていろいろ試してみたこと，大人に隠れてこっそりいたずらしたことなど，みなさん一人一人に違った遊びの思い出があったと思います。そのとき感じた気持ちには，何か共通のことはありましたか。

　私は4歳の頃，石と石をぶつけると火が起こせるとどこかで聞いて，ひっそりした場所で友達と何度もやってみました。小さな光が見えると「やっぱり本当だ！」と気持ちが高ぶったことをよく覚えています。もちろん火は起こせなかったので，きっと落胆したのだと思いますが，そこはあまり覚えていません……。「やってみたいことを自分でやってみている」あのときのドキドキした気持ち，ワクワクした気持ち，できると信じる気持ちなど，石を打つという遊びに，心はどれほど動いていたのでしょうか。

　誰かに強制されてやるのではなく，自分がやってみたいと思い，自分でやってみる遊びからしか，このような心の動きは生まれません。自分の好奇心から始めた遊びだからこそ，本当のおもしろさを味わうことができます。どうしたらできるのだろうかと何度も試したくなり，また明日もやってみたいと心から思える遊びに子どもたちが出会うためには，保育者はどのような援助をしていけばよいの

でしょうか。

❷ 安心して遊ぶこと

　子どもは家庭から初めての社会生活となる保育の場に入ってきて，どのように遊ぶのでしょうか。入園して間もない頃は，なかなか保護者や保育者のそばを離れられない子どももいます。次第にここでは自分の好きなことをしていいのだと安心感をもつようになると，周りに興味をもちはじめ，自ら動きはじめますが，時に次のエピソードのような子どもの姿に出会うこともあります。子どもの思いが，ふとした帰りの時間に表れていました。

Episode 1 　ぬいぐるみを持って帰りたいA（4歳児，4月）

　降園の支度の時間，Hに犬のぬいぐるみを棚の上に置いておいてほしいと頼まれ，私は置いた。子どもの背より高く，手を伸ばしても届かないところだった。Hはぬいぐるみを拠り所にしていたので，そっととっておきたいのだなと思った。その後，降園となり子どもたちを保護者に引き渡していた。するとAの順番になり，何気なく手に持っていた靴袋（金曜日だったので全員靴の持ち帰りがあった）に目をやると，靴袋のなかにさきほど高い所に置いた犬のぬいぐるみと同じようなぬいぐるみがちょこんと入っていた。「どうしたの？」と聞くと「持って帰りたい」と言う。それを聞いた母親は「幼稚園のものは持って帰れないのよ」と説得しはじめた。

写真6-1　靴袋に入ったぬいぐるみ

→　本章に掲載している写真はすべて筆者が勤務している園で撮影したもので，掲載許可を得たものです。

　私はAがぬいぐるみを靴の袋に入れたまま挨拶をしようとしたその姿を見たときに，とても驚きましたが，担任の私に持ち帰りたいと言えなかったということへのショックと，言えないけれどどうしても持ち帰らずにはいられないAの必死な気持ちを感じました。

　Aは進級してクラス替えがあり担任も変わって間もない頃で，まだ安心して遊んでおらず，担任の私とも信頼関係を築いているとは思えませんでした。Aの思いをその行為や表情から感じたので，Aが自分で持ち帰りたい気持ちを表した行為をそのまま受け止めることが今の私とAにとっては大切だと思い，「持って帰って大事にお世話してくれる？」と聞くとうなずくAを見て，大事にしてくれる

に違いないと感じました。ただ，そう言いながらも，Hの気持ちを裏切ってしまうのではないか，私が大事に預かることもできたのではないかなどと，いろいろな思いがよぎっていました。保育室へ戻り，私がHと置いた犬のぬいぐるみの場所にふと目をやると，そこには何とライオンのぬいぐるみが置かれていたのです（写真6-2）。これには驚きました。母親がこっそりAに尋ねると，やはり犬の代わりに置いたそうです。週末，犬のぬいぐるみはA

写真6-2　代わりに置かれたぬいぐるみ

の家でご飯を食べさせてもらったり，一緒に寝たりと幸せな時間を過ごしました。

　Aの思いを受け止めたうえで，ぬいぐるみを持ち帰らないでも園で安心して過ごせるようにと願いながら，いろいろな関わりをしていきました。しかし，私の願いとは裏腹に，なかなかAがやりたい遊びを見つけることができず，不安定な日々が続きました。そんなある日，Aとぬいぐるみのベビーカーづくりをすることになりました（第2節，Episode 3）。そのときのAの遊びを支える援助は，このぬいぐるみを持ち帰ろうとした出来事に際してのAへの子ども理解が土台になりました。

2 保育における遊びとは

❶ 自ら生み出す遊び

　遊びを中心とした保育の重要性が掲げられるなか，同じように遊びという言葉を使っていても，遊びの捉え方が異なることがあります。一見遊んでいるように見えても，子どもが保育者の意図を汲んで動いている遊びや，子どもが好き勝手しているだけの遊びでは，子どもたちが遊びのおもしろさや友達と遊ぶ楽しさを感じることに

はつながらないでしょう。一斉活動か，自由な遊びかという遊びの形態ではなく，どのような形態の遊びでも，子どもが自ら考え，感じることが本当に大切にされているかどうかを考えなくてはなりません。では，子どもが自ら考え，自ら環境に関わって生み出す遊びとは，どのようなものでしょうか。さらにそのような遊びを保育者はどのように支えたら子どもは遊ぶ楽しさを感じられるのでしょうか。次のエピソードから考えてみましょう。

Episode 2   水が噴き出した！（5歳児，6月）

　熱心に砂場に塩ビ管を立てようとしているBとI。塩ビ管が倒れないようにしっかりと埋めて砂をかける。そこへジョーロで水を入れるが，何も変化はない。また水を入れてみると，塩ビ管を埋めているところから水が出そうになるので，急いで砂をかぶせる。私も砂をかけることを手伝った。それを何度も繰り返していると，急に塩ビ管を埋めた元のところから，「ごぼごぼごぼ」と音がして一気に水が噴き出した。二人は大喜びしている。そしてまた，いま噴き出したところを砂で埋め，水を入れることを繰り返し楽しんでいるうちに，他児も気づいてそばに寄ってきた。

写真6-3 まだだよ，まだだよ！

　私は最初，二人が砂場で塩ビ管を立てて水を入れて遊んでいるとしか捉えていませんでした。とても急いで砂をかぶせていて大変そうだったので，手伝いながらそばでじっと見ていると，とても驚くことが起き，「すごい!!」と感動してしまいました。二人にとっても大きな発見だったのでしょう。塩ビ管を横にして水を流せばどんどん流れていくけれど，砂に立てて水を入れたら少しずつ塩ビ管のなかに溜まっていく。それでも少しずつ水は減っていくので，どんどん足してみる。初めはそれをおもしろがっていたのかもしれません。少しずつ塩ビ管を埋めてあるところの砂が崩れてくるので，埋め，また水を入れと，二人でせっせと水と砂の様子を見ながら動いていました。一度噴き出してからは，「まだだよ，まだだよ！」とワクワクしながら何度も水を運んでいて，その様子に気づいて見に来た子たちと一緒に見守りました。

　園の環境として，砂場は砂や水に子どもが自ら関わって遊び出せ

る場として，塩ビ管は水の流れをつくるためや砂に埋めてトンネルにするためなど，さまざまな使い方ができる道具として用意しています。これらの場や道具をどう使うかは子どもの発想です。子どもたちは自ら周囲の環境に関わりながらいろいろやってみるなかで，思いもかけない発見をし，遊びのおもしろさを感じていきます。保育者はそのときの子どもの遊びに関心を寄せながら見ていくことで，子どもの楽しさを同じように感じることができるのだと思います。

❷ 思いがつながる遊び

　Episode 1でぬいぐるみを持ち帰ったAのその後のことです。子どもは常に充実して遊んでいるわけではありません。夢中になれる遊びが見つからないこともあります。保育者がそのような子どもの思いに気づいたとき，その子どもの遊びにどう関わっていったらよいのでしょうか。次のエピソードから考えてみましょう。

Episode 3　ぬいぐるみを抱きかかえながら泥遊びをしていた（4歳児，6月）

　進級してクラス替えがあり，担任も変わり不安なAは，登園するとすぐにぬいぐるみを手に取る毎日であった。だっこひもでぬいぐるみをだっこしたまま泥遊びをしているうちにお腹につかえてしまい，「持っていて」と保育者に託すAを見ていて，いつでもそばに置いておけるように，「ベビーカーをつくってみない？」と提案してみた。「うん，つくる」と言うので，一緒に材料を探し，空き箱にぬいぐるみを寝かせてみて，ちょうどよい箱を選ぶ。穴を開け，ひもを通しただけの簡単なものだったが，Aはそれをひいて園庭に出た。雨が降りはじめたため，急いで戻ってきて「屋根をつけて」と私に言ってきた。

写真6-4　いつも一緒

　Aは毎日自分から幼稚園のあちこちへ行き，自分なりに過ごしていましたが，保育者との関わりも薄く，まだまだ進級後の生活に安心しているとは思えませんでした。ぬいぐるみを持ち，他の遊びをするときには，両手がふさがれてしまう不自由さも感じるものの，ほかの友達には取られたくないので，保育者に預けていたのだと推

測できます。その姿を見て，Aが遊ぶ場所の近くに置いておければ安心なのかもしれないと考え，ベビーカーをつくることを提案しました。Aと相談しながら材料を選び，簡単なつくりでしたがAの思いを大事にしました。雨が降りはじめ，Aから私に自分の思いを伝えてきたことが初めてだったので，すぐにその思いに応えました。

それまでも，Aのやりたい遊びを支えようとしてきましたが，どこかちぐはぐな毎日でした。このエピソードでは，Aの遊びそのものより，遊びのなかの不安を支えることを考えました。保育者と思いがつながり，一歩を踏み出した子どもは，少しずつ安心感をもちながら遊びはじめるのだと思います。

3 遊びを支える保育者の関わり

❶ 遊びのなかで生まれる葛藤

自ら環境に関わって安心して遊ぶなかで，子どもは友達と一緒に遊ぶ楽しさに気づいていきます。次第に友達と関わることが増え，遊びのイメージもつながるようになっていきます。けれども，一緒に遊ぶなかでは，自分の思うように相手が応じてくれないこともたくさん出てきます。そうした葛藤を感じる子どもたちに，保育者はどう関わっていけばよいのでしょうか。次のエピソードから考えてみましょう。

Episode 4 「もう出発しています！」（5歳児，5月）

Cは段ボールで電車のドアをつくっている。それを見て本当に乗れる電車をつくろうと，Dは積み木と椅子で車両を組み立てている。Dが車両をつくっているのを見て，Eはセロテープの芯にひもをつけ，黙々とつり革をつくり，座席の椅子に貼っていく。

Dが「お客さんどうぞ〜」と大きな声で呼び込み，車内へ案内する。全員座ったので，発車の合図を出し，ドアを閉めたCだが，後から乗りに来た友達がいたところ，「もう出発してます」というCの声は届かず，Dはドアを開けた。それを見た瞬間「もう発車してる

写真6-5 電車，発車！

んだよ」と怒ってCは保育室を飛び出す。電車に乗っていた私の前で，Dも驚いていたので，私なりに捉えたCが怒った理由を伝えた。戸惑った顔をしたDだったが，そのまま電車を進める。Cは少しして戻ってくると何やら紙に書いている。「発車してからドアは開きません」と書き，電車のドアに貼った。そして「これで大丈夫」とCは私に笑顔で伝える。

　もともとはCが始めた電車のドアづくり。いままで一人で電車の絵を描いたり，空き箱で電車をつくったりすることが楽しく，丁寧に自分なりのイメージを表していたCに，もう少し人と関わりながら大好きな電車の遊びを楽しんでいけるようにと願い，電車のドアづくりに誘ってみました。Cがドアにガムテープで模様をつけていたところ，Dも興味をもち，遊びに加わりました。けれども，Cが貼り方についていろいろ細かく指示するので，少し面倒になったのか，積み木で車両をつくりはじめましたが，そのおかげでぐっと電車のイメージがかたちになってきました。

　遊びが進む過程で，子ども同士の遊びの進め方のちょっとした違いで，葛藤が生まれました。今までのCだったら，なかなかこの葛藤を乗り越えることができず，同じ遊びに戻ってくることはありませんでしたが，このときCは戻ってきて，自分の思いをどうにかして表そうとしました。自分一人の遊びではなく，友達と一緒につくっていったこの遊びの楽しさを感じていたのだと思います。友達と言葉で伝え合うことが必要なこともありますが，このときのCには，何とか自分なりに考えて乗り越えようとする今までになかった変化を感じたので，その姿を認めていきました。

　こうした自分なりに乗り越えた小さな経験を積み重ねていくことが，子どもたち同士で遊びを進めていくなかで，友達の考えを受け入れたり，友達に自分の考えを伝えたりしながら，一緒に遊びを生み出していく力になるのだと思います。

❷ 子どもの思いとズレたとき

　日々の遊びのなかでは，予想していなかった遊びの展開になることがたくさんあります。保育の計画にはなかった遊びが始まったり，保育者の予想や願いとは異なる子どもの思いに出会ったりしたとき，保育者はどのように関わっていくとよいのでしょうか。次のエピソードから考えてみましょう。

　　　　　アゲハの幼虫を育てる？（5歳児，5月）

　Fが3歳児の頃に種をまき，育てていたミカンの小さな木に蝶が卵をたくさん産んだ。幼虫になっているものもあった。そのことに朝の準備の時間に気づいた私は，3歳児のときにFを担任していた保育者に喜んで話した。その保育者は「蝶をとるか，ミカンをとるかね」と言ったが，よくわからず返事ができなかった。登園してきたFに早速「見て！」とミカンの木を見せると，Fはじっと見て……「とって」といった。「これは蝶になると思うよ。育ててみるのはどうかな？」と言うが，葉が食べられてしまっている木をじっと見ながら考え込んでいる。ミカンの木は2本あったので，「1本は幼虫を育てる，もう1本はミカンを育てる」と言う。1本ずつ鉢を分けて植え，幼虫を移した。その後，幼虫がついているミカンの木は，段ボールハウスをつくって入れ，ミカンを育てる木はまた外に置いた。

写真6-6　種から育ったミカンの木に卵が…

　私は登園してくるFの喜ぶ顔を見ることが楽しみで，ワクワクして待っていましたが，思ってもみなかったFの反応に正直愕然としました。ミカンがなるのを楽しみに育てていたFの気持ちを忘れ，自分の脈絡で関わっていたことに気づき，その大事な葉を食べている幼虫を見て，Fがどんな気持ちになったのかがだんだんわかってきました。後から聞いたことですが，Fは自宅で育てていた花が幼虫に食べられてしまい，これも害虫だと思っていたそうです。でも，これからこの卵や幼虫の成長を見ていくことは，とても楽しいことがたくさんあるだろうとも感じたので，私はFに幼虫を育てることも提案してみました。Fは自分なりに考え，1本は植え替えてミカンを育て，もう1本は段ボールハウスをつくってなかに入れ，幼虫を育てるという答えを出しました。翌日から登園すると真っ先に幼虫を見に行くようになり，クラスの子どもたちも興味をもちはじめました。

　今までFは一人で興味のあるものをつくり探索していることが多く，興味のもち方はとてもおもしろいのに，クラスのなかでは存在感がありませんでした。私がどう関わっていこうかと悩んでいたとき，アゲハが卵を産んでしまった出来事が起こり，Fがクラスの集まりのなかで，困ってしまったこと，悩んで決めたことを話すと，子どもたちもFのこと，ミカンの木，幼虫の木があることがよくわかり，遊びのなかでも関わり合いが見られるようになりました。

　子どもとの間にズレが生じたとき，ハッとしますが，子どもの思いに合わせていくだけではなく，保育者としての見通しや願いを伝えることも必要です。そのとき，子どもが保育者に合わせなければと思わせてしまう伝え方や，子どもが自分で考える余地のない伝え方では，子どもの自発性は伸びていきません。子どもと共に生活する対等な立場で，子どもの心がどう動き出すのかを待ちながら，一緒に考え，生活をつくり出していきたいと思います。

❸ 夢中になれる時間と空間

　子どもたちとの毎日のなかでは，いろいろな遊びが生まれては消え，また生まれていきます。そのようないろいろな遊びのなかで，子どもたちが夢中になって遊ぶために，保育者はどのようなことを保障していけばよいのでしょうか。また，Episode 5 でミカンの木を育てていたFは，気になって世話をする日もあり，他のことに夢中でまったく忘れている日もありましたが，じっくりと思いをもち続けるためには，どのようなことを大切にしたらよいのでしょうか。次のエピソードは，Episode 5 で育てることになったアゲハの幼虫がサナギになり，蝶になってからのことです。

Episode 6　蝶に蜜を飲ませたい（5歳児，6月）

　育てていたアゲハの幼虫がサナギになり，とうとう蝶になった。ちょうど遠足で出かけた場所で蝶が自由に飛ぶドームのなかで，飼育員さんがエサをあげるところを見ることができた子どもたちは，同じように蝶を部屋に放し，エサをつくらなくてはというので，蜜をスポンジにしみこませたトレイをつくった。エサになる蜜をつくる子，蝶がとまるようにと教えてもらったように色とりどりの飾りをつくる子，トレイをじっと見守り蝶がとまって蜜を飲むのを待つ子などがいたが，蝶はなかなか寄ってこなかった。翌日，また違う蝶が羽化すると，FとOは慌てて私のところへやってきて，「蝶々が花にとまってストロー出して蜜を飲んでたよ！」と言う。花瓶に差してあった白い花にとまり，蜜を飲んだというのだ。とても驚いて「見たかったな」と言うと，「じゃあ絵を描いてあげる」とまた部屋へ急いで戻り，花にとまって蜜を飲んでいる蝶を描いてくれた。

写真6-7　蝶々の蜜をつくりました

子どもたちの蝶への興味のもち方はそれぞれ違いましたが，思い思いの関わり方で一日を過ごしました。蝶が疲れて弱ってしまうのではないかという思いもありましたが，子どもたちは追いかけたり捕まえたりしようとはせず，蝶の様子をよく見て大事にしていました。また翌日，蝶が花の蜜を飲んだと教えてくれたFとOが絵を描き，私に見せてくれたときのうれしそうな顔は忘れられません。その子なりに関われる時間と空間がたっぷりあったことで，思うようにならない葛藤もじっくり感じ，やっと蜜を飲んでくれた瞬間にはどれほどうれしかったことかと，その絵を見るたびに感じました。

　子どもたちそれぞれの興味に合わせて，ゆったりと関わることのできる時間とその空間を保障していくことで，子どもが自分のペースで，その出来事に心から関わることができるのではないかと思います。毎日同じことをしているから興味が続いているというだけでなく，子どもたちの興味は途切れたように見えて他の遊びをしていても，じわじわと子どものなかでは続いていて，またふとしたきっかけで生まれたり，遊び始めたりするのだと気づきました。

❹ ルールをつくり出していく

　子どもたちはいろいろな遊びのなかでルールを決めていくことがあります。たとえばごっこ遊びで，忍者は手裏剣を持つことにしようと決めて手裏剣をつくるなど，遊びのイメージをふくらませ，自然とルールが生まれたり消えたりと自由にルールが変わる様子が見られます。けれども，鬼ごっこやドッジボールなどの集団遊びでは，あらかじめ決まっているルールがあります。そのような遊びでは，子どもたちはルールをどのように取り入れて遊ぶのでしょうか。次の鬼ごっこ（ドロケイ）のエピソードから，ルールのある遊びのなかで，保育者がどう関わっていくか考えてみましょう。

Episode 7　　　「ドロボウの家をつくろう！」（5歳児，10月）

　ドロケイを毎日楽しんでいる。カラー帽子（白と黄色の面がある）をかぶり，ドロボウ（白色）になるか，ケイサツ（黄色）になるか，遊びの初めに子どもたちが自分で決めた色の面の帽子をかぶるのだが，いまはドロボウになって逃げる子は少なく，ケイサツになって追いかける子が圧倒的に多い。「ドロボウはケイサツにタッチされたら牢屋に入れられ，仲間のドロボウが助けに来てタッチしてくれたら

逃げられる」というルールだが，ドロボウで逃げていても捕まりそうになると，急に帽子をひっくり返しケイサツになって捕まらないようにしたり，「バリア！」と言って腕を胸の前で交差すれば捕まらないというルールをつくったり，タッチされても牢屋に行かずまた逃げたりする子もいる。子どもたちは私に「先生ドロボウになって！」と言い，私は何人ものケイサツに追いかけられては，牢屋に入れられていたが，仲間が少ないドロボウは，助けてもらえず全員つかまってしまうこともあった。そんなある日，Ｌが「ドロボウの家をつくろう！」と提案した。すると，賛同する子が多く，場所を選びはじめた。太鼓橋をドロボウの家にすることが決まり，そこが安全基地のようになると，ケイサツだった子もドロボウに替わりはじめた。ドロボウが増え，ケイサツに捕まったドロボウも，自分から仲間のドロボウに助けを求めるようになると，ドロケイが活気づいてきた。

写真6-8　ここはドロボウの家

　ドロケイは子どもたちが好んでやる鬼ごっこの一つです。細かいルールを決めず，遊びながらルールが生まれたり変わったりし，子どもたち同士で伝えていきながらやっていました。このとき，捕まるリスクのあるドロボウになる子は少なかったのですが，ドロボウ同士で助け合うおもしろさにも気づきはじめた子たちは「ドロボウの家ではケイサツには捕まらない」という新しいルールをつくりました。安心感がもてる場ができると，途端にドロボウになる子が増え，ドロボウ同士が集ってお互いの動きを見たり，相談しながら逃げたり助けたりを楽しむようになりました。

　まずはルールありきで，ルールを伝え，守ることを子どもたちに求めるだけでなく，遊びながらそのときの子どもたちが何を楽しみ，何を求めているのか，その姿に合ったルールに変えていく柔軟な姿勢が保育者に求められます。やり方は一つではありませんし，正解があるわけでもありません。もしかしたら，始めにケイサツとドロボウの人数をもう少し意識できるように投げかけたり，途中で役を替えることに怒っている子の気持ちをもっと他児に伝えたりすることもできたのかなと思います。遊びがうまく進んでいかないことがあっても，それを解決する方法を保育者が子どもたちに提示するのではなく，うまくいかないことを子どもたちと感じて一緒に困りながら，その遊びを子どもたちがもちこたえられるようにいろいろな方法で支えることで，子どもたちは次第に解決する糸口を見つけていけるのだと思います。そして，初めにルールが決まっている遊び

も，自分たちで新しいルールをつくり出していく過程を経て，いろいろな思いやアイデアがたくさんつまったその子たちにしかつくれない遊びになっていくのでしょう。

　子どもたちは遊びを中心とした生活のなかで，たくさんのものと関わり，いろいろな人と関わり，さまざまな出来事と出会っていきます。その一つ一つの遊びに，子どもはいつでも真剣に向き合い，日々の暮らしを生きています。子どもが心を動かしていることに気づき，遊びのなかで育とうとしていることに温かいまなざしを向け，丁寧に寄り添っていくことが必要です。

Book Guide

・加藤繁美（監修），塩崎美穂（編著）『子どもとつくる3歳児保育——イッチョマエ！が誇らしい』ひとなる書房，2016年。
　3歳児を「イッチョマエ」と理解し，常に子どもの声に耳を傾け実践していった保育実践をもとに，保育者に必要とされるさまざまな視点が綴られています。0歳から5歳まで年齢ごとにまとめられている「子どもとつくる保育」というシリーズの一冊。
・守永英子・保育を考える会『保育の中の小さなこと大切なこと』フレーベル館，2001年。
　保育のなかの子どもの小さなエピソードに保育者の心も合わせて綴られています。保育者として子ども一人一人の心を大切にすることを考える一冊。保育者同士の座談会では，さまざまな問いから，保育者としての在り方を深められます。

Exercise

1. 子どもが園のなかで安心して遊んでいる姿というのは，どういう姿のことでしょうか。また，子どもが安心して遊ぶために保育者がすべきことは何でしょうか。
2. 子どもが夢中になって遊ぶためには，保育者はどのようなことを大切にしたらよいのでしょうか。
3. 子どもが遊ぶ生活を大切にした保育では，さまざまな葛藤が生まれます。葛藤することは，子どもたちにとってどんな意味があるのでしょうか。

第 7 章

個と集団を活かした保育の方法

写真中央の女の子4人。何を楽しんでいるように見えますか？

一番左のソフトブロックに乗っていない女の子が，ソフトブロックの上でバランスを取り始めたことからこの遊びは始まりました。やがて「私は，こんなことできるよ」，「私もこんなことできるよ」と写真中央の2人が見せ合います。「じゃあ，どのくらい乗っていられるか数えるね」と左の女の子が数を数え始めます。手前の女の子は，「がんばれ〜」と二人に声援を送っています。

　この遊びは，きっと一人だったら思いつかなかったことでしょう。日々親しくしている仲間がいるからこそ，生まれた遊びだと思います。また，一つの遊びでも，楽しみ方も，参加の仕方もさまざまです。個々の楽しみ方や育ち，個と個の関わりが遊びを生み出し，集団としての育ちを育みます。

　幼稚園や保育所等は集団の場です。でも，既存の集団に属させ，適応させれば，「個が育つ」というわけでもなければ，それだけが保育者の役割でもないはずです。保育の場が集団の場であっても，一人一人が尊重されることがもっとも大切なことだと考えます。では，「個が育つ」ということと，「集団が育つ」ということにはどのような関係があり，その際，集団をどのようなものとして捉えたらよいのでしょうか。本章では，それらのことについて考えてみたいと思います。

保育における個と集団

❶ 保育における「個」とは？

　個と集団という言葉を並べて見ると，なんだか相反する対立概念をイメージさせることもあるでしょう。そもそも，保育において「個」とは何でしょうか。

Work 1

　あなたが「個」や「個人」，「個性」という言葉からイメージしたものをノートに書き出してください。そして，ノートに書き出したら，次にグループごとに，あなたやあなたの個性とこのクラスや学校との関係について紹介し合ってください。

❷ 育ち合う個と集団

　個人と集団は密接に関わり合いながら成長していきます。個としての子どもは友達や彼らが属するクラスや園の影響を受けてさまざまな体験をし，自己を形成していきます。一方，クラス（学級）や園は一人一人の子どもの存在や働きによって成り立っています。個人と同じように，集団も葛藤などを乗り越えながらよりよい集団に成長していきます。ここでは，一人一人の子どもの生活における他者との関係や集団のなかでの育ちの理解と援助に関わる知識及び技術について考えていきましょう。

2 一人一人の子どもを「個」として見る

❶ その子らしさと保育者の姿勢

　子どもの自己表現は，私たち大人からはとても素朴に見えるかたちで行われることがあります。特に乳幼児では，自分の気持ちを表現するというより，自分の気持ちがそのまま声や表情，身体の動きになって表出されることが多いようです。楽しさや寂しさ，うれしさや怒り，怖れなどが表情や姿勢に現れていたり，独り言をつぶやいたり，一人で何かになりきっていたりする姿もよく見かけます。

　保育者は，まず，そのような表現を，その子らしい内面の表現として受け止めることから応答を始めていきます。はっきりとした表現としては受け止められない子どもの言葉や行為でさえも，保育者はそれを表現として受け止めることで，子どもは安心して自分なりの表現ができるようになります。こうして，子どもが，次第にさまざまな表現ができ，保育者をはじめとする他者との応答を楽しむことができるようにしていくことが大切です。

➡　本章で紹介する Episode に登場する子どもの名は仮名であり，写真は筆者が撮影し，掲載許可を得たものです。

Episode 1 　ブランコで揺れる（3歳児，6月　9：20～）

　キリコがブランコに腰掛け，小さく横に揺れている。

　彼女の隣には，同じ3歳児組の2人の女児が，互いに競うように力を込めてブランコをこいでいる。

　顔を伏せ，自分の足元に目を落としているキリコのまつ毛はぬれているように見える。

　私（保育者）は窓越しにそんなキリコの様子を見ていたがテラスに出た。

　ブランコからは幾分離れた園舎の壁に背をもたせると，キリコに起きた出来事を想像しながら，彼女の動きに合わせて身体を軽く左右に揺らしていた。

　視界の縁に新しい人の気配に気づいたキリコは顔を上げた。眉を寄せて睨むように私を見ていたが，こちらの様子に気づいたようで，首を左右に傾けながらより誇張して身体を揺らすようになる。

　キリコのブランコはユーラユーラとゆっくり揺れている。

　キリコは笑顔を左右に傾けながらブランコのゆれに身体を預けている。

　私が彼女と同じ動きをしながら微笑み返すと，首の動きを止めたり，ときどき目を閉じては，その揺

れ心地を味わっているような表情をする。

　彼女のブランコの揺れが大きくなった。

　私は隣との接触を気にして視線を周りの状況に向け

た。すると，キリコはピョンとブランコを降りて私の

ところへ駆けてきた。私の薬指と小指をギュッと握る

と，「一緒に行く」と言った。キリコが来ると，後の

2人も私たちの周りにやってきた。

（Episode 2 へ続く）

❷ 個の存在が認められて，集団との関わりが生まれる

　子どもとの間合いに集中し，動きを合わせ，呼吸を合わせると，子どもと保育者の時間が溶け合うように共有され，心地よい状態となります。すると，互いに相手の内面の世界へ関心が促され，思いを込めた表現が次第に勇気づけられ，少しずつ自分が語られるようになってきます。Episode 1 の 3 歳児キリコのメランコリックな心情に心寄せる保育者の心情は，いつしかキリコが理解を寄せるところとなり，「一緒に行く」とキリコを積極的な表現や他者との関係が生まれるダンス遊びへと向かわせていきました。

3　個の表現を引き出し，つなげていく

Episode 2 🎓　ダンスパーティー（3歳児・5歳児，6月　9：40〜）

　4人が廊下に出ると，5歳児のサキが私（保育者）の姿を見つける。「あっ。先生」サキとアカネは私たちのところへ滑るような早歩きをしてきた。

　「王子，もうダンスパーティーの準備はとっくにできていますのよ」。アカネが私をとがめるように言うと，キリコは私の指を強く握りしめる。

　私がこの 3 歳児たちのことを気にかけるような視線をおろすと，サキは，「今日は一年に一度の大パーティーですの。国中の人が集まりますのよ」とキリコたちも促すように誘った。

　「それは楽しみです。私どももぜひ」と私が言うと，うやうやしくお辞儀をした 2 人の 5 歳児はクルッとレースのスカートをひるがえし，私たちを案内した。

私はキリコの手を自分の手のひらの上に軽く載せ，エスコートして遊戯室に入っていった。遊戯室にはすでにクラシック音楽が鳴り，スカートやショールで着飾った舞踏会を待つ女児たち十数名が座って待っていた。

　入るなり，いつものように5歳児の女児たちは，順に私の手を取って踊りはじめる。

　キリコたちも5歳児たちの列に入って，王子と踊る順番を待っている。王子が着飾った年長組の姫を差し上げて回すところで，一層大きな歓声を上げる。姫がお辞儀をするところは，同じようにシャツの裾をつまんで腰を折り，微笑みを送っている。

　次第にキリコたちの順番が近づいてきた。

　キリコと仲間は手をつなぎ，ぴょんぴょん跳びながら待っている。キリコの番がきた。彼女はペコリとお辞儀すると，ワッと私にとびついてきた。持ち上げて回されることを期待しているようで，脚を折って上体をそらし，口元から笑いがこぼれている。私はキリコを高く差し上げる。

　キリコは力一杯開けた両手をグンと天井に伸ばし，クルクル回っている。

　「すごい。すごい。キリコちゃん　すてき」。5歳児たちが声援を送っている。

　この日以降，廊下やテラスをゆっくり歩いている私の姿を見つけると，キリコは5歳児の保育室を，よくクラスの友達と一緒にたずねてくるようになった。5歳児たちに教えられ，各々好きなドレスをつけて，ダンスの輪に入っている姿が見受けられた。

❶ その子なりの表現を受け止め，共感すること

　このように，子どもは自分なりの表現が受け止められ，共感されることによって，保育者との間にコミュニケーションが図られ，信頼関係が一層確かなものになっていきます。つまり，子どもは，内面の表出や自分の素朴な表現が他者から受け止められる体験のなかで，自己の存在を肯定的に受け止め，他者に対して自分を表現する喜びを感じ，関係性をつくり出していきます。個の存在が認められ，集団との関わりが生まれるきっかけです。

❷ 保育者が個と集団をつなぐモデルとなる

　Episode 2からわかるように，集団が個人の存在に心を寄せることや，逆に，個人が集団のダイナミックな活動の楽しさに関心を寄

せるきっかけをつくるキーパーソンが保育者です。

　この5歳児は単に「ダンスをしてくれそうな保育者が来た」と自分たちの欲求をかなえてくれる刺激に対して反応するのではなく，「小さな3歳児と連れ立っている意味は？」と，対象について考えるという高度な人間的行動を行っていることがわかります。保育者の視線の意図を読み，自分たちのごっこ遊びに引き込みつつも，3歳児の気持ちの安定も損なわない言葉を選んでいます。そして，「今日は一年に一度の大パーティーですの。国中の人が集まりますのよ」と，3歳児たちも参加する条件があるというごっこ遊びの設定の修正を見事に行っています。

　このような，場の状況から読み解く，微妙な担任の様子の変化や3歳児の表情の理解などは，かつて，自分たちもキリコたちのように保育者に援助されながら，さまざまな感情体験をしてきた経験から養われてきていることが想像できます。

Work 2 ✏

　Episode 2「ダンスパーティー」を読んで，個と集団をつなぐ保育者の援助について話し合ってください。

4　仲間づくり，クラス（学級）づくり

❶ 仲間への意識

　保育者など大人の参加（介入）なしに展開される親しい友達，つまり，仲間との遊びは3歳前後から盛んになってきます。しかし，乳幼児期の仲間意識は，たとえば，すぐ側に誰かがいても存在さえ意識しないようなところからはじまることも多くあります。孤独そうな態度でブランコに揺られるキリコにとって，自分と同じようにブランコに乗っていた同じ組の子どもがそれです。

　子どもが，一人で自分の感情に浸ったり，孤独を感じたり，うま

く関われないもどかしさを感じたり，葛藤したりすることは幼児期に大切な経験でもあります。保育者は，子どもが自分の内面を見つめる経験の大切さを理解しながらも，やがて，周りにいる人が一緒に遊べる相手として意識できるような援助の手だてを講じていく必要があります。

　個と個がつながるような援助が繰り返されるうちに，子どもたちは互いを仲間として認識していくようになるのです。このような過程を経て，やがて子どもたちは自分一人の力ではできないことも実現可能となるような集団の活動へと向かっていきます。つまり，次第に人間関係や活動のステージを上げつつ，また，集団での活動を通してさらに仲間意識を高めていくという循環が生まれていくことになります。このような集団への参加の過程のなかで，子どもの自我はより強くてしなやかなものとして確立していくことも見逃せません。

❷ 所属意識や安定した人間関係

　Episode 2「ダンスパーティー」のなかで見られた，遊びの役割やルール，よりリアリティや臨場感を出すために選ばれた言葉や立ち振る舞いなどの緻密な手だてが，まさに集団参加のなかで得られた学びです。

　子どもたちは，仲間とのいろいろないざこざやトラブルなどを経験しながら，決まりやルールを守り，それに沿いながら仲間を認識することが楽しく，うれしいという過程を経ていきます。そして，「ぼくたち〇〇チーム」「わたしは〇組」など，その集団やクラス（学級）などへの所属意識を高め，仲間たちと自分との関係から安定した人間関係を生み出していくようになります。

　保育者はこのような仲間づくり，クラスづくりのダイナミックなつながりを構想しながら，萎縮してしまいがちな子どもや，逆に過剰に適応しようとして自分らしさを表現できずにいる子ども，あるいは，仲間をそのようにさせがちな子どもに対する指導にも配慮しなくてはなりません。

5 個を活かした集団づくり

❶ よさやちがいを活かすために

　子どもの個性を捉えるには，子どもとの関わりを通して共感的に理解していく姿勢が大切です。個性とは，他の子どもと区別される，その個人の独自性を特徴づける全体的な特徴で，その子らしさを表すものです。個性は比較できるものでもなく，数量化できるものでもありません。

　保育者はこのような一人一人の個性を理解し，それを活かしながら子どもの仲間づくりを援助し，クラスづくりに取り組んでいきます。担任にとっては，これが保育のおもしろさであり，難しさでもあります。

❷ 指導の計画性と出来事の偶発性を活かす

　次の Episode 3 は，手先の巧緻性や構成力は，まだまだぎこちなく開発中ですが，発想力や人材活用能力に優れたセイガが，仲間たちと協同で製作する様子です。

　保育の日々の営みは，日常の偶発的な出来事から始まり，子どもとのシナリオのないやりとりが進められます。保育者は眼前の子どもと向き合いながら，瞬間瞬間に子どもの行為の意味を読み取り，考え，応答していきます。しかしながらここで注意してほしいのは，その応答は，決して，出たとこ勝負の利那的なものではなく，指導計画をはじめとするさまざまな計画を保育の指標として脳裏に描きつつ応答しているというところです。つまり，子どもの主体性と保育者の意図性を重ねながら，自然な生活の流れが生み出され，一人一人に必要な体験がなされるようにする。これが保育の醍醐味でもあります。

Episode 3 　プロペラの飛行機　（5歳児，9月）

　登園してくるなりセイガは，「先生，昨日の『鳥人間コンテスト』のテレビ見た？」と，興奮した様子で私に話しかけてきた。

　「ぼくも見たよ。すごい人力飛行機が出てきてたよな」と私が言うと，

　セイガは，「オッケイ。ぼくも，今日，それつくるから」と，そそくさと持ち物の整理をすませて，材料倉庫に駆けていった。

　「先生，なんか，ないかなあ。軽くて，ばきっと割れなくて，ちょうどいいやつ」。セイガは保育室に帰ってきて，私にそう尋ねる。

　「うーん。君がつくりたいのはどんな飛行機なの？」と私が聞くと，「そりゃ。ぼくが乗れるやつだけど……」とセイガは少し思案している表情になる。

　すると，そばにいたアツシが，「乗れるやつは無理だから，小さい模型ってことだろう」と言葉をつなぐ。

　「オッケイ。そういうことよ。アッちゃんもチームに入るか，ぼくらの？」とセイガはアツシや私を見回していった。

　私たちは一瞬でチームスタッフにされてしまった。

　「先生は，さっき言った材料の準備を頼む。ぼくとアッちゃんは設計図を描くぞ」。「おう」。アツシは裏の白い広告紙を，私は使えそうな材料を集めに走った。

　その後，接着剤を乾かしながら設計図に沿って作業工程は進んでいった。

　関心をもって製作に参加してくる仲間が増えた。

　自分たちの飛行機ができつつあることが誇らしく，小さい組の子どもたちを誘い，見学ツアーを企画したりして，テレビなどから仕入れた飛行機づくりのうんちくを披露したりもした。

　3日かけて本体が仕上がると，セイガとユウキは，「やっぱりプロペラはいるだろう。先生しかおらん。この仕事ができる人は」と私の手を握って重々しく言った。

　「土日に探してくるけれど，もし，なかったときのことも考えておいてくれたまえ」と私も重々しく言って，二人の手を握り返した。

　翌週月曜日の朝一番，私の用意したプロペラとゴムを見つけたアツシは興奮気味に言う。「これで，いける」。

　次々と登園してくる子どもたちはアツシにプロペラを見せられ，私の手を握りに来た。

「先生に一番に見せてあげる」。

やがて，プロペラ付の飛行機は完成した。飛ばしてみると前のめりに墜落した。

「羽（主翼）がちゃんとしてないんだ。もっと前だろう」とか「風を計算するんだ」とか「もっと高いところから飛ばすんだ」など，代わるがわる飛ばしながら機体を微調整したり，飛ばし方や場所を工夫していった。

❸ 環境の構成と再構成

　園の生活は，昨日から今日，今日から明日へと，遊びや生活が連続して展開していきます。ところが，Episode 3 のセイガのように，社会の出来事や家庭での出来事・体験などが子どもによって突然，幼稚園へともたらされることもよくあります。

　彼は休日に見た「鳥人間コンテスト」のテレビ番組の印象が強く，「自分も飛行機をつくってみたい」という強い願望と，それを可能にできるかもしれない情報を園に持ち込んできたのです。この一種，偶発的なセイガの行為は，周りの子どもの興味をかきたてていきました。

　連続する園での遊びに，このような偶発的な事柄が飛び込んでくることは，生活を刷新したりアクセントになったりするだけではなく，これまでに構築してきた知識や技能，人間関係の調整力などの力が連携し合いながら総合的に働くというところでも興味深いものです。

　保育者の基本的な構えとしては，テレビの人力飛行機を見て抱いたセイガの驚きや憧れ，飛行機の仕組みや製作方法などへの探究心をできるだけ支援していこうというものですが，これに9月の指導のねらいの観点も加味していくようにしました。そして，このねらいを達成するために，指導の要点と環境の構成の留意点としてシミュレーションしていることが表7-1に示した指導計画の抜粋内容になります。

　この事例の場合も，ただアイデアを現実に製作するだけでなく，風向きや風力などの自然の状況の要因，試行錯誤の場面での役割分

表7-1 5歳児 9月の指導計画より（抜粋）

指導のねらい
○友達と思いや考えを出し合い，イメージを共有し，試行錯誤しながら共に生活する喜びを味わう。
○戸外で十分に身体を動かして遊ぶ。

指導の要点と環境の構成の留意点（一部抜粋）
○友達と思いや考えを出し合って，試行錯誤しながら遊びを進めていく姿を励ましていく。
・友達の考えや協力があると，遊びがより楽しくなっていくという気づきに共感しながら，相手に自分の思いや考えを表現しようとする意欲を励ましていく。
・子どもが気づいたりつくったりしたルールや役割については，実際に遊びのなかで試す過程につき合いながら，その必要感を一緒に確認していく。ルールや役割をめぐってのトラブルや口論の場面では，それぞれの意図と起こった結果が見えやすくなるように，周囲の友達と一緒に十分に話を聞くようにするとともに，それぞれの意図にその人らしさを見つけていく。
・必要な用具や遊具材料などを幼児と一緒に準備したり確認したりしながら，子どもがわかりやすく準備や片付けがしやすい環境に整理していく。

➡出所：筆者作成。

担やルールの必要感，表現の意図と結果についての客観的評価など，指導計画で見通しておいた発達の課題と併せての援助を行っています。

❹ 創造的な思考を支える個と集団の関係性

Episode 3 は，セイガがもち込んできた「飛ばせる飛行機」というテーマと，飛行機製作のためのノウハウを自分たちで試してみるという試みへの好奇心の種子が，これまでに培ってきた彼らの人間関係調整力の土壌に芽を出したものです。自分だけの力では目的が達成されないことを知っているセイガは，まさに適材適所という感じで，保育者や仲間を動かしています。このようなセイガのもち味を，より引き出せるように保育者はセイガを支える仲間の一人としての役割に徹しながら，その他の子どもたちのよさや，もち味や特技を表現できるようにしています。

その結果，セイガ一人の力ではとうていつくりあげられなかったようなプロペラ飛行機が完成しました。この過程で，仲間たちも相互に他者のもち味や特技，知識などに触れ，自分のなかに取り入れたり，認められて自信をもったりしていきました。この，共につくりあげた満足感や達成感は，次の活動場面での「一緒にやってみよう」「力を出し合おう」という協働の動機づけとなっていくことでしょう。

6 個と集団を活かすために

❶ 個人の知を集団の知に

　これまで見てきたとおり，子どもたちのなかに積み上げられてきた関係性は，創造的な思考を支え，その思考を現実のものとしていく力をもっています。この時期の子どもたちの学びの特徴は，組みつほぐれつしながら，まさに団子になって仲間と共に学び取っていくところにあります。それぞれのよさや違いを発揮しながら発想したり，試行錯誤したり，取り組んだりするなかでは仲間の知恵や技をも共有することになり，個々が単独に考えたり働きかけたりする以上のものが創造されるのはエピソードのとおりです。また，集団のなかで共有されたものは，そうでないものとは比較にならないほど豊かに個々に吸収されていきます。これは，いろいろと共通点も多く共感できる自分と同年代のモデルから学び取るという特徴上，当然のことであるかもしれません。

❷ 子どもの体験の多様性とその関連性

　集団生活のなかで得た多様な体験は，子どもにさまざまな感情体験の機会を与えます。これが，強い動機づけとなってさらに興味や関心をわかせ，遊びや活動の新たな局面に向かっていく姿を支えます。つまり，心動かされる体験は子ども自身のなかに定着し，その後の体験につながっていくわけです。この事実は，先に紹介した3つのエピソードで容易に確認することができます。個人のなかにおいても，集団のなかで共有された体験においても，体験の一つ一つは決して独立したものではなく，関連性をもって深まっていくのです。体験をつなげていくのは子ども自身であることは言うまでもありませんが，それは，保育者が理解し共感しようと努めなくては，子どものなかに意識されたり定着されにくいものです。

　保育者は，具体的なある体験から，子どもたちにどのような興味

や関心がわいたかを理解し，それへの探究心が促されるような環境の構成や援助を行っていく必要があります。また，この場合，指導計画をはじめとする諸々の計画をもとに環境の構成を想定し，実際の子どもの動きに合わせた環境の再構成を心がけなくてはいけません。さらに，教育課程（全体的な計画）にあるように，子どもの入園から修了までの園生活を，ある時期の体験が後のどのような体験とつながっていくかを見通したり，実際の子どもの体験を振り返ったり発達の状況を捉え直したりしながら，何がどのようにつながってきたかを見取ることも必要です。このような，成長の時間軸を考慮しながら，子どもの体験の関連性を捉えることは，子どもの集団生活における学びをより豊かに理解することにつながっていくでしょう。

Book Guide

・文部科学省「幼稚園教育要領解説」，厚生労働省「保育所保育指針解説」，内閣府・文部科学省・厚生労働省「幼保連携型認定こども園教育・保育要領解説」2018年。
　特に，人の関わりに関する領域「人間関係」の記述内容を読んでみてください。
・佐々木晃『0～5歳児の非認知的能力──事例でわかる！社会情動的スキルを育む保育』チャイルド本社，2018年。
　個と集団の関係性の発達を非認知的能力という視点で説明し，保育実践の具体例を多く紹介しています。

Exercise

1. Episode 3「プロペラの飛行機」を読んで，あなたが保育者ならどのような言葉をかけたり，援助をしたか，その理由について話し合ってください。
2. また，その結果，子どもたちにどのような学びが生まれたかを発表し合いましょう。

第 8 章

0・1・2歳児の発達に応じた保育方法

保育者と一緒に子どもたちが興味深く植物を見ています。子どもたちの表情はわかりませんが，何かを夢中になって見ているようです。0・1・2歳児の子どもたちは，自然のなかで，どんなことに興味や関心を示すと思いますか？　みんなで話し合ってみてください。

この写真からでは，何に夢中になっているかはわかりませんが，子どもたちのそばに保育者がいて，子どもが興味あることを，保育者も一緒に見ているということが，保育ではとても大事な意味があります。子どもの世界を知ることが，保育者の大きな役割だからです。

　０・１・２歳の子どもであっても，さまざまなことに興味や関心を示します。この子たちも，咲いている花か，その植物に集まってくる虫に，興味や関心を示したのではないかと思います。園のなかに，このように子どもが興味を示す環境が豊かにあることも素敵なことです。子どもが興味や関心を示したときに，保育者がどう関わるか，それともまったく関わらず関心も示さないかで，子どもたちの好奇心や探求心は大きく変わってしまいます。写真では，保育者がある子どもの興味に関心を示したことで，他の子どもたちも集まってきたようにも見えます。保育者の関わり方によって，子ども同士の関係にまで大きな影響を与えるのです。

母親の胎内から生まれ，「へその緒」を切ったばかりの赤ちゃんを，出産直後の母親のお腹にそっと寄り添わせると，まだ目をつむったまま，何も見えていない赤ちゃんが母親の乳房を探すように頭を動かしはじめます。そして乳房にふれると，すぐにでも吸おうと口を動かします。

みなさんははじめて赤ちゃんを見たとき，なんと小さくていたいけな赤ちゃん，と思うことでしょう。すべてのことを大人にしてもらわなければ生きていけない，弱くて壊れてしまいそうな存在の赤ちゃんというイメージを強くもっていることと思います。ですが，生まれたばかりの赤ちゃんが，自分から動き出し，乳房を吸おうとする力強い姿を見せてくれるのです。赤ちゃんのもつ不思議なパワーを感じます。その赤ちゃんが自ら育っていく姿を保育のなかで感じとれるのが乳児保育ではないでしょうか。

学生のみなさんの「赤ちゃん大好き！」という気持ちはとても大切です。この章では，まずはその気持ちから出発し，保育の場でどのように赤ちゃんが育っていくのか，どのようなことを大切に保育を実践していけばよいのか，よりわかりやすく学べるようにしていきます。

1 はじめての保育園 □1

□1　法律等では「保育所」という表記が使われますが，本章では「保育園」と表記します。

乳児はそのほとんどが誕生後から家庭のなかで育ちます。そして，はじめて家庭以外の場所で長い時間生活する，その場所が保育園になるのです。さらに，両親以外の人に毎日寄り添ってもらうこともはじめて，すべてが「はじめまして」になります。生後57日目から，あるいは1歳を過ぎてから，2歳になってから入園する場合もあります。両親から離れることがまだよくわからない0歳児では，保育者の手からはなかなかミルクを飲んでくれない，母親と離れた瞬間から激しく泣きじゃくる1歳児，なかなか友達の遊びに入れず，保育者から一日中離れられない2歳児など，入園直後はさまざまな乳児の姿が見受けられます。

「はじめまして」と保育者が温かいまなざしで子どもを受け入れ，入園後安心して過ごせるようになるまで，子どもや保護者にどのよ

うな関わりが必要であるのか，具体的な方法を理解しておきましょう。

❶ 保育者との出会い——産休明け，生後57日目からの乳児保育

　母体から生まれ出て，まだ日も浅い生後57日目から，保育園で保育をすることを「産休明け保育」と呼んでいます。赤ちゃんの首もまだ座っていない時期です。はじめて保育園を訪れたときは，母親や家族の腕に抱かれ，すやすや眠っていることが多いのです。保育者がそっと声をかけるとピクピクと動いたり，少し微笑むような表情も見せてくれます。

　産休明けの時期の赤ちゃんを保育園に預け，これから仕事をしていこうとする母親の気持ちはどうでしょうか？　一日に何回となく母乳を飲ませている母親は保育園で哺乳瓶からミルクを飲んでくれるだろうか，あるいは泣いてばかりいるのではないか，と心配したり，特に第一子の場合は漠然とした不安を強くもっていることも多いのです。保護者にとって保育者は子どもの専門家，頼りになる存在と受け止められています。質問などに答える際には，あまり専門用語を使わず，わかりやすい言葉で，丁寧な説明を心がけましょう。

❷ 保育園に慣れるまでの保育

① 0歳児

　入園してから，数日から1週間くらいは，月齢や発達の違いもありますが，子どもの様子によって保育時間を短くしています。特にミルクを飲まない，泣きぐずりをする時間が長い，眠そうにしていても眠ろうとしないなど，0歳児も環境に慣れるまでさまざまな変化を見せてくれます。できる限り担当の保育者，同じ保育者が関わって，早く保育園に慣れ，安心して生活できるようにしていきます。

　保育園で安心して過ごすには，授乳や眠りの環境をできるだけ家庭と同じようにしていくことが必要になります。そのため入園面接のときに，保護者から得た子どもの生活面の情報を保育者間で共通に把握できるよう，一覧表にしておき，常に必要な配慮ができるようにしておくとよいでしょう。また，ホワイトボードなどを活用し，

　毎日の子どもの様子は担任全員がどこにいてもすぐにわかるように，授乳時間，体調などを個人別に書き込んでおくのもよいでしょう。0歳児では食欲，睡眠，排泄などに体調の変化が現れやすいので，生活面での配慮は必要不可欠です。こういった方法で俊敏に子どもに対応できることが乳児保育では大切なポイントになります。

　また，入園する前，あるいは入園直後に親子登園・母子登園をすすめる保育園も多いようです。入園前は保護者が就労していない場合もあり，比較的時間に余裕があります。保護者が子どもたちの生活の様子や保育者の関わりを見ることができ，保育者が保護者の授乳の様子や抱き方，眠くなったときの様子を見ることもできます。保護者が保育を見ながら，園生活に必要な情報を改めて収集できる貴重な機会にもなります。入園当初の保護者の不安を少しでも和らげ，良好な関係を築くためにも大切なことではないでしょうか。

②　1歳児

　はじめて保護者と離れたショックで激しく泣く子ども，はじめは保育園で過ごすことがわかっていないため黙々と遊んでいる子ども，緊張して声を出せずに部屋の一か所でじっと遊んでいる子どもなど，さまざまな様子が見受けられます。保育者は一人一人の様子をよく把握し，優しく言葉をかけながら，できる限り子どものそばを離れないようにします。また激しく泣いている場合は言葉をかけながら，少しずつ遊びに誘い，それでも泣き止まない場合は抱っこをしたり，他の遊んでいる子どもの様子を見せたり，気持ちを落ち着かせるように根気よく関わります。何日も泣き続ける場合には家庭で愛用している玩具などを持たせたり，戸外に散歩に出て気分転換をしたりするなど，工夫してみましょう。

③　2歳児

　2歳になると自己主張がはっきりしてきますが，まだまだ言葉でうまく表現することは難しい時期です。早く慣れ，友達とも遊べる子ども，なかなか園や友達に馴染めず，すぐに遊びの輪に入れない子どももいます。できる限り気持ちを受け止め保育者が仲介となり，言葉で代弁するように関わっていきましょう。

Episode 1 🎓　　母親と別れ，午前中トイレにも行かず，泣き続けている2歳半の女児

　保育者のそばをかたときも離れず泣き続け，トイレをすすめても「出ない」と行きたがらないAちゃん。午前中まったくトイレに行こうとしないため，体調に影響しないかと心配で，お母さんには毎日様子を話していました。入園後半月が過ぎ，保育者の後ろから他の子どもたちの遊ぶ様子を見ているうちに，少しずつ遊びにも興味をもちはじめました。そうするうちに保育者から離れて友達のそばで過ごせるようになり，その頃にはトイレにも自分から行けるようになりました。

　2歳を過ぎて，言葉は少し出ていても，不安や緊張感が強いと声も出さない場合や，このエピソードのようにトイレにも行こうとしない場合，あるいは食事を食べようとしない場合もあります。

　保育者に受け止められていても，かたくなに何かを拒む姿が見られるときなどは，いつかはきっと気持ちを解きほぐしてくれる，と焦らずに日々対応していくことがとても大切です。周囲の友達との関わりなどがきっかけとなり，安心して遊び，生活することができるようになったりします。

　また登降園のときに保育者と保護者が家庭や園での様子を互いに伝え合い，双方でよく話をしている様子が子どもにわかってくると安心して生活するようになります。

2　主体的に遊び，生活する乳児

▶2　非認知能力
　自己肯定感や他者への信頼感をもって，感情を調整する力，粘り強くやり抜く力を発揮することです。

▶3　汐見稔幸・無藤隆（監修）『保育所保育指針　幼稚園教育要領　幼保連携型認定こども園教育・保育要領　解説とポイント』ミネルヴァ書房，2018年など。

　2017年に改定された保育所保育指針では乳児から2歳までの保育の意義について，主体的に遊び，生活することを明記しました。

　その理由として，一つは社会の要請から0・1・2歳の保育の場が急増し，質の向上を図ることが期待されているためです。

　もう一つは改定の大きなポイントである幼児期の教育の積極的な位置づけです。主体的に周囲の人やものと関わることで乳児の「学びの芽生え」となり，豊かな感性が育ち，さまざまな体験を通して人間の一生の土台となる「非認知能力の基礎」づくりにもつながると解説書などで言われています。

　そのためには乳児保育では特に重要とされている養護的な関わり，環境の工夫が保育実践の柱となります。保育の内容では0歳児（乳

→4　3つの視点
　「3つの視点」とは「健やかに伸び伸びと育つ」「身近な人と気持ちが通じ合う」「身近なものと関わり感性が育つ」であり，それぞれの視点が5領域につながり，保育の現場で充実して取り組めるものになっています。

児保育）は「3つの視点[4]」，1歳以上3歳未満児では「5領域」それぞれの「ねらい」をもって保育をすることが「内容」「内容の取扱い」で詳しく述べられています。このように乳児保育では生活や遊びが養護的な配慮と教育的なねらいのもと，発達に即した関わりや遊び，活動として組み込まれています。

❶ 保育園の一日

　乳児といっても生後57日から3歳11か月までの年齢・発達の差があります。登園から降園までの長い一日を乳児はどのように過ごしているのでしょうか。

　食事，睡眠，排泄，着脱，健康・安全など乳児が心地よく，安心して過ごせるようにすること，それらを自立的にしていくこと，自由遊びやさまざまな活動を発達に応じ楽しめるようにしていくこと，このようなことが子どもにとって無理なく，できる限り自然な生活リズムの流れをつくりながら，日々の営みとして行われるようにしています。これらは月齢，年齢が低いほど，身体的，生理的に必要な保育者の関わりが多く，年齢が高くなってくると遊びや活動の関わりが増えます。

　ここでは授乳や離乳，食事を中心に説明します。まず授乳は泣いて空腹を訴えてから授乳をする自律授乳と一定の間隔で授乳をする規則的な授乳があります。自律授乳を多く取り入れる時期は離乳食の初期（5〜6か月くらい）の頃までに多く，個々の子どもの状況に応じて授乳しています。登園のときに家庭での授乳時間を把握しておき，個人差を十分に考慮した生活リズムで過ごします。一定の時間まとまった眠りがとれるようになる頃，夜の家庭での授乳回数も減り，離乳食が始まります。離乳食中期の頃（7〜8か月）には個人差を考慮しながらも，おおむね規則的な食事や授乳で一定した生活リズムで過ごせるようになります。

　また満1歳を過ぎると，個人差はありますが，日中の睡眠はほぼ1回になり，午前中に遊び，食事，午後は午睡という生活リズムが定着してきます。2歳を過ぎると午前中の活動時間が長くなり，室内外でたっぷり遊んで食事，食後も絵本を読んだり，静かに遊ぶ時間もとれるようになり，その後午睡するという生活リズムで過ごせるようになります。午睡後にはおやつを食べ，その後は保護者のお

迎え時間になるまで遊びます。

　一日気持ちよく，楽しく過ごし，保護者がお迎えに来て，降園となります。保育時間が短時間であっても，10時間あるいは11時間であっても，乳児一人一人が同じように過ごせる配慮が必要です。そのため朝の受け入れでは保護者から子どもの様子に変わりはないか，体調はどうかなどよく話を聞き，連絡帳に必ず目を通し，担任同士で伝え合い，子どもの状態を把握します。降園時，保護者にはできる限り園での様子を直接話したり，連絡帳で伝え，互いの理解を深めて，協力関係をつくっていくことが保育をするうえではもっとも大切なことになります。

❷ デイリー・プログラム（日課）

① デイリー・プログラムとは

　一人一人が心地よく，安心して過ごすためには，発達に応じ，生活の流れをつくっていくことが必要になります。「デイリー・プログラム」または「日課」は，園の全体的な計画をもとに，目標を掲げ，年間，各期ごと，各月ごとのねらいにそった指導計画として立てられています。

　子どもの姿に応じた生活や遊び，その際に必要な配慮，保育者の関わり，保育環境（室内外の環境，玩具，教材など）と環境整備などを書き入れ，一日の時間の流れを目で見てわかるようにします。また年齢，発達や季節の違いを考慮し基本的な生活がスムーズに流れて，安心して，心地よく過ごせるような計画を立てます（図8-1）。

② 日々の保育を「ドキュメンテーション」記録に

　デイリー・プログラムをもとに，保育者それぞれが子どもにとって必要な配慮や関わりを十分に行うことはよい実践であると考えます。しかし保育者間で十分検討されたデイリー・プログラムであったとしても，保育の現場では思いもかけない出来事や，日々変化していく子どもの姿があります。あらかじめ準備した遊びや活動にはまったく興味を示さず，探索活動に夢中になっていたり，保育者の想像を超えた子どもの行動や発見に驚き，そこで展開される子どものさまざまな遊びに保育者も共に感動することもしばしばです。

　乳児は「遊び」と名がつく「遊び」ではないことに夢中になり，

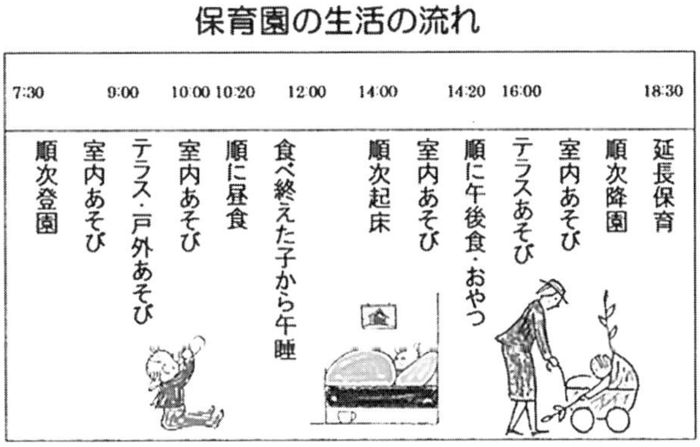

保育園の生活の流れ

図8-1　デイリー・プログラム（保護者説明用）

➡資料提供：石神井町さくら保育園（東京都，練馬区）。

そういった子どもの姿からたくさんのことを学ぶことができます。生活場面でも，日によって一人一人さまざまな姿が見られます。おやつに誘っても食べないと主張して，じゃあ後で食べようね，と片付けようとすると泣いて怒ってしまったり，食事を用意しても，原因もわからず機嫌が悪くてまったく食べてくれないときもあります。午睡の時間になっても眠ろうとせず，結局夕方になってからうとうと眠くなってしまうこともあります。

　乳児保育のデイリー・プログラムは，日々の出来事を書き加えたり，いつでも書き直していける現在進行形で活用していくものである，と考えます。しかし現場では，生活面の保育者の世話活動，準備や後片付けの段取りとして，デイリー・プログラムを捉えてしまい，時間になると遊びを中断したり，時間になったからと玩具を片付けはじめたり，食事場面でまだ食べている子どものそばで，食器の片付けや掃除を始める様子などをしばしば見かけることがあります。

　発達の個人差，乳児の要求にそった探索活動や遊びの多様な興味，関心を日々の保育のなかで十分に受け止められるデイリー・プログラムであるのか，日々の保育を見直しながら実践していくことが，乳児保育では特に求められます。

　そこで役立つのがドキュメンテーションです。[5]ドキュメンテーションとは，保育者が実践を振り返り，保育に生かしていくための記録で，写真を多く用いて，子どもの学びや活動の展開のプロセスをわかりやすく可視化したものです。子どもや保護者も見られるように掲示されることも多く，活動の様子や子どもたちの思考過程など，保育をより詳しく理解できるようになってきています。

➡5　ドキュメンテーションについては，本書第11章，第14章も参照してください。

❸ 乳児保育における担当制と担当制でない保育

　担当制保育とは一人の保育者が同じ子どもにできる限り関わり保育する方法です。少人数（3〜6名ほど）の子どもを担当するため、一人一人の乳児の要求をしっかり受け止めることができ、丁寧に対応できるのです。特に0歳児クラスでは少人数で家庭的で温かい雰囲気をつくることができます。そのなかで甘えたり、関わってもらいながら子どもは保育者との信頼関係を深めていくことができます。担当する保育者が園での子どもの拠り所となって、人への関心も強くもてるようになっていきます。また一人の子どもの発達を継続的に見ることで、子どもの理解が深まり、きめ細やかな配慮ができます。保護者からも、子どもをしっかりと受け止め、どのようなことでもわかってくれている保育者がいる、安心して保育を受けられると喜ばれ、保護者との信頼関係をつくっていくことにもつながります。

　しかし、担当制には課題もあります。保育者は毎日朝夕の延長保育を受けもち、シフト勤務をしています。担当制であってもシフト勤務であれば、一日中受けもちの子どもだけの保育をしている状況にはないため、日中のある一定の時間に限られており、担任同士が連携をとって担当制保育をしているのです。朝夕の担当の保育者がいない時間には全員で受けもちながら保育をすることになります。そのような状況が多くなる園では担当制のよい点をわかっていても実際に行うことができない場合もあります。

　そのため緩やかな担当制として食事と授乳、寝かしつけを主に同じ保育者で行い、それ以外の場面ではグループ保育をするという方法をとっている園もあります。グループ保育の方法は、0歳児クラスでは授乳と離乳食の段階によって、食事時間によって、グループ分けをして保育をしていたり、1歳児クラスでは歩行が安定しているグループとまだ安定していないグループに分けたり、2歳児では遊びや活動によってグループに分けたり、園によってさまざまな工夫をしています。

　乳児保育では子どもの個々の要求を受け止め、一人一人に応じた配慮や自立への手助けが必要になります。担当制をとる場合もそうでない場合もその基本をふまえ、一人一人を大切にした保育をしていくことに変わりはありません。

3 乳児期の発達と遊び

　０歳児は安心して生活できるようになると，保育者や他の子ども
の存在も少しずつわかるようになってきます。そして見るもの，ふ
れるもの，動くもの，音のするものなど，いろいろな事象やものに
気づき，見つめ，自分からさわろうとしたり，口に入れようとしま
す。甘えや要求を出して人と関わり，互いに見つめ合ったり，同じ
物を見たり，同じことをしたりすることで笑顔を見せたりするよう
になります。１歳頃，動けるようになってくるといろいろなものに
興味をもち，自分から動かしたり，形を壊したり，つくったりと，
どのようなことにも，自ら発見することの喜びを表現するようにな
ります。２歳頃には保育者や周りの子どもたちのすることを見なが
ら，真似をしたり，同じことをすることを喜び合ったりします。少
しずつ言葉を発し，言葉で気持ちを伝えることもできるようになり
ます。乳児は〇〇遊びなどと自覚している遊びはないのです。乳児
にとってはすべてのことが生活であり，遊びであるとも言えます。
発達が進むと遊びや生活での過ごし方の違い，生活の流れを感じ取
り，保育者の言葉かけや環境を通して見通しをもって行動すること
ができるようになります。このような遊びや生活の捉え方を前提に，
その時々の子どもの姿をもとに，保育の「ねらい」をもって保育内
容を計画していきます。

❶ 目標とねらい・計画の立て方

　各保育園では「保育の全体的な計画」が作成されています。それ
ぞれの保育園の保育理念，保育目標や方針をもとに，０歳から就学
前までの育ちを考え，各年齢発達に応じ保育園全体の保育の計画と
して作成されます。作成にあたっては保育園の全職員（園長，保育
士，看護師，栄養士，調理士，用務職員ほか）が話し合い，共通理解を
しますが，実際にはこの過程がとても重要です。保育者や他職種間
で十分に意見交換がなされることで，互いの考えを知り，悩みなが
ら，どのように考えて実践していけばよいかを探り，議論を深めて

いくことができます。よりよい保育を目指し，議論を深めることで，保育者間，職員全体のチームワークがとれ，保育力をエンパワメントしたり，保育の質を高めていくことにつながります。

　乳児保育では，各年齢の保育内容をもとに，クラス単位での指導計画を立てて保育します。さらに発達差の著しい乳児期は個人別の指導計画を立て，一人一人に応じた生活や遊びにきめ細かい対応がなされるようにします。

　しかし，あらかじめ予想した子どもの姿は，実際にそのとおりになるでしょうか？　発達差，個人差が大きい乳児期です。たとえば月別の指導計画で立てた「ねらい」で考えた「遊び」が思ったよりも広がらず，前月の遊びを続けたり，体調を壊す子どもが多い季節では戸外遊びが極端に少なくなったりします。このような場合は今の子どもの姿に対応できるような内容に週案や日案などを修正し，弾力的に保育していくことになります。

　このように保育はいま目の前にいる子どもの姿から，「目標」や「ねらい」をもとに計画し，一貫性をもって実践しつつ，実際にはいろいろな状況や思いがけない出来事にも臨機応変に判断し，実践していくことになるのです。そのために保育者は日々実践を振り返り，感性豊かにさまざまな子どもの姿をたくさん語り合うことに尽きます。また実践の記録をとり，いま子どもにとって必要なことはどういうことであるのか，大切にしていかなければならないことはどのようなことなのか，それらの記録をもとに，思慮深く考え，保育を丁寧に組み立てていくことなのです。うまく対応できなかったと焦らず，真摯に子どもと向き合い，自分の実践を振り返ることで保育者自身も成長していくのです。

❷ 発達と遊び・保育者の関わり

　乳児期は生活のなかでどこからが遊びで，何を遊びというのか，明確に言えない時期です。生理的欲求が満たされ，気持ちよく過ごしているときに，ものや人に目を向けたり関心をもつことから新たな要求が生まれ，人やものを介していろいろな経験ができるようになります。人と関わる心地よい経験，人やもの，周囲の様子，自然に興味や関心をもつ経験，自分で手，足，全身を動かす経験，自分以外の子どもの存在がわかり，やりとりをする経験など，さまざま

なものがあります。それらの経験のすべてが遊びであり，生活であるとも言えます。ここでは食事，排泄，睡眠，清潔や衣服の着脱など保育者が捉えている生活以外の経験・活動を遊びとして考えます。

　乳児の遊びには一人遊び，保育者や大人と関わる遊び，子ども同士で関わる遊びがあります。それぞれの発達の特徴を理解し，月齢，年齢に応じた遊びとはどのような遊びがあるのか，乳児が自ら楽しみ，さまざまな経験ができるようにするにはどのように保育者が関わるのか，どのような玩具や環境を用意すればよいのか，ということを知っておくことは大切なことです。[6]

　このように乳児期の発達を理解し，発達を促すさまざまな遊びを通して，乳児期から幼児期へとつながっていきます。特に1歳後期から2歳後期は探索活動が活発で，いろいろなものへの興味から，ものにふれ，ものを操作してさらに関心を高めていきます。また遊びに使う道具や素材は自由に変化できるものを多く用意するとよいでしょう。そのことによって自分の表現したいものを形づくろうとしたり，思いを言葉で伝えようとします。乳児は一人遊びの世界を豊かに広げながら，同時にそばにいる友達と一緒に楽しむことを経験し，言葉の獲得と共に遊びを通して人との関係もつくっていくようになっていきます。

➡6　乳児の発達と遊びについては，次の文献が役立つので参考にしてください。鈴木八朗（編著）『発達のサインが見えるともっと楽しい──0・1・2さい児の遊びとくらし』メイト，2018年。

4　保育室の環境

❶ 生活空間と遊び空間の構成

　乳児が過ごす場である保育室の環境は長い時間生活する場でもあり，快適で，安全であることがすべての基本です。発達に応じて身体を動かすことや子どもの要求による遊びや探索活動が十分にできることも欠かせない条件です。室温，湿度，採光，音や色，床材，壁材などまできめ細かく配慮できることが望ましいのです。0歳児室には受け渡し室やコーナーをつくって，保護者の出入りが乳児からは見えないようにしたり，荷物の準備や整理をしやすいようにしたり，おむつ交換をしたり，母乳を授乳できるように長いすを置い

たりします。

　また保育室が生活空間として，食事や睡眠など一日の生活が落ち着いた雰囲気で過ごせる場所であるためには，どのような工夫が求められるのでしょう。あらかじめベッドルーム，ランチルームが設けられている場合もありますが，遊びや食事も同じ部屋でという場合も多いのです。その場合は玩具棚や仕切りを利用して遊びコーナーと睡眠，食事コーナーを分けたり，遊び，食事が終わった後で睡眠コーナーにする場合もあります。限られたスペースをどのように工夫するかは各園の施設の条件により違ってきます。乳児保育では生活の流れのなかで準備や後片付けなど，子どもと直接関わらないさまざまな仕事があり，室内を横切ったり，出たり入ったりします。

　構造上，保育室の一部が通路になっている園もあります。保育者の動きが落ち着かない雰囲気をつくらないよう，手順を考え，物の配置を工夫し動線を短くすることや，必要があれば衝立を使用し，子どもの視野から保育者の動きが目に入らない工夫をしてみましょう。

　また乳児が「自分で」という要求が高まり，生活面で自立していく過程では自分でとれる高さにティッシュなど必要なものを置いたり，ゆっくり着脱ができるコーナーとしてロッカーで囲いをしたり，トイレの入り口に座ってパンツを脱ぎ着しやすいような低いベンチを置くなど，自立に向けた環境の工夫は重要なポイントとなります。

　保育室の環境で重要な遊び空間では，一人でじっくり遊べる空間，年齢，発達に応じ興味や関心をもって遊べる空間，少人数で遊べる空間が必要です。乳児にとっての遊びは保育のおもしろさ，楽しさでもあり，保育者と共にその楽しさを共感し合う場でもあります。それぞれの月齢や年齢で，興味や関心を引き出すさまざまな工夫があります。玩具，素材をどのように配置すれば，子どもの興味に応じた遊びが展開していくか，子どもの姿をよく観察しながら工夫していきます。遊びを通して，見る，さわる，聞くなどの感覚を十分に養い，運動発達を促す豊かな経験をしたり，乳児が保育者や他の子どもと関わりながら遊びを楽しむために，環境が果たす役割はとても大きいのです。保育の目標から環境づくりのねらいを保育者でしっかり話し合い，子どもの育ちへの願いを環境を通して実現できるよう実践していきましょう。

❷ 事故と安全

　乳児が安心して生活するために保育者はさまざまな配慮をします。0歳児期にはうつぶせ寝はさせないよう，睡眠時にも子どもから目を離さないようにします。^{▶7}

　ベッドやおむつ交換台からの転落防止や室内や玩具の清潔など，またいろいろなものを口に入れるので，誤飲に注意します。つかまり立ちやつたい歩きの時期には転倒しやすいので柱や棚の角に布を巻いて防護します。歩行が安定してくる時期は行動範囲が急に広がり，思わぬ場所に入り込んだり，高さのあるところへよじ登ったりするため転倒，転落の事故に注意します。引き出しに手を挟んだり，両手に玩具を抱えて転倒したりします。子どもの行動を見守りながら，注意を怠らないようにします。

　また，玩具や場所の取り合いで，子ども同士がトラブルになり，押し合ったり，顔を引っかいたり，噛みついたりして，相手に怪我をさせてしまうことがあります。事故ではないのですが，言葉で言えない思いや要求を保育者が仲立ちとなって，伝え合えるように関わり，相手への思いやりの気持ちを育てるよう心がけましょう。

　特に，噛みつきは，自己主張が出てきて，言葉がそろそろ出はじめる頃に多く見られます。それまで仲よく遊んでいて，隣に座った友達の手が自分の口の前に来たとき，なんとなく噛んでしまったような場合や，めだかを飼っている水槽を覗き込んでいた友達の場所を交代してほしくて，押し合っているうちに噛んでしまったという理由がわかる場合などもあります。大好きな保育者に抱かれていて，保育者の肩を噛んだりすることもあります。噛みつきは痛みを伴うため，保育者は理由や気持ちを問う前に，まず叱ってやめさせようとしますが，どのような場合でも言葉にならない子どもの思いを，まず受け止める気持ちをもって関わることが大切です。また，噛んでしまった相手の痛みを代弁し「絶対に噛んではいけない」ことを目を合わせてはっきりとした口調で伝えましょう。また痛い思いをした子どもへは痛みを和らげる処置をしながら，悲しい気持ちを受け止め，落ちつかせてあげましょう。噛みつかれた子どもの保護者には，あくまでも謙虚な姿勢で，経過や対応までを詳しく説明し，状況によってはお詫びをして，理解を得るようにします。

▶7　乳幼児突然死症候群
　睡眠時に起こる無呼吸から回復する防御機構である覚醒反応が何らかの理由で遅延すると呼吸が抑制され，悪循環に陥り死亡すると考えられていますが，いまだに原因は不明です。厚生労働省では「それまでの健康状態および既往歴からその死亡が予測できず，しかも死亡状況調査および解剖検査によってもその原因が同定されない，原則として1歳未満の児に突然の死をもたらした症候群」と定義されています（厚生労働省「乳幼児突然死症候群（SIDS）診断ガイドライン（第2版）」2012年）。

保育のなかでは生活移行時に遊ぶスペースを広げたり，仕切りを活用したり，クラスの保育の形態を少人数にして生活の流れに時間差をつけるなど，日頃の保育や環境を改めて見直してみましょう。子どもの姿から学び，子どもにかえす保育として保育者同士が話し合い，実践していくことが大切です。

5　豊かな乳児の保育実践を

　これから乳児の世界を探検していく学生のみなさんに最後に述べたいことは，乳児保育はなんておもしろいんだろう，乳児保育は楽しい，と思える実践をしてほしいということです。乳児が生活し，遊ぶ，その場に寄り添う保育者には，その子どもの視線の先が見えてきます。「あれっ，何だろう，何を見て，何に興味をもっているのだろう……」と視線をたどっていきます。そして「子どもの発見」に気づいたとき，保育者は自分のことのように喜びます。このような，日常のなかの小さな出来事の積み重ねをとおして，子どもの一人一人の素晴らしさに改めて気づいたり，感動したり，本当の意味で保育のおもしろさや醍醐味を感じるのではないでしょうか？

　最後に，その具体的な事例として，東京の私立のT保育園の0歳児クラスの実践を紹介します。

Episode 2　ヒマワリの花から，匂いへの興味・関心の広がり

〈花への興味：6〜7月〉

　人と関わることが好きで好奇心旺盛なSちゃん（1歳1か月）は，入園した頃から室内に飾ってある造花のアジサイに興味を示していました。そこで6月にテラスで本物のアジサイに触れてみました。7月に入ると今度はヒマワリの造花を飾りました。園庭にもヒマワリの花が咲いていたのですが，その日から毎日，造花と本物のヒマワリを指差し，「ま！　ま！」と言って，"これと同じ"ということを保育者に伝えてくれたのです。ヒマワリを一緒に採りに行き，保育室に持ち帰ると，花びらや葉を触ったり引っ張ったり，大事そうにずっと持っていました。

〈匂いへの気づき：8月～〉

　8月に，子どもたちがさまざまな素材（氷・寒天・片栗粉など）に触れる動画を見て，子どもたちがどんなことを感じているのか読み取る研修を行いました。読み取ったことを五感で分類してみると，聴覚と嗅覚が少なく，子どもたちが音や匂いに気づいていても，大人は気づきにくいことがわかりました。そのことから，0歳児の保育ではあまり意識をしたことのなかった嗅覚にも着目して関わってみることにしました。ヒマワリの花を花びらが散った後も楽しめるように，透明の袋に入れてみます。保育者が袋のなかの匂いを嗅ぐと，Sちゃんも顔を近づけ，匂いに気づいたようで表情が変わりました。大人が匂うと，とても青臭い匂いだったのですが，Sちゃんはしばらく袋を持ったままうれしそうに嗅ぎ続けていました。翌日も自分から袋を開けて，繰り返し匂いを嗅いで関心をもつ姿に驚きました。

〈金木犀の匂い：9月～〉

　10月頃，園庭に出ると，金木犀の甘い香りがしてきたので，Sちゃんと一緒に匂いを嗅いでみました。ヒマワリのときは大きなリアクションで笑っていましたが，今度は何度も顔を近づけて匂いを確かめるようにし，優しく微笑んでいました。ヒマワリの匂いと比較できたらと思い，金木犀を枝ごと持ち帰ると，室内で待っていた保育者に“ここから匂いがするんだよ”と，花の部分を指さして教えてくれました。別の日に，園庭に咲いているハーブの匂いも一緒に嗅いでみると，カレープランツというカレーの香辛料のような鼻にツンとくる匂いで，他の子は一度嗅ぐと離れていってしまったのですが，Sちゃんは毎日のように摘んでは匂いを嗅いでいました。そして，友達にも匂いを嗅がせ，相手が反応を示すとうれしそうな表情を浮かべるようになってきました。

〈ポプリづくり：10月～〉

　Sちゃんの匂いへのこだわりや関心をもつ姿を受けて，室内でも何か匂いを感じられる物を用意したいと思い，保育者間で話し合い，手づくりのレモングラスと檜チップのポプリを用意しました。Sちゃんが喜ぶかなと楽しみにしていたのですが，こちらが予想していたような関心は示しませんでした。Sちゃんの好きなカレープランツでポプリをつくると，こちらは気に入り，何度も嗅いでいました。

〈友達の姿から：10月後半～〉

　クラスにもう一人，Hちゃんという女の子がいます。Hちゃんはこれまで興味のある物を見つけると，なめたり口に入れたりして，物と対話をしていました。しかし，ある日，摘んだ花をHちゃんに渡すと，顔を近づけ，まず匂いを嗅いでいたのです。HちゃんもSちゃんのようにハーブを摘んでは匂いを嗅ぎ，

友達にも嗅がせ相手の反応を楽しんでいました。この姿からSちゃんの興味がHちゃんにも影響して心が動いたのだと感じました。

〈保護者の参加・匂いの広がり：11月〜〉

　SちゃんやHちゃんの姿から，室内にもハーブを置いて匂いをより楽しめたらと思い，Hちゃんの父親がタイの出身だったので，ハーブなどに詳しいかなと思い，聞いてみることにしました。普段匂いを嗅ぐ機会のないウコンなどをいただき，今まであまり感心を示さなかった子どもたちも匂いを嗅ぐようになってきました。

〈地域との交流：12月〜〉

　以前からテラスで花を育てていたのですが，枯れてしまったため，新しく花とハーブを購入することを考えていました。子どもたちが匂いや草花に関心を示す姿があるなら，選択肢の一つとして地域の花屋へ出かけ，自分たちで花やハーブを選んではどうかと考えました。花屋でHちゃんに花を渡すと，手ではなく，鼻を近づけて匂いを嗅ごうとする姿が見られました。子どもたちと一緒に花を植え，育てた物を摘んで花瓶に飾ることで，より匂いや草花への関心や愛着が深まってきました。

〈実体験からの学び〉

　自分たちで選んで食卓に飾った花を，子どもたちは倒したりこぼしたりせず，愛着をもって扱っていました。自分で体験したことが心のなかにしっかりと残り，生きているのかもしれません。

　新しい保育所保育指針では乳幼児期の積極的な教育も一つのポイントになっています。この事例のように「乳児の学び」は身近なものへの興味を探求することから始まります。保育者は乳児の興味に気づき，寄り添い，乳児の目線で素材や環境を用意し，一緒に楽しみながら，時には試行錯誤しながら，乳児の育ちを傍らで感じとっています。保育者と乳児・子どもが相互に関わり合いながら生活のなかで「学び」の場を子どもたちと共有し，さらに広げ，展開していき，そして実践から保育者自身も学んでいくことになるのです。

Book Guide

・小西行郎『知れば楽しいおもしろい赤ちゃん学的保育入門』フレーベル館，2006年。
　赤ちゃんの不思議，赤ちゃんのもつチカラをわかりやすく解説し，赤ちゃんと関わる楽しさや赤ちゃんを保育するうえで大切しなければならないことをわかりやすくまとめています。
・大豆生田啓友（編著）『あそびから学びが生まれる動的環境デザイン』学研教育みらい，2018年。
　環境は子どもの興味や関心をもとに工夫するので，決まったかたちがあるわけではありません。さまざまな園の工夫が写真とともに掲載され，実践するうえでのヒントがたくさん得られる本です。

Exercise

2007年に新宿スタジオが制作したDVD『いたずらっ子は発見の王様（乳幼児へのまなざし　第3巻）』のなかに収録された「小さな研究者」を見て，乳児が水遊びに夢中になる姿を通して乳児期の遊びはどうあればよいか，環境や保育者の関わりで大切なことはどのようなことか，話し合ってみましょう。

第 9 章

3・4・5歳児の発達に応じた保育方法

子どもたちが大きなタライに水を入れて砂場に水を運んでいきます。4人の子どもたちはみんな裸足です。この写真から，どんな遊びがどのように展開されているかを予想して，話し合ってみましょう。

写真の子どもたちは，体格的にみても年長児らしく見えますが，そ
れ以上に，4人で上手に水を運んでいる姿を見ると，協同して遊ぶ楽
しさを知っているということからも，年長らしさを感じることができ
ます。年少の子どもたちならば，個々にバケツをもって水を汲みに
いったほうが，うまく水を運べるのではないかと思います。

　そう考えると，水を運んでいる4人は，いま，夢中になって水を必
要とする遊びをしていて，その遊びのなかで，大量の水が必要になっ
たと感じているのだと思われます。そうでなければ，みんなで力を合
わせてタライで水を運ぶ必要性もなかったからです。

　このように，3歳，4歳，5歳児では，成長に応じて遊びの姿も変
わってきますし，そこでの保育者の関わり方も変えていく必要が出て
きます。本章では，年齢に応じていろいろな姿を見せる子どもにふさ
わしい保育の方法について考えてみます。

➡️ 内閣府・文部科学省・
厚生労働省「幼保連携型認
定こども園教育・保育要領
解説」2018年，p. 219。

　3歳以上の保育では，「園児一人一人の自我の育ちを支えながら，集団としての高まりを促す援助が必要になる」とされています。クラスやグループでの集団生活が中心となってくる年齢期に，どのような保育の展開が期待されるのでしょうか。大きく3つの時期に分けて考えていきたいと思います。

1　安心して自己発揮する時期

　保育所や認定こども園において3歳児クラスになった子どもたちは，乳児保育，3歳未満児の保育よりも集団の人数が増える，担任の先生の交代（数の減少），保育室の変化等を経験します。同じ保育所・認定こども園でも子どもにとっては新たな環境として捉えられることでしょう。また，幼稚園や認定こども園には，初めて集団生活に入る子どもたちもいます。そのような時期，保育者はどのようなことを意識して保育をしていくのか，見ていきたいと思います。

❶ 好きな遊びを見つける

　ある3歳児クラスの子どもの様子です。

・ショウくんは，ジョーロで園庭に水を撒いたり，ボールやカップでの水の入れ替えをしたりして楽しんでいます。見ると，テーブルの上にあったボールやカップを端から全部ひっくり返していきます。
・ヨシトくんは，「よーいどん」と保育者を誘います。園庭の端から端まで走る，走る！　保育者と一緒に繰り返し楽しんでいます。
・エマちゃんは，登園すると靴箱の前でしばらく佇んでいます。気づいた保育者が「今日もウサギさんに会いにいこうか」と声をかけます。すると，支度のスイッチがON！　支度を終えるとウサギの元へ向かいます。「おはよう」と声をかけたり，餌をあげたり，触れ合っています。

　このように，一人一人の姿は実に多様です。この時期は，これま

で園で楽しんできたこと，家庭でも遊んでいること等を手がかりに，それぞれの子どもが自分の好きなものを見つけられるよう，興味や関心に応じた環境を整えることが大切です。水や泥，粘土や絵の具など，触るだけでも楽しいもの（感触・感覚），声を出す・体を動かすことで心の緊張が解けていくこと（解放・開放），自然物や生き物に触れることで癒しや安心を得ることなど，触れる素材や遊びの内容も考慮できるとよいでしょう。

　保育者は，さまざまな遊びを一緒に楽しみながら，それぞれの子どもの好きなものや興味のあるものを把握していきます。また，遊びや生活の場面で，名前を呼んだり，話に耳を傾けたり，スキンシップをとったりして，一人一人との関係を築いていくことが重要です。

❷ 安心して生活する

Episode 1 　靴が履けない（3歳児）

　保育所に通うレイくん。担任の先生は，ある日レイくんの園庭靴が真っ白なことに気づいて「一緒にお外に探検に行こう」と声をかけました。うなずくレイくんとテラスで待ち合わせ。向かうと，靴を履く手が止まっています。「どうしたの？」と聞くと「履けない」とレイくん。「ああ，そうだったの。そういうときは先生に言っていいんだよ」と言うと，「履けないんじゃなくて，履けるんだけど，ビリビリ（マジックテープ）がギュッてならないの。ギュッてきつくしまらないとイヤなの」と言います。先生が手を添えて靴を履くと，うれしそうに駆けだして行きました。

　基本的生活習慣が確立しつつあるレイです。靴を履くことはできるのですが，この場合，自分の思うような履き心地にならないことに困っていたと言えます。このように，一度，身についたと思われる生活習慣でも，環境や状況によって，できないこともあります。いままでは，先生に見守られていたから頑張れていたということだってあるでしょう。

　園での生活の仕方がわかり，自分でできるようになることは，子どもにとって大きな自信になります。先生に頼ることなく，遊びたいことができる，自分の好きなように過ごせるなど，自由感を感じ，自己有能感を得ることができるからです。反対に，わからないこと

がある，できないことがある，困っているけれど自分から言い出せない，伝えたいことがうまく言えないなどの思いは，子どもの心に重くのしかかる不安となります。

　したがって，保育者は，一人一人の生活の様子を見守り，子どもが自分でできるようになる自立の援助を考えることが大切です。具体的には，温かい声をかけて励ましたり，見ていることを伝えて安心できるようにしたりする必要があります。また，時には手を添え，一緒に行うなど，個人差や発達状況にふさわしい援助をしていく必要があると言えます。

　それに加え，触り心地のよい布や素材，落ち着ける色や音環境に配慮した空間づくりにも意識を向けていきたいものです。この時期の子どもたちは，周囲の状況に敏感になっていることも多いです。少しでも，心身共にくつろげる居心地のよい空間や場の設定，急かされずゆっくりと自分のペースで生活することができる時間の流れや雰囲気づくりを心がけていくとよいでしょう。

2 友達と関わりをもち一緒にする楽しさを味わう時期

　一人一人の子どもが安心して過ごすようになってくると，次第に，周りの友達や周りで起きている出来事へと目が向いていくようになります。友達に出会い，関わりたい気持ちを感じたり表したりしながら過ごすようになるのもこの時期です。この時期の保育の様子を具体的に見ていきたいと思います。

❶ 友達と関わりたい気持ち

Episode 2　同じがいい（4歳児）

　アカリちゃんが，製作コーナーでお菓子の箱に丸く切った紙を貼りつけて何かをつくっています。黙々と頭のなかのイメージを形にしていくことを楽しんでいる様子です。その様子をテーブルの向かい側からじっと見ていたユウコちゃん。「私もつくりたい」と保育者のところに言いにきます。保育者が「何がつくりたいの？」と聞くと「アカリちゃんと同じ物がいい」と言うユウコちゃん。

保育者はユウコちゃんと共に製作コーナーに向かいます。アカリちゃんに「ユウコちゃんも同じのつくりたいんだって」と伝えると，「そこに箱あるよ」とアカリちゃん。保育者は，「ユウコちゃん，ここだって」と言いながら，空き箱の入れ物のなかから適当な箱を一緒に探します。「ところで，アカリちゃんは何をつくっているの？」と聞くと「ケータイ」との答え。「ケータイだって……ユウコちゃんは，どの箱にする？」と聞くと，「アカリちゃんと同じの」とユウコちゃん。「まったく同じのがいいの？」と聞くと頷きます。「まったく同じのか……ないんじゃないかな……？どうしようか」と保育者はつぶやきます。

　このエピソードのユウコのような姿に，みなさんも出会ったことがあるのではないでしょうか。ユウコはアカリと同じ物をつくること，同じ物をもつことで，アカリに対する興味や関わりたい思いを表そうとしています。子どもは気になる相手や関わりたい友達を見つけると「一緒に遊ぼう」と言葉でつながろうとするよりも先に，このような同じ物をもつことや同じ行為をすることでつながろうとする姿が見られるので不思議です。大人とは少し異なる子どもなりの人とのつながり方があるのだと言えます。

Work 🖊

　さて，アカリとまったく同じ箱を求めるユウコに対して，保育者としてどのような援助が考えられるでしょうか。できるだけたくさんの可能性を考えてみましょう。

　具体的な援助方法は，目の前にいるユウコと周りの状況によって導き出されていくものだと言えます。したがって，いま考え出した援助はおそらくどれも正解になり得るのだと思います。ここで，重要なのは正解を当てることを考えるのではなく，あらゆる援助の可能性をできるだけ多く思い描くということです。さらに，その援助をしたときにユウコはどのような反応を示すのか，周りの子どもたちはどうか，そのことはユウコにどんな育ちや経験をもたらすのか，までを考え抜いていくことが保育者の援助を学ぶことなのだと言えます。

【考えられる援助として……】
・同じ箱を探す園内じゅうの旅に出る。

・同じような箱を見つけて納得できるようにする。
・箱はちょっと違うけれど，貼る紙などは同じにすることで同じになるねと言ってみる。
・アカリに相談してみる。
・ユウコの好きな色や好きな物を聞きとりながらユウコなりのケータイづくりを支える。
・明日お家から同じ箱を持ってこようと提案する。
・アカリだけではなく周りのみんなに意見を聞いてみる。

　さて，考え出された援助はどれもユウコのつながりたい思いを受け止めることにおいては共通しています。まずは，個々の子どもが友達に対して抱いている関わりへの願いや思いを表すことができるよう，またその思いを保育者がきちんと受容していくことが大切だと言えます。

Episode 3　「カンカンカン」でつながる（3歳児・4歳児混合）

　エミリくんは電車で遊ぶことが好きで，今日も線路を組み立て，その上に電車を走らせて遊んでいます。少し離れた場所でリサちゃんとカイトくんも線路を組み立てはじめました。「ここ駅ね」「うん。そこは代々木」など会話をしながら組み立てる二人。エミリくんはその会話には入らずに，自分の電車を走らせて楽しんでいる様子です。しばらくすると，カイトくんが「そうだ！　こっちは電車。こっちは車。だから踏切がいるなー」と踏切を探しにいきます。するとエミリくんが，自分の近くにあった踏切をさっと差し出します。「サンキュー」とカイトくん。うれしそうに踏切を置くと，そこへエミリくんが車を走らせながらやってきました。エミリくんは「カンカンカン」と言葉を発しながら，踏切を待っている車の様子を表現しています。そこへ，同じく「カンカンカン」と言いながらカイトくんが電車を通過させようとしています。

　このエピソードのなかのエミリとカイトの間には，言葉のやりとりはほとんどなく，代わりに「カンカンカン」という音や電車・車を走らせる動きによって，二人の関わりが生み出されています。このような子ども同士のつながり方を捉えると，保育者が子どもの思いを言葉で代弁し，間をとりもつことの意味を考えさせられます。そのような仲介が，かえって不自然なつながりや遊びの停滞を引き起こすこともあると考えられるからです。したがって，子ども同士をつなぐもの（物・音・動きなど）の役割を捉え，環境を整えてい

くことで間接的に援助していくことも重要であると言えます。子ども
もの様子をよく見るとともに，必要に応じた保育者の仲介を考慮し
ていけるとよいでしょう。

❷ ぶつかるなかで

Episode 4 🎓　　ちがうの，そうじゃない（4歳児）

　工作が好きなタイキくんとユウリくんは，登園すると必ず工作コーナーで何かをつくることが日課の
ようになっていました。次第に，つくった物を持って一緒に遊びに出かけるようになりました。ある日，
タイキくんもユウリくんも広告で剣をつくって，戦いごっこのようにして廊下に出かけて行きます。し
かし，ユウリくんはタイキくんと戦おうとし，タイキくんはユウリくんと一緒に悪者を探して戦いに行
こうとしていたようです。自分に襲いかかってくるユウリくんにタイキくんが「ちがうの，そうじゃな
い」と言いますが，ユウリくんには意図が伝わりません。「ユウリくんのばか。もう遊ばない」と言っ
て部屋に戻ってしまいました。

　広告を使って剣をつくるという目的は共有していたタイキとユウ
リでしたが，剣を使ってどのように遊ぶかというイメージについて
は，ズレがあったようです。子ども同士の関わりが深まってくると，
必ずこのようなぶつかり合いが起こります。物や場所の取り合いか
ら，このエピソードのようなイメージや考えの違いによるぶつかり
合いへといざこざの内容にも質的な変化が見られます。

　保育者としては，個々の特性や発達の様子を捉えながら，自分の
思いや考えを出せるよう，相手に伝えられるよう援助していくこと
が大切です。また，相手の思いや考えにも気づき，受け入れたり交
渉したりしながら，新たな展開や解決策を一緒に考えていくことも
必要でしょう。子ども同士のぶつかり合いは，それだけ友達との関
わりが活発になり，友達の思いや考え，動きを意識するようになっ
てきた育ちの証でもあります。また，自分と相手との違いを感じる
ことのできる大事な経験です。したがって，早急に解決を急ぐこと
や解決策を学ぶことばかりに着目するのではなく，自分と相手の違
いがわかり，自分の良さと他者の良さが生かされることの喜び，折
り合えないときの悲しさや切なさなど，さまざまな感情を体験でき
る機会になるよう援助していきたいものです。

❸ 偶然の出会い

Episode 5 🎩　　ロッカーがお隣さん（4歳児）

　カナちゃんとヒロトくんはロッカーが隣同士です。ヒロトくんは，ひょうきんで，支度をしていると
きに帽子をくるくる回したり，おもしろい顔をしたりしています。カナちゃんは，ヒロトくんの行動を
見て笑っていることが多かったのですが，最近では真似をして一緒におどけたりすることも多くなって
きました。時々，ヒロトくんが勢いよく「ぶつかっ（てき）た」とトラブルになることもありますが，
帰りの前のふとした時間に互いの通園バッグについているキーホルダーを見合いながらおしゃべりして
いる様子も見られます。

　子どもにとって，ロッカーなど家から持参した自分の物が置かれ
ている場所は，集団生活のなかでの居場所になっていることが多く
あります。友達とのいざこざなどでうまくいかないことがあると，
ロッカーに入って気持ちを鎮めようとする子どもの姿もあります。
　ロッカーが隣同士のカナとヒロトは，支度の度に顔を合わせるこ
とから関わりが始まっています。カナにとっては，これまでにあま
り出会ったことのないヒロトのひょうきんさに，初めは戸惑いなが
らも次第に受け入れ，真似したくなる存在へと変わっていきました。
　このように，子どもたちは，偶然の出会いも味方につけて，集団
のなかでさまざまな友達と出会い，関わることの楽しさを知ってい
くと言えます。保育者も，子どもの姿を捉えながら，偶然のきっか
けやふとした出会いを生かした子ども同士の関わりに関する援助を
模索していけるとよいのではないでしょうか。

Episode 6 🎩　　風通しのよい関係も（4歳児）

　仲良しのハルちゃんとサキちゃん。今日も朝からずっと一緒に行動しています。明るくてお姉さん気
質のサキちゃんが「今度は，お庭で遊ぼう」とリードしながら遊んでいるようです。ハルちゃんはサキ
ちゃんに対する憧れの気持ちが強いようで，サキちゃんの行動についていっているようにも見えます。
　二人の出会いのきっかけは，給食のグループが一緒になったことでした。給食時にも，隣に座る二人。
サキちゃんのおもしろい話にニコニコ笑いながら応えているハルちゃん。話に夢中になっていると，ご
飯を食べる手が止まってしまいます。サキちゃんは，話をしながらも手際よく食べ終え，「お先に〜」
と言って片付けにいってしまいます。残されたハルちゃんのご飯はなかなか進まず，最後まで食べ続け
る姿がありました。

このエピソードに出てくるハルの姿から，みなさんはどのような
ことを感じ取りますか。ハルはサキと一緒にいることを求め，喜ん
でそうしていると読み取れます。しかし，サキの生活のペースや会
話のリズム，遊びの様子は，ハルにとって必ずしも心地よいもので
はない様子もあり，ハルが必死についていこうとしている姿は，見
ている側に切なさも感じさせます。

このような場合，保育者としてどのようなことができるでしょう
か。たとえば，保育者も仲間に入りながら，二人の遊びの様子を捉
えつつ，ハルの思いやイメージが出せるように援助することもでき
ます。また，ハルの好きなことや好きな遊びを見つけて，ハルがサ
キに頼らずとも，自信をもって生活できるようにしていくことも考
えられるでしょう。さらに，直接的に子ども同士の仲に介入する以
外にも，たとえば，給食のグループを替えてみるなどして，新たな
出会いを用意していくこともできます。

仲良しの友達ができること，ずっと一緒にいたいと思えるほどの
関係が生まれていることを共に喜び，認めながら支えていく援助も
必要です。一方で，園での一日を見通して，さまざまな時間帯や場
面での友達との関わりを意図的に仕掛けたり，機会を設けたりする
ことで，風通しのよい友達関係の構築につながることも併せて考え
ていく必要があると言えます。

❹ つながったり離れたりできる環境

Episode 7 　🧢　　一人で修行中（4歳児）

友達と忍者ごっこをするのが好きなコウタくん。空き箱や新聞紙でつくった自前の武器を片手に，今
日も園庭を駆け回っています。その様子を捉えていた保育者が，しばらくして，保育室に戻ると積み木
で囲われた空間のなかにコウタくんの姿があります。「あれ？　コウちゃん，帰っていたの？」と声を
かけると，「うん，今，修行中」との返事。どんな修行をしているのかと保育者がこっそり覗くと，コ
マを回して楽しむコウタくんの姿がありました。

この保育者は，忍者ごっこのなかで何かトラブルでもあったのか
と思ったそうです。ただ，忍者ごっこで遊んでいる子どもたちは楽
しそうにしていたのを確認していたし，コウタは何か困ったことが

起きると必ず先生のところに報告に来る子どもだと認識していたので，慎重に様子をうかがいながら声をかけようと思ったと言います。コウタの言葉は意外なもので驚いたとも振り返っていました。

　コウタの姿は，友達と一緒に遊ぶ楽しさを感じられるようになってからも，たまには一人で，自分の思う遊びを楽しみたい思いがあるのだということを教えてくれます。ここでは，仲間とのつながりを象徴する忍者の世界を引きずりながら，「修行」と称してコマ回しを一人でじっくり楽しむコウタの発想力に驚かされます。

　そのように考えていくと，環境を整えるにあたっても，友達とつながりを深められるような場や空間の設定とともに，一人でじっくりと落ち着ける場や空間の設定の両方を視野に入れていく必要がありそうです。

3　協同して遊びや生活を展開していく時期

　友達との関わりが深まっていくと，仲間としての意識も高まり，仲間と話し合いながら，遊びや生活を自分たちの力で進めようとしていきます。そのような時期の子どもたちの姿を保育者の援助と共に見ていきましょう。

❶ 遊びのなかの学び

Episode 8　アイス屋さんの名前何にする？（5歳児）

　7月の誕生日会，おやつに食べるアイスを子どもたち（数名）が買いにいくことになりました。せっかくならば「一人一人に何アイスを食べたいか聞いて，買ってきたい」と言い出す子どもたちに，驚いた保育者は「本当にできるの？　そんなこと」と問いかけます。「できる！」と言い張る子どもたちは，一人一人に注文をとりはじめました。集計すると，全部で18種類のアイスを買いにいくことになりました。

　続いて，買ってきたアイスをお店屋さんのようにしてみんなに配ってあげたいという子どもたちの声でお店づくりを始めることに。アイスを並べたり，置いておいたりする棚を用意し，食べた後のゴミ箱もつくり，最後に看板づくりに取りかかりました。ヒロキくんが「アイス屋さんの名前何にする？」とみんなに話しかけ，保育者も一緒に話し合います。

アイコちゃん「○○○（幼稚園の名前）アイスは？」みんな「いいねー」「でもさ，本物のさ，サーティーワンアイス（店名）を売るのに，名前が違うのおかしくない？」とダイキくん。「そっか」とみんなも頷きます。「先生，サーティーワンって何？　どういう意味？」とユウちゃんが聞きます。「31種類あるってことだよ」と保育者が言うと「じゃあ，18種類だから，"18や"はどう？」とキョウカちゃん。みんながどっと笑いました。今度は，ヒロミちゃんが「先生，18って英語でなんて言うの？」と聞きます。「エイティーンだよ」と保育者が答えると，「じゃあ，エイティーンアイスに決まりだね！」と全員が納得して決まっていきました。

　子どもたちから次々に出てくる「こうしたい」という思いや言葉が，遊びを前に推し進める原動力となることを実感できるエピソードです。まさに，この時期らしい主体的な子どもの姿がたくさん見られます。子どもから出てくる思いは，保育者の予想や枠組みを超えていくものも多く，一方では驚かされながら，他方でその思いが実現できるよう手助けをしている保育者の様子も印象的です。

　名前を話し合っていく件では，各々が意見を言い合える話し合いの場が成立しており，相手の意見も受け入れながら決めていこうとする姿も見られます。やりとりの様子を細かく見てみると，本物と自分たちの物（作り物）との食い違いを指摘するダイキの発言を転換点として，物の名前について関心を広げ，言葉についての学びを深めていく様子が読み取れます。もしダイキの意見が聞き入れられていなければ，参加する全員の学びがここまで深まらなかったことも考えられるでしょう。

　保育者は，子どもが「もっとこうしたい」という思いを実現できるよう支えていくと同時に，このような話し合いの場においては，さまざまな意見が出せるような雰囲気・場づくりと異なる考えとの出合いや折り合いを大切にしながら進めていけるよう配慮していくことが重要だと言えます。

Episode 9　ザリガニのおうち（5歳児）

　朝，ツバサくんが近くの池で釣ってきたザリガニを持って登園してきました。早速，ツヨシくんとタクヤくんが虫かごを覗いています。「先生，これ飼ってもいい？」と3人。担任の保育者が「自分たちでお世話できるなら，いいんじゃない？　みんなにもあとで（集まりのとき）聞いてみようか」と答えると「やったー！」。支度を終えると飼うための準備を始めました。

　保育者は，園の倉庫から大きな飼育ケースを出して「あとは，自分たちで考えて」と言うと，他の遊

びのほうに向かいます。ツバサくんたちは，「そうだ！　図鑑みよう」「隠れる場所がいる」「真っ暗なところが好きなんだって」「おうち，何でできるかな」等々，自分たちでやりとりをしながら，ザリガニの家づくりに使えそうなものを探しにいきました。

　戻ってきた3人の手には，小さい石が握られています。通りかかった保育者に「これで，おうちつくる。だって大きい石とかはないんだもん」と報告します。「3人でよく考えたんだね」という保育者の言葉に満足そうな表情の子どもたち。小さな石を組み立て，ザリガニのおうちをつくり上げました。

　それから餌やりや飼育ケースの水替えなど自分たちで声を掛け合い，世話をする姿がありました。それと同時に，ザリガニの様子をじっくりと見たり，触れる・捕まえられるようになることにチャレンジしたり，ザリガニとの関わりも深まっていきました。それぞれが園を休むことも増える夏休み前，保育者は3人に「ザリガニどうする？」と声をかけます。話し合った3人は「先生，近くの公園に戻してあげたい」と言いにきます。給食の後，一緒に返しにいくことになりました。

　公園にある池のほとりで，ザリガニを返そうとするツバサくん。「待って。先におうちをつくってあげたほうがいいんじゃない？」とタクヤくん。「そうだね」と言ってツヨシくんが，飼育ケースのなかから石を取り出し，池のなかにおうちをつくります。手伝うタクヤくん。できあがると「いーよー」と2人。「オッケー，じゃ行くよ」とツバサくんがザリガニを放します。元気に池のなかを進んでいくザリガニ。「あー，やっぱり，もうおうちはいらないのかな」とツヨシくんが残念そうに言うと，次の瞬間，石のおうちにザリガニが戻ってきました。それを見てニッコリ顔を見合わせる3人。見ている保育者の顔もほころびました。

　このエピソードからは，3人の子どもたちの主体性を支える保育者の援助に多くの学びを得ることができます。「あとは自分たちで考えて」という言葉は，子どもたちの考える時間，試行錯誤する機会をつくり出しています。仲間同士で進める様子に少し距離感をもって見守りつつも，途中，タイミングよく認める声かけをすることで，子どもたちの自信や次に向かう意欲へとつながっています。このように，保育者の出番を考慮しながら，子どもが自分で考え，選択・決定し，やり遂げられるように援助をしていくことが重要です。

　公園に戻しにいくところでは，生き物との関わりで育まれた愛情や命を大切に思う心に，自然からの恩恵が得られた奇跡的なエピソードとなっています。当然ながら，偶然の展開であったわけですが，このような場面を子どもと共に味わえることの裏側には，これまでの関わりを丁寧に支えてきた援助プロセスがあったからではないか，などと思わず想像を膨らませてしまう事例です。

❷ 生活をつくり出していく

Episode 10 🎓　毎日決める当番（5歳児）

　ある日の帰り際，「先生，今日もイツキくんが＊＊文庫（絵本の整理の当番）やらなかった」という声が聞こえてきました。「イツキくんに言ったの？」「言ってもやらない」。すると，イツキくんがやってきて「行ったよ。行ったけどもう終わってたんだもん」と言い合いをしています。良い機会と感じた保育者は，帰りの集まりでクラスのみんなにこの件を話し，当番について話し合うことにしました。

　「このやり方は飽きちゃった」「違うやり方がいい」という意見も出ます。「違うやり方って？」「チームを替える？」「順番を変える？」「たまには，当番休みの日もほしい」など，それぞれに当番をするなかで感じている思いが出されます。「休みにしたら誰がやるのよ」とツッコミも入るその様子を，保育者はニコニコ笑いながら聞いています。帰る時間になったので，「何で当番をするの？」「しないとどうなるの？」「するならどういうやり方にする？」など，みんな家でも考えてきて，明日また話そうと言って「さようなら」になりました。

　翌日，当番についての話し合いを再開。いろいろな意見が出尽くした終盤に，いつもはあまり発言をしないリョウタくんが「あのね，毎日，自分の好きな仕事（当番）をするってのはどうかな？」と発言。「毎日変えるの？」と驚く保育者。「それ，いーねー」と大賛成の声。「でも，誰がどの当番がわからないんじゃない？」と聞くと，「あの，リレーの順番決めるときに使っていた名前が書いてある磁石，あるでしょ。それをこのホワイトボードに貼って，毎日，決める」「さんせーい」ということで，翌日から自分たちで決めた当番のやり方で生活を送ることになりました。

　「何で当番をするの？」という問いに，みなさんならどのような意見を出しますか。エピソード内には出てきませんでしたが，翌日の話し合いでは「みんなのためにできることをする」「気づいた人がするのでもいいけれど，誰もやらないときもあるかもしれない」「ウサギの世話とかだと誰もが忘れちゃったら大変なこともある」「一人じゃなくて一緒にやったほうが楽しい」等々，たくさんの意見が出たそうです。そのうえで，自分たちで話し合って決めた「毎日決める当番」方式を実行していきました。

　生活の仕方やルールを決めるのは，必ずしも先生ではなく，子どもたちがこれまでの経験をもとに，意味や理由を考えたり，新しい方法をつくったりしていくことができるのだということを理解できるエピソードではないでしょうか。話し合いのなかで，友達や仲間としてのつながりを深めていっているとともに，ルールや決まりへ

の理解を深めることへもつながっています。

　保育者は，さまざまな出来事を自分ごととして捉え，考えを出し合い，話し合いながら，決めていく子どもたちのプロセスを支えていくことが重要です。

Episode 11　とっておいていい？（5歳児）

　先週から，積み木やカプラを使ってビー玉を転がす遊びが続いています。ハルトくんとカズアキくんが中心となって，組み立て方を少しずつ変化させては，ビー玉を転がして転がり方を試し，再び組み立て直すことを繰り返し楽しんでいます。ビー玉が積み木に跳ね返って転がるところや一度見えなくなって別の場所から出てくるなど，工夫がたくさん見られ，ビー玉の動きに思わず「すごい！」と言ってしまうくらいの複雑なものに変化してきています。

　この遊びは，1学期から繰り返し楽しんできた遊びです。遊ぶメンバーはその時々で，変わっていましたが，片付け時には，壊してしまうのではなく，とっておいてその続きから始まるようにすることがいつの間にか片付け方として定着していきました。

　しかし，つくる場所によって，給食時の机を運ぶ際にぶつかってしまうことや気をつけてそばを通っていても触れて壊れてしまうこともありました。保育室のど真ん中につくったときには，「なんで，こんな真ん中につくるのよ」との声も。

　今回は，つくる子どもたちも始める場所や広げて行く場所を考えながらつくりはじめる姿があり，周りの子どもたちもぶつかって壊れることがないよう気をつけて生活している様子がありました。そのような支えの力も借りながら，もっと複雑でおもしろいものへと変化し続いていきそうです。

　何度もつくって壊してを繰り返してきたビー玉の遊び。遊びに関わる子どもたちだけではなく，周りで生活する子どもたちも自分の遊びのように大切に思い，そのためにできることをしながら支えられるようになった姿に担任の保育者は育ちを感じたと言います。

　この時期の遊びの終わり方は非常に重要だと言えます。たとえば，エピソードのようにつくったものを「とっておく」ことで遊びやイメージをつなぎ，よりよいものへと遊びを発展させていくことができるからです。次の遊びを構想しながら，いまをどのように整えていくかという片付けの在り方も理解し，保育者と共に実践できるようになっていくと言えます。

　しかしながら，遊んでいる子どもたちの思いを周りで生活する子どもたちも受けとめ，支えていくことはなかなか容易なことではありません。気をつけようと思っていても，できないときも，失敗してしまうときもあります。それでも，一つ一つの経験を大事に子ど

もたちと共有し，何度もやり直せる機会をつくり出すなかで，見守ってきた援助プロセスが垣間見られます。つまり，この保育者は，遊びや生活がしやすい環境づくりに子どもも加わることを促し，共につくり出してきた長期的なプロセスのなかに，子どもの変化や育ちを見出しているのです。

　このように，遊びや生活を支える環境についても，子どもたちと共に，つくり出す視点をもつことが重要です。具体的には，子どもが自分で出し入れができる物を準備したり，自分たちで配置やレイアウトを考え・相談する機会をもったり，遊びや生活に必要な物を取捨選択したりしながら，よりよい環境を創造していくことです。

Book Guide 📖

・岡本夏木『幼児期――子どもは世界をどうつかむか』岩波書店，2005年。
　幼児期の子どもの「しつけ」「遊び」「表現」「ことば」をどう捉え，どのように支えていけばよいか発達心理学の立場から学ぶことができます。
・加藤繁美『0歳〜6歳　心の育ちと対話する保育の本』学研プラス，2012年。
　0歳〜6歳にかけて発達していく乳幼児の心の育ちの理解が進み，対話する保育実践について考えることができます。

Exercise

1. 園で過ごすことに不安を感じ，いまにも泣き出しそうな女児が目の前にいます。あなたならどのように関わりますか。
2. 子ども同士のつながりが読み取れる事例を出し合い，その関わりをどのように援助していくかについて話し合ってみましょう。
3. 卒園間近の子どもたちと遊びたい遊びを構想してみましょう。

第 10 章

保育の計画・実践・評価

　この写真は，遊びのなかで，牛の乳しぼりを再現しようとしている場面です。子どもたちは，一生懸命牛の形をつくり，その牛から牛乳をしぼろうとしています。こんな遊びが出てきたのには，子どもたちがどんなことに興味をもち，どんな生活をしたからだと思いますか？

園ではいろいろな遊びが起こりますが，遊びのなかで牛の乳しぼりを再現しようとする場面はめったにありません。ところが，写真の年長児は，動物の一つとして，牛を廃材でつくることに夢中になったというより，牛の乳しぼりがしたいために，牛をつくり，さらには，乳しぼりがうまくできるかどうかを真剣に話し合っているのです。

　この遊びのきっかけは，牛乳には，ホルスタイン牛とジャージー牛の2種類があることに，子どもたちが気づいたことからでした。一般の牛乳はホルスタイン牛の乳なのですが，ジャージー牛の牛乳というのもあって，その牛乳もおいしいらしいということから，牛への興味・関心が一気に広がりました。

　ホルスタイン牛とジャージー牛との違いを調べ，何を食べるかとか，主にどの地域で飼われているかなどを調べては，模造紙に調べたことをまとめていきました。味が違うことから興味や関心が広がったので，当然，飲み比べてみたいということにもなりました。

　そこで保育者が2種類の牛乳を購入して，実際に飲み比べてみると，子どもたちにもはっきりと味の違いがわかったのです。子どもたちの興味は，実際に牛に会いたい，乳しぼりをしてみたいというように広がっていきます。その気持ちをどうかなえるか，保育者もいろいろ悩んだ末に，いろいろと調べた結果，実際に乳しぼりを体験することができたのです。その余韻として，子どもたちは真剣に牛の乳しぼりを再現しようと一生懸命なのです。

　保育のなかでは，子どものつぶやきやイメージによって，遊びが大きく変わっていきます。子どもたちが夢中になって遊びこんでいくためには，保育の計画や保育者の援助が欠かせません。ただ，計画が先にあって，それを実践させるという保育ではなく，子どもたちの興味や関心を大切に，そのつぶやきやイメージを受けとめ生かすための計画や実践，評価の在り方を，本章で学んでほしいと思います。

　保育を行ううえでは，その背景に園の全体的な計画があり，それを具体化した指導計画が存在します。指導計画には，年間指導計画，期・月の指導計画などの長期的な計画があります。さらに，週案や日案などの短期的な計画があります。このような保育の計画があって，その計画を基盤にしながら実践を行い，その実践がどうだったかを振り返るのが評価です。つまり，計画→実践→評価→計画という循環のなかで保育が行われていきます。しかし，それが「計画ありき」の実践とならず，子ども主体の保育が展開されていくためには，その循環の捉え方や，計画の立て方が非常に重要になってきます。

　ここでは，子どもの姿から，その先の見通しをもって，保育の方法を考えることの大切さを実感し，保育の豊かな方法を生み出すための計画，実践，評価について学びましょう。

1　指導案を書いてみよう！

　これまで，保育をどのような方法で展開するかを学んできました。そこで，ここでは具体的なテーマに対して，実際に計画を立ててみましょう。どのような方法で保育を展開すると，子どもにとってよりよい経験となるでしょうか？　同じテーマでも，その保育の展開の仕方や方法によって，子どもの経験の仕方は大きく異なります。工夫次第でよりよい保育の展開になりますから，ここが保育者の腕の見せどころです。

❶ 簡単な指導案を書いてみよう！

Work 1

次の５つのテーマのなかから，好きなテーマを選んで指導案を書いてみましょう。

・絵本や紙芝居の読み聞かせの指導案（例題）

・手遊びやうた遊びの指導案

・室内でできる簡単なゲームの指導案

・踊りや体操などの指導案

・簡単な製作活動の指導案

書式はそれぞれの養成校で使っている実習の指導案のものを使うとよいでしょう。あるいは、表10-1に示した参考様式を参考に自分で自由に書いてみてもかまいません。基本的に、まず「日時」「クラスの年齢・人数」「活動内容」「ねらい（この活動を通して、子どもたちに経験させたいこと）」を押さえましょう。そのうえで、「時間」の流れに沿って、「活動の流れ・環境構成」「子どもの姿」「指導・援助のポイント」を記していきます。

ここでは、例題の「絵本の読み聞かせ」を通して、指導案の立て方について考えてみましょう[1]。まずは、仮に、対象の子どもの年齢、時期（日時）、クラスの人数等を決め、具体的に何の絵本を選んで、どのように展開するか簡単な指導案を立ててみましょう。以下に、「絵本の読み聞かせの指導案」を立てるポイントを示します。

① 題材を決める

題材、つまり何の絵本にするかをまず決めたいわけですが、これが意外と簡単ではありません。子どもに読んであげたい自分の好きな絵本でもいいわけですが（自分の好きな絵本が子どもにも伝わりやすいので）、それでは子どもにとってよりふさわしい経験になるかどうかわかりません。

そこで、子どもの年齢（発達）に合っているか、この時期の子どもたちの興味・関心や実態に合っているかを考える必要があります。まず、この2点を考えてみましょう。

次に、子どもに経験してほしい「ねらい」を考えます。子どもにどのような経験をさせたいのでしょうか。この「ねらい」を考えながら、絵本を選ぶ必要があります（ねらいを先に考えたうえでそのねらいにふさわしい絵本を選んでもかまいません）。

② どのような時間、環境で絵本を読むかを決める

いつ、どこで（環境）、どんなふうに絵本を読むのでしょうか？まず、時間帯を考えてみましょう。午前中のクラスの集まりの場で読むのでしょうか。自由な遊びの時間帯でしょうか。午睡前に読むのでしょうか。あるいは降園前の集まりに読むのでしょうか。それ

表10-1　参考様式

日　時			
クラスの年齢・人数			
活動内容			
ねらい			
時間	活動の流れ・環境構成	子どもの姿	指導・援助のポイント

▶出所：筆者作成。

によっても絵本を読むことの意味は変わってきます。

　また，どのような環境で読むのでしょうか。クラス全員に読むのでしょうか。それとも，数人の子どもに読むのでしょうか。

　さらに，どのような場でしょうか。クラス全員を対象に読むとすれば，子どもはどこでどのように座って絵本を見るのでしょうか。読む場の環境によって，雰囲気は大きく変わってきます。

③ どのような流れ（展開）で絵本を読むかを決める

　そして，どのような流れで絵本を読むかを決めます。

　まずは「導入」をどうするかを考えます。^{▶2}絵本を聞く雰囲気や子どもへの関心を高めるため，あるいは全員が集まるまでの間，ちょっとした遊びを入れるなどの工夫をする場合もあります。また，絵本の表紙を見せ，どんなお話が始まるかを子どもたちとやりとりをする方法もあるでしょう。むしろ何もせずに「今日の絵本は〇〇です」とあまり余計な導入をせずに始めたほうがよい場合もあるでしょう。どのような雰囲気で絵本を読みはじめるかによって，ずいぶんその後の展開が変わるので，重要なところです。

　さらに，途中の展開を考えてみましょう。絵をじっくり見てほしい場面では，ゆっくり絵を見せたりしたほうがよいでしょう。また，登場人物がわかりにくい場合は絵を指差しながら見せたり，ドキドキワクワクを感じてほしい場面ではしっかり間をためてページをめくるなどの展開を考えます。

　絵本を読み終わった後，どうするかも考えましょう。絵本の読み聞かせでは，保育者が意図的に子どもに手をあげさせたりなどして意見や感想を求めることはふさわしくないと考えられています。そ

▶2　一般に，小学校以上の授業の展開では，「導入→展開→まとめ」という流れを考えます。幼児教育は授業という決められた時間の枠で展開する必要がないので，あまりこうした考えをとりません。ただ，活動を提供する場合，子どもに興味・関心をもたせるため，「導入」を考える必要があります。つまり，ここでの「導入」とは，活動に興味・関心を呼び起こす準備段階と考えられます。

のため，個々の子どもが絵本の感動の余韻をゆっくり味わえるような場をもってもいいかもしれません。

❷ 少し長い計画を考えてみよう！──応用編

　続いて，応用編です。応用編は，少し長期の見通しを立てて指導案を考えてみましょう。実習等では，あまり長期の見通しに立って部分実習や責任実習を行うことはありません。しかし，実際の保育では，長期の見通しをふまえながら保育の方法や内容を考えていきます。ここでは，そうした長い見通しをもって保育の方法の在り方がどうあったらよいかを学んでみましょう。

➡3　この応用編は4年制養成課程であれば，3・4年生，2年制養成課程であれば2年生が行うのがよいでしょう。さらに，教育実習もしくは保育実習で，すでに責任実習を伴う実習を終えているとより効果的に行えます。

Work 2 ✏

テーマとして，次の4つをあげます。このなかから選んで長期の指導案を考えてみましょう。
・運動会にリレーを行うことを想定した保育の展開
・生活発表会に子どもたちがつくった劇の発表を行うことを想定した保育の展開
・お泊り保育でふだんできない体験を行うことを想定した保育の展開
・ドッジボールが白熱することを想定した保育の展開

　今度は実習の指導案のようなフォーマットを使わなくてかまいません。A4用紙（白紙）を3〜4枚使って流れを書いてみましょう。
　まずは，年齢と時期を決めます。リレーのテーマを選んだ場合，運動会でリレーを行う年齢と時期を決めることになります。そして，その前後の展開を書き出します。たとえば，5歳児の10月上旬にリレーを行うと決めたならば，それ以前の時期にどのような経験をどのように積み重ねていったらよいかを具体的に書いていきます。そして，運動会の当日にはどのような展開で進めるか，また運動会後の流れを想定し，書き出してみましょう。
　大切なことは，子どもの主体性や興味・関心を尊重することです。単に一斉にリレーのルールを教えるという方法ではなく，遊びなどのなかでリレーへの興味が広がっていく方法を考えてみましょう。また，子ども同士と保育者で話し合ってアイデアを出し合うような展開も考えてみましょう。さらに，リレーに興味をもつ前の「走ることがおもしろい」と感じる経験や，昨年の年長組の子どもたちの

リレーを見る経験などからつなげていくことも大切な視点です。

　ただし，こうした見通しはあくまでもよりよく展開するための計画であり，そのとおりに展開させればよいというものではありません。実際は，子どもの姿によって，展開を修正していくことが必要です。そうでないと，子どもの思いではなく，保育者の一方的な思いで展開させてしまうことになります。

　さあ，それではグループで話し合ったり，調べたりしながら指導案をつくってみましょう。どんな中長期を見通した指導案になるでしょうか？　5歳の秋の運動会にリレーを実施するためには，いつ，どんな経験の積み重ねから始めたらよいでしょう？　おそらく，「リレー」というかたちになる前から考えていったほうがよいでしょう。最初から完成されたリレーをつくるのではなく，いろいろな段階を重ねていくとよいかもしれません。ユニークな指導案を期待しています。

2 保育の計画・実践・評価とは

❶ 保育の「計画」はなぜ必要なのか

　第1節では，2つの Work を通して，実際に指導案を立ててみるという演習をしてみましたが，そのなかで，一番難しさを感じたのはどのようなことだったでしょうか。子どもたちの姿を想定し，その興味・関心をもとに「ねらい」を考えたり，そこから子どもたちに経験してほしい内容や，実際の展開を考えていくプロセスは，どれもが簡単に考えられるものではなく，難しいものだったと思います。では，そもそも，その難しさはどこからきているのでしょうか。おそらく，その要因の一つは，ただ自分がしたいことを一方的に提案し，展開していくための計画ではなく，あくまでも子どもを主体に，子どもたちがどのようなことに興味・関心をもっていて，どのような経験を必要としているのか，そしてどのような活動であれば，子どもたち自身が自ら楽しみながら取り組むことができるのかなど，相手の主体性を基盤としながら考えていくことの難しさにあるので

はないかと思います。

　実習生の多くが部分実習や責任実習の指導案を立案する際，それぞれの場面における子どもの姿や行動を予想することが難しいと語ります。もちろん，実際に子どもが想定したとおりの行動をとるとは限りませんし，予測がつかない行動をとる子どももいるでしょう。ましてや，保育においては，あくまでも子どもが自ら主体的に意欲をもって関わる遊びを中心に保育を展開していくことが基本とされているため，それらの子どもの姿は，どんなに詳細に想定していたとしても，予想どおりになることほうがまれなことだと思われます。では，「計画どおり」にはいかないということがわかっていながら，なぜ，計画を立てるのでしょうか。それでも計画が必要なのはなぜでしょうか。

Episode　子どもにとって必要な経験とは……

　ある幼稚園では，これまで，子どもに経験させたいことをあらかじめ保育者がすべて計画を立て，その計画どおりに一斉に指導していました。しかし，さまざまな反省点もあり，今後は，その時々に子どもが興味をもったものをもとに展開していく保育へ転換することになりました。その際，それまで事細かに立てていた計画も廃止し，計画は立てずに，日々，それぞれの子どもが楽しんでいる遊びを中心に保育をしていこうということになったそうです。

　しかし，その後，ある年の年長クラスで夏休み前の「子ども会」に向けて，クラスの子どもたちと楽しみたい活動を考えはじめたときに，その活動を行うために必要と思われる基本的な経験を子どもたちが十分にできていなかったことが見えてきました。たとえば，クラスみんなで協同して大きな作品をつくる製作活動をしようと思っても，ハサミを扱える子どもが極端に少なく，切り方がおぼつかなくて上手に切れない子どもや，他児にハサミを渡すときに刃の方を向けて差し出す子どもなどが続出し，危ない状況になるということが多々ありました。担任保育者によれば，そのクラスの子どもたちは外遊びが大好きだったり，保育室内でもごっこ遊びや積み木などを楽しんでいて，製作等をする機会がなく，なかなかハサミを使うような経験をする機会がなかったとのことでした。

　みなさんは，このエピソードをどう思いますか。子ども主体に保育をしてきたのだから，子どもたちがやりたいと思う遊びしかできなくても仕方なかったのでしょうか。しかし，それでは，子どもたちの幅広い育ちや，その育ちに必要な経験を保障していけないのではないかという疑問を感じる人も少なくないのではないかと思います。

　保育が子どもの育ちを支える営みである以上，保育者は，それぞ

れの時期に応じて子どもたちの育ちにとって必要な経験とは何かを考えながら，その経験を保障していく必要があります。たとえば，子どもたちにとって「ハサミの使い方を知る」ということは，単に一つの道具の使い方を知るという能力（知識・技能）の増加を意味しているだけでなく，子どもたちが自らのイメージを表現しようとするときの手段の広がり，多様な方法で自分なりの表現ができる自由度の広がりを意味します。それらは，自分のイメージに近いものをさまざまに工夫しながらつくり上げていこうとする探究心や，つくる喜び，つくり上げられた達成感などを味わい，さらには，子ども自身がより大きなものや複雑なものをつくりたいという意欲に支えられながら他者と協働する経験にもつながっていきます。逆に言えば，子どもが，なかなか製作に興味をもつ様子がないからといって，ハサミにふれる機会もないまま過ごしてしまうことは，子どもたちが，そうした喜びや楽しみ，あるいはそこで起こる葛藤を経験しながら学びを深めていく機会そのものを奪ってしまうことにもなりかねません。そう考えると，やはり幼児期に折にふれハサミを使う機会をもち，自分なりにそれを自由に扱えるようになっていくことは，子どもにとって必要な経験の一つであると言えるのではないでしょうか。

　このように乳幼児期に必要な経験を子どもたちが積み重ねていくためには，その時期その時期の子どもの姿や興味・関心を捉えながら，子ども自身が自ら意欲的に関わりたくなるような新たな環境やきっかけを考え，つくり出していく保育者の援助が必要となります。そうした環境構成や活動の展開を組織していくためにも，長期・短期の計画について，子どもの「育ち」を長い目で見通しつつ，「現在の姿」をもとに修正を重ねていくプロセスは欠かせないものなのです。

❷ 保育の「計画」と「実践」の関係

　保育の計画のなかには，子どもたちの園での生活の全体を通しての包括的な計画にあたる「全体的な計画」と，それらを実際の日々の保育のなかでどのように実践していくのかを具体化した「指導計画」と呼ばれるものがあります。そして，「指導計画」のなかには，長期的な計画（年間指導計画，期の指導計画〔期案〕，月の指導計画〔月

➡️4 「保育所保育指針」第1章「総則」3「保育の計画及び評価」の(5)「評価を踏まえた計画の改善」のイ。

➡️5 この循環のプロセスについては、「幼稚園教育要領」においても同様に重視されており、指導計画に関しては、「その際、幼児の実態及び幼児を取り巻く状況の変化などに即して指導の過程についての評価を適切に行い、常に指導計画の改善を図るものとする」とされています。「幼稚園教育要領」第1章「総則」第4「指導計画の作成と幼児理解に基づいた評価」の2「指導計画の作成上の基本事項」。

➡️6 秋田喜代美は、このようなプランに即したチェックを行うことで生産管理や品質管理を行おうとするPDCAサイクルによる質保障について、一人一人の子どもの人権を保障して育てる営みを根源的に保障することはできないのではないかと指摘し、保育を語るときの基本に置く理念として、子どもの尊厳と多様性、保育者の反省的実践家としての専門性をあげています（秋田喜代美『保育のみらい』ひかりのくに、2011年、pp. 99-100）。

➡️7 戸田雅美『保育をデザインする——保育における「計画」を考える』フレーベル館、2004年、p. 24。

案〕等）と短期的な計画（週の指導計画〔週案〕、日の指導計画〔日案〕等）とが存在しています。

　これらの計画は実際に実践した後、反省・評価を重ねることを通して新たな計画につなげていくことが求められています。たとえば、「保育所保育指針」の第1章「総則」の3「保育の計画及び評価」のなかでは、「保育の計画に基づく保育、保育の内容の評価及びこれに基づく改善という一連の取組により、保育の質の向上が図られるよう、全職員が共通理解をもって取り組むことに留意すること」[4]とされ、「計画→実践→評価→改善」という循環を通して園全体で保育の質の向上を図っていくことの重要性が示されています。[5]

　しかし、この循環のプロセスを、いわゆる近代産業社会における生産管理や品質管理を目的とした「PDCAサイクル（Plan：計画→Do：実行→Check：評価→Act：改善）」のようなイメージで捉えてしまうと、本来の保育で求められる計画や実践、振り返りのもっている関係性とは質の異なるプロセスとなってしまう危険性があります。そもそも、「PDCAサイクル」とは、業務が計画（Plan）に沿って実施（Do）されているかどうかを点検（Check）し、設定された目標に到達しない場合の問題点を見つけ、改善（Act）につなげるというサイクルであり、生産管理や品質管理のための単一化・効率化を目指して確立されたシステムです。そのため、偶発的な出来事に溢れた不確実で複雑な状況のなかで、その状況に即した判断をしながら多様に展開されていく保育の実践に、このシステムをそのまま適用するには無理があると言えるでしょう。そのような不確実性や複雑性、多様性を特徴とする保育の実践にふさわしい計画と実践、振り返りの関係は、それとは異なるところにあるのではないでしょうか。[6]

　こうした保育の特徴をふまえたうえで、計画と実践の関係を捉えていくために参考になるのが、保育の計画を「デザイン」と捉える考え方です。戸田は、一人一人の子どもが、さまざまな他者と関わりをもちながらつくり出してきた遊びや生活を、次へと展開していけるように、保育者の援助や環境をデザインしていくことこそが保育の内実であるとし、さらに、そのデザインはそれぞれの子ども（あるいは子ども同士の関係、保育者との関係）に応じたオーダーメイドのものにならざるを得ないと指摘しています。[7]そのうえで、そのようなデザインとしての計画の意義を次のように述べています。

　保育の計画は，常に相手の思いに寄りそって考えていくというところにその本質があるのであって，計画通りにできたかどうかが最優先の課題ではありません。ですから，どうせ変わってしまうなら立てなくてもよいのではなく，たとえ変わるとしても，相手の思いに寄りそって考える——これが「デザイン」するということであるわけですが——というプロセスが大切だから計画を立てることを大事にするのです。[8]

▶8　前掲書（▶7），p. 117。

　このように，保育の計画とは，目の前の一人一人の子どもに思いを寄せ，その子どもの行為に隠された「意味」を読み取りながら，その子の育ちにとって次に必要となる経験を考え，それらの経験が生み出されるような基盤となる保育の環境や活動をデザインしていくプロセスにこそ大きな意味があると言えます。

　子どもの主体性を基盤に保育をしていくということは，決して，子どもにすべてを任せて保育者はただ見守っているということと同義ではありません。一見，遊んでいるように見える子どもの姿のなかにも，それぞれ丁寧に見ていくと，自分が興味をもてるものがなかなか見つからずウロウロ探し回っている子どもや，ただ手近な遊び慣れた遊びを繰り返しているだけの子ども，遊びたい相手や活動があるものの関わり方がわからず戸惑ってしまっている子どもなど，さまざまな姿があり，それぞれが抱えている「課題」があります。一人一人の子どもが安心感をもって，十分に自己を発揮しながら遊びを展開し，そこでさまざまな体験を積み重ねていけるためには，それらの「課題」を丁寧に見出しながら，子どもたちの興味・関心を引き出したり，子ども同士をつないでいくような環境や活動のデザインが必要になるのです。そのような実践のなかでは，もちろん，予想を超えた子どもの自由な発想が生まれてきたり，偶発的な出来事が起こってきたりしますが，それらは計画になかったから価値がないというものではなく，新たな活動の展開が生まれてくる大切な資源にもなり得ます。そのため，保育者には，子どもの発達への見通しをもちながらも，そのような予想外の出来事に対して常に心身が柔軟に開かれており，その都度，計画を修正したり，環境を再構成していけるような実践への柔らかい構え（スタンス）が必要となります。そして，子どもと共に常に新しい活動や環境をデザインし続けていけるような専門性が求められてくるのだと思われます。

❸ 子どもが主体となる保育の「計画」と「実践」を 生み出す「評価」

　このような「計画」と「実践」の関係をふまえると，保育の「評価」とは，何をどのように「評価」していくことなのでしょうか。

　先にも述べたように，あらかじめ立案した計画どおりにいくこと自体が保育の目的ではありませんので，当初の計画が達成できたかどうかというような「評価」や，計画していた目標に子どもが到達できたかどうかというような「評価」はあまり意味がありません。ましてや，子どもの姿から，何が「できる」ようになったとか，「できない」など，表面的な行為レベルで，その到達度を測るような「評価」でもありません。

➡️9　保育における「評価」が，このように「できる」「できない」という単線的な指標で到達度を測るようなものではない理由や，共感的・個別的な理解が基盤となる点については，本書第2章で詳しく説明されていますので，そちらを参照してください。

　一人一人の子どもの今ある目の前の姿から，そこで，その子どもが感じていること，味わっていること，おもしろがっていること，試していること，探究していることなどを探り，そのことの意味や価値を私たち自身が発見したり，味わっていくことが必要となります。そこから，それぞれの子どもが自身の興味・関心をもとにしつつ，さまざまな人やモノや出来事と関わりを重ね，それぞれが自己発揮しながら「学び」を深めていくには，どのような環境やきっかけが必要か，子どもの姿から計画を見直し，再構成していくことが必要になるのです。

　つまり，ここでの「評価」は，子どもたちが主体的に日々の生活や遊びを豊かに展開していけるように，次の「計画」や「実践」をデザインしていくための「資源（手掛かり）」となると考えられるでしょう。そのため，たとえば，そのようなおもしろがったり，探究したりする子どもの姿が生まれにくい状況があったり，気になる子どもの姿が見られるときがあれば，それを，子どもたち自身の育ちの問題として，「まだ○○ができないから」「○○の育ちが遅いから」というように，その能力や発達の度合いに原因を探るような評価に陥るのではなく，それぞれの子どもが主体的になりにくい姿がなぜ生まれているのか，保育の環境や活動の展開，流れなどを含めて問い直し，再構築していく視点や姿勢も必要になります。

　このように，それぞれの子どもの思いや興味を捉えながら，子どもに即した保育をデザインしていくためには，まずは，日々の実践

や，そこでの子どもの行為や関わりを丁寧に振り返り，その行為や関わりの「意味」と，それと同時に，その過程における活動の展開や自らの援助が子どもたちにもっていた「意味」を丁寧に振り返り，探っていく「省察」が必要となります。実践のなかで生まれてくるさまざまな子どもの姿や出来事をもとに，そこに埋め込まれた「学び」の可能性を探り，子どもにとっての「学びの経験」を子どもと共に創造していくためには，保育者自身が，それらの子どもの姿や出来事との「対話」を繰り返しながら，自らの「計画」を修正し，新たな「実践」へと臨んでいくような対話的な循環のプロセスが求められてくるのだと思います。

　そして，そのような「対話」を深めていくには，子どもの姿を自分一人で振り返って省察するだけではなく，その子どもの姿を共有し，それがもつ「意味」を共に探ってくれる他者との協働も非常に大切になってきます。各園でも，職員間で，年間指導計画や月案，週案などを立案する話し合いなどの機会がありますが，そうした際にも，その月や週の予定をどうするかから検討を始めるのではなく，まずは，現在の子どもたちの姿を共有しながら，それぞれの遊びのなかで子どもたちが学んでいることや経験していることをさまざまな視点から読み解き，次への展開をみんなで思いめぐらせていくことで，その先の活動の広がりや，それを支える援助や環境の工夫についても，より幅広い視点から探っていくことができると考えられます。

　また，そうした子どもたちの遊びの豊かさや学びのプロセスを保護者へも発信し，共有していくことで，保護者にもその意義が伝わったり，その時々の子どもたちの興味のある活動を広げるためのアイディアや資源を保護者が提供してくれるような展開も生まれてきます。そのためには，「可視化」の工夫も欠かせません。

　子どもたちの主体的な学びを支える保育を豊かに具現化していくためには，子どもの姿から，その「意味」を丁寧に見出し，周囲の他者と共に理解を深めたり，その先の展開を支えていくための「資源」として「評価」を生かしていくことが求められるのです。

→10　大豆生田らは，「省察」とは，単に保育目標に照らして保育を評価したり，翌日の計画を立てるといった表層的な反省・評価ではなく，「保育の実践において体験された行為を保育後に体感の水準に引き戻すことにより思い起こすことにより，新たな意味を建設する行為」であり，保育の実践は，この省察という行為を抜きにはあり得ないことを指摘しています（大豆生田啓友・三谷大紀・髙嶋景子「保育の質を高める体制と研修に関する一考察」『関東学院大学人間環境学部人間環境学会紀要』11，2009年，p. 21）。

→11　保育の評価における可視化の意義や工夫についても本書第2章が参考になります。

Book Guide

・無藤隆・大豆生田啓友（編著）『子どもの姿ベースの新しい指導計画の考え方』フレーベル館，2019年。

2017年に改訂（定）された「幼稚園教育要領」「保育所保育指針」「幼保連携型認定こども園教育・保育要領」では，日々の子どもの姿を丁寧に捉え，その興味・関心をもとに計画をつくり，柔軟に展開していく重要性が強調されました。そのような「子どもの姿ベース」に指導計画を立案していくための基本的な考え方や，立案のポイントなどをわかりやすく解説した本です。なお，各年齢の具体的な計画の例や，そこから生まれる展開の実践例などについては，同シリーズの以下の本が参考になります。

　　・無藤隆・大豆生田啓友（編著）『０・１・２歳児　子どもの姿ベースの指導計画』フレーベル館，2019年。
　　・無藤隆・大豆生田啓友（編著）『３・４・５歳児　子どもの姿ベースの指導計画』フレーベル館，2019年。

・戸田雅美『保育をデザインする──保育における「計画」を考える』フレーベル館，2004年。

一人一人の子どもに即したオーダーメイドデザインとしての計画の意義とその実際についてまとめているものです。保育の計画を「デザイン」として捉えるという発想からは，従来の「計画」観を転換するための大切な手がかりが得られます。

Exercise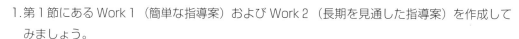

1. 第1節にある Work 1（簡単な指導案）および Work 2（長期を見通した指導案）を作成してみましょう。
2. 子どもたちの遊びの様子を観察し，そこで子どもたちが楽しんでいることや味わっていること，また，誰とどのように関わっているのか，どのような課題を抱えているのかなどを読み取り，書き出してみましょう。
3. 数人でグループを組み，1.で書き出した子どもの実態（興味・関心）にもとづき，子どもの経験が豊かになっていくための明日の保育のねらい（願い）を考え，話し合ってみましょう。
4. 3.で話し合った「経験」をしていくために，子どもたちの遊びがどのように展開されていったらいいか，現時点で子どもがやっている遊びを中心に，その先の展開を考え，必要な環境や援助について考えてみましょう。

第 11 章

家庭・地域と連携した保育

　子どもたちが回転寿司屋さんを再現して遊んでいます。実際には，回転しない寿司屋さんですが，できるだけ本物に近づけようとしている様子が見られます。この後，寿司屋さんが開店したら，他学年の在園児や保護者を呼ぶことがあるのかもしれません。幼児教育・保育では遊びを大事にしていますが，家庭や地域と連携することの重要性が求められる理由は，どんなところにあるのでしょうか。この写真の遊びから考えてみてください。

子どもたちが回転寿司屋さんをやろうとしても，子どもたちが回転寿司屋さんに行ったことがなければ，イメージを共有して遊びを広げていくことはできません。また，個々につくっているお寿司も，より本物に近づけるように工夫していますが，それは家庭でお寿司を食べた経験があるからです。

　遊びがおもしろくなるためには，個々の子どもたちが家庭や地域でさまざまな経験をして，そのことに興味や関心をもっている必要があります。もちろん遠足や園外保育のように，みんなで一緒に経験することも大事なのですが，遊びが広がっていくためには，さまざまなアイディアを出し合い，よりその遊びをおもしろくしようとする多様な意見やイメージが飛び交うことが大切です。そのような関わりをとおして，遊びがより広がったり，深まったりしていくのです。

　また，この写真のように，だんだんできあがってきた寿司屋さんに保護者を呼ぶことで，保護者もまた子どもたちの発想の豊かさや遊びのおもしろさを受けとめてくれます。このような遊びの展開が繰り返されるなかで，子どもたちはさまざまなことを学んでいきます。

1　子育ての現状

❶ 大きく変わってきた子育て事情

　近年，子育てが困難な社会になったと言われます。その背景には，核家族化や共働き家庭の増加などによる，子育て環境の変化があります。

　近くに相談できる家族や親戚も少なく，子育てのサポートが受けづらく，近所の人とのつながりももてずに，一人で子育ての悩みを抱えている親が増えていると言われています。また，子どもと一緒にいても実際何をして遊んだらいいのかわからないという保護者もいます。一方で，仕事等の多忙化などにより，家庭で子どもと過ごす時間の確保も難しいという現状もあり，家庭の教育力の低下についても指摘されています。

　厚生労働省による調査では，子育て中の父親の7割，母親の8割が育児に不安・負担感を抱えているという結果も出ています。[1]

➡1　厚生労働省「人口減少社会に関する意識調査」2015年。

Work 1　子育ての難しさ

　子育て環境の変化により，子育てに悩み，不安を感じる保護者が増えている現状がありますが，上記（本文）であげた例以外に，保護者が抱える不安としてどのようなものがあるでしょうか。またその不安を解消するにはどうすればよいでしょうか。

❷ 保護者が抱える不安

　Work 1でどのような意見が出てきたでしょうか。多くの保護者が子育てに悩みながら日々生活を送っているわけですが，その悩みや不安は多様であり，その対応の仕方も「こういう悩みはこうすればよい」というように何かしらの正解があるわけでもなく，単純なものではありません。また，子どもの成長とともに新たな悩みも出

てきますし，その悩みも複雑なものになってきます。

　しかし，子育ての悩みを相談したくても相談できる相手がいない保護者もたくさんいるという現実もあります。そのため，保育所や幼稚園に入園する前の親子が利用する施設として子育て支援拠点（子育て支援センター等）が制度化され，地域の子育て家庭を支援する取り組みも広く行われるようになってきています。しかし，勇気を出して相談しにいったとしても，「場に馴染めない」ということで，本当の悩みを打ち明けられず，結局は拠点に通うことを諦めてしまう人もいるのです。[2]保護者が自分の思いを打ち明けられなくては，いくら場所や人を確保したとしても，子育てをサポートする，とは言えないでしょう。

　これは子育て支援拠点に限らず，保育所や幼稚園等でも同じです。子育て支援や幼児教育・保育という，子どもを共に育てるという営みにおいて，そこに関わる大人同士の信頼関係の構築というのは，子どものみならず大人にとってもきわめて重要なポイントとなるでしょう。

　先にも述べたように，保護者の悩みは多種多様でその対応も一律にはいかないものです。だからこそ，保育者と保護者，地域の連携が大切になってくるのです。そして，さまざまな保護者の声に耳を傾けることで，多種多様な悩みに柔軟に対応していくことができるようになると言えるでしょう。そこで得た知識や経験が他の人との連携にも活かされるのです。

　ここでは，保護者が抱えていた入園前の不安や悩み，そして幼稚園に入園後に感じた不安や悩みについて，実際の声を聴いてみましょう。

　次のエピソードは，子どもが幼稚園に入園した保護者が，家庭訪問のときに保育者に語ってくれた子育ての難しさです。

[2]　上田よう子「地域子育て支援拠点における利用者の心情変容プロセスを支える支援に関する研究——複線径路・等至性モデル分析による支援の検討」『保育学研究』**56**（2），2018年，pp. 111-119。

Episode 1　子育てが上手くできないのは自分の責任……（幼稚園，3歳児）

　出産後，子どもが風邪をひきやすく，さらに肺炎をこじらせてしまい入退院や病院通いを繰り返していた。体が弱かったのを，自分の責任であると感じてしまうことも多く，子育ての本を見てもうまくいかず辛い日々だった。

　このエピソードのように，実際の子育てが思い描いていた子育てのようにいかず，悩みを抱えたまま子どもの入園を迎えている保護者がほとんどです。子どもが入園したとしても，子育ての悩みが解消するわけではありません。家庭訪問のような個別にゆったりと話ができるような状況があったからこそ，保育者にも本音を話してくれましたが，出会ったばかりで関係ができていない保育者に自分の悩みを打ち明けられずにいる母親も多く存在しています。

　また，入園後においても，保護者の悩みは尽きません。子どもが園に通うことで，新たな課題も生まれてくるからです。

Episode 2 　環境の変化　幼稚園に行きたくない！（幼稚園，３歳児）

　入園したら楽になると思っていたが，オムツを取ることに関してのプレッシャーや，泣いて渋るわが子と，毎朝のバス停の時間との間で苦しかった。逆に悩みが増していき，私（母親）自身が３年間もつか心配なほど思い悩んでいた。とにかく園に行ってほしいという一心だった。

　このように，幼稚園に入ることで，子育ての負担が軽減されたり，保育者のサポートを受け，悩みが軽減されるという思いや期待感をもちながら入園を迎えるにもかかわらず，実際は新しい環境への移行期に立ち向かうことになり，新たな困難を感じる保護者もいます。園生活が始まり，集団生活のなかで，自分の子と他の子とを比較してしまったり，実際のわが子の姿と親の期待感とのギャップから，新たな負担や悩みが存在している保護者もいるのです。この理想とのギャップがあることで，子育てがうまくできないということや，保護者自身が自分を責めるといったことで子育てへの自信がもてないという方もいるのです。

Work 2 　集団生活に対しての期待と不安

　入園ということを初めて経験する保護者の気持ちや，保護者が園に期待することとはどのようなことでしょうか？
　また保護者は，自分の子どもにどのような成長を求めているのでしょうか？

❸ 家庭・地域との連携の重要性と保育者の役割

　このように，子育て環境の変化等によって子育てが難しくなったと言われる現状に対して，国としてもさまざまな子育て支援施策を展開してきています。そして，子育て支援の中核を担う機関として，幼稚園や保育所，子育て支援センター等の子育て支援拠点に大きな期待が寄せられてきています。

　「幼稚園教育要領」や「保育所保育指針」等でも「子育て支援」の重要性が記されています。たとえば，「保育所保育指針」の第4章「子育て支援」の冒頭には，次のように記されています。

> 　保育所における保護者に対する子育て支援は，全ての子どもの健やかな育ちを実現することができるよう，（…中略…）子どもの育ちを家庭と連携して支援していくとともに，保護者及び地域が有する子育てを自ら実践する力の向上に資するよう，次の事項に留意するものとする。

　この「次の事項」というのは，「1　保育所における子育て支援に関する基本的事項」，「2　保育所を利用している保護者に対する子育て支援」，「3　地域の保護者等に対する子育て支援」の3つであり，それぞれについて具体的に支援のポイントが示されています。

　このように保育者には，専門家として，家庭や地域と連携しながら，子どもだけでなく保護者への支援も行うことが求められているのです。まず，保育者としてできることは，目の前の子どもたちの姿を丁寧に見ながら日々の保育を考えていくことです。しかし子どもたちの姿だけに注目していては，子どもたちが本当に求めていることは見えてきません。子どもたちは，保護者の存在や，周りの大人，さらには生活している環境やさまざまなモノとの関係性のなかで育っていく存在です。そのため，子どもたち一人一人を取り巻くさまざまな要因をふまえながら，保育を考えていく必要があります。特に，子どもたちの一番近くで関わる保護者の存在や影響は，子どもの生活にとって非常に大きなものです。だからこそ，私たち保育者は，保護者を支えながら，共に子どもの姿を共有し，手を取り合って子どもたちと関わっていくことが大切なのです。

2 保護者との連携のために──保育の発信ツール

▶3　大豆生田啓友「家庭との連携」保育学会（編）『保育を支えるネットワーク──支援と連携（保育学講座5）』東京大学出版会，2016年，p. 36。

　第1節で見てきたように，子どもの健やかな育ちを保障するためには，保育者と保護者が共に子どもの情報を共有し支え合うことが重要なのですが，保護者にとって園の様子は見えづらく「ブラックボックス化」していると言われています。[3]そのことがより一層子育て不安を強くしたり，園への不信感を募らせたり，子どもの園での生活や園自体に対する無関心につながったりすることもあります。

　これに関連して，先に見た「保育所保育指針」の第4章「子育て支援」のなかでも，「2　保育所を利用している保護者に対する子育て支援」のポイントとして「(1)保護者との相互理解」があげられており，次のように記されています。

> ア　日常の保育に関連した様々な機会を活用し子どもの日々の様子の伝達や収集，保育所保育の意図の説明などを通じて，保護者との相互理解を図るよう努めること。

　子どもの育ちを共に支えていくためにも，保育者として子どものあらゆる姿を保護者に発信し，可視化（見える化）していくことが，今後より一層重要な役割となるのです。

　では，具体的にどのような発信があるか，見ていきましょう。ここでは，多くの園で使われているツールとして，①連絡帳，②おたより，また最近取り入れはじめられている③ドキュメンテーション，そして④保育参加について具体的に見てみましょう。

❶ 連絡帳

　連絡帳は保護者と保育者が相互的にやりとりし，子どもの姿を密に共有するプライベートなツールです。子どもの育ちを軸にしながら，保育者，保護者が共に考え，支え合うなかで，関係が深まり，構築される過程の記録なのです。

　ここでは，連絡帳が家庭との連携にどのように日々活用されてい

るか，実際の例を示しながら見ていきましょう。

　最初に示すのは，入園して間もないときの連絡帳です。自分の子どもがうまく園生活を送れているかどうかの不安を，連絡帳に書いてきています。

《3歳児の保護者より》

> いままで他のお友達と遊ぶ機会が少なかったので，接し方が上手でないように感じます。

《担任からのお返事》

> これから園生活が始まり，色々なものに触れたり，人との関わりのなかでさまざまな興味が生まれてくると思います。お子さんの変化を今後もお伝えさせていただきますね。

　このように，連絡帳を通して，保育者は，保護者が感じている不安を受け止めながら，これからの子どもの成長を一緒に見守るような返信を書いています。

　連絡帳の文章は，後々残るものなので，返事は短くてもいいのですが，文章や書き方に丁寧さが必要です。

　保育に対しての不安だけでなく，下記のように，家庭での子どもへの関わり方なども，連絡帳に書かれる場合もあります。

> この一か月ほど，子どもと私が衝突してしまうことが多く，家ではいつも怒ってしまいました。園でもこうなのかと心配になりました。

> 家で遊んでいるときに，兄弟とのケンカで自分の思い通りにならないことがあると大泣きをして涙が止まらないことがあります。こんなときに何と言ってあげたらいいのかわからないことがあります。

　このように，保護者と保育者が共に情報を共有しながら子どもの育ちを見つめ直したり，自分の関わりに変化が生まれることがあり

ます。保護者との情報共有が親密に重ねられ，保育者との関係性も深まっていくことで，より保護者の思いに気づく手がかりとなるツールです。

❷ おたより

　一般的に，おたよりには，園が発行する「園だより」とクラス担任保育者が作成する「クラスだより」などがあります（図11-1参照）。

　子どもの姿や保育の内容を伝える手段です。発行する時期は園によってさまざまであり，月に一度発行する園もあれば，クラスの様子や担任のタイミングで発行される場合もあります。

　内容に関しても，全園児向けに発行する主に行事や連絡事項を主とした園だよりや，クラスごとに子どもたちの様子や行事を中心に書かれるものがあります。園で行われている活動や子どもたちの姿を知る機会となります。

❸ ドキュメンテーション

　ドキュメンテーションとは，「子どもの遊びや姿の記録に，写真を効果的に活用することで子どもたちや保護者，そして地域の人々にも保育を広く開き，豊かな保育実践を創り上げていくツール」[4]のことです。

　保育を発信するツールはいくつかあるものの，保育を可視化し，よりリアルタイムに子どもたちの姿を伝える点においては，ドキュメンテーションが有効的な方法の一つです。

　以下にドキュメンテーションを通して，親子関係が深まったエピソードを紹介します。

➡4　請川滋大ほか（編著）『保育におけるドキュメンテーションの活用』ななみ書房，2016年。

Episode 3　　園の文化が家のなかにも……――母親の気づき（幼稚園，3歳児）

　数日前，帰宅したらすぐカーテンを全部閉めて，懐中電灯つけて「ちょっと違うなぁ」と言いながらもニコニコ遊んでいました。

　また，最近，影に注目するようになりました。光の関係で自分より弟のほうが大きかったりすると「なんで？　どうして？」と質問攻めになります。幼稚園のことは何も話してくれませんが，毎日遊びを通して学んでくるんだなぁと思いました。

図11-1 クラスだよりの例

➡資料提供：港北幼稚園（神奈川県，横浜市）。

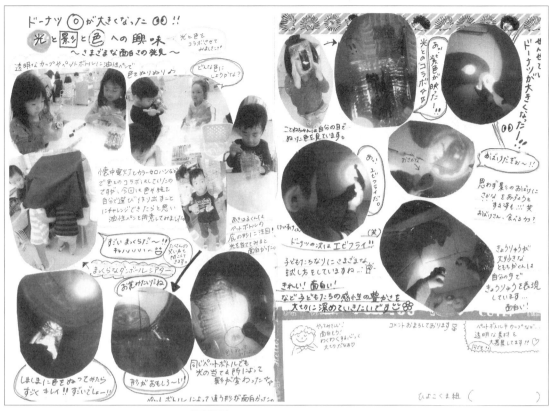

図11-2　ドキュメンテーションの例

資料提供：港北幼稚園（神奈川県，横浜市）。

　このときのドキュメンテーションでは，子どもたちのなかで興味をもっていた光遊びについての記事でした（図11-2）。子どもたちが，懐中電灯にカラーセロハンを透かせて，投影される光の色を楽しんでいたところから，自分たちの影にも興味をもちはじめたという内容です。

　この記事を見た保護者は，わが子が自らカーテンを使って暗い空間をつくりはじめたり，実際に懐中電灯を貸してほしいと言ってくることなど園での遊び，園の文化が家のなかにも現れていることに驚きます。いままで，家でまったくやっていなかったことを家で遊びはじめるわが子の実際の姿を見ることと，園から発行されるドキュメンテーションの記事の内容とリンクすることで，わが子の変化や，新たな姿，成長を感じることができたのです。

❹ 保育参加

　以前は，子どもの様子を保育室の隅から見ているだけという保育参観を行っている園も多かったのですが，最近では，保護者も保育に関わる保育参加を行う園が増えてきました。保護者が子どもの世界を共有することによって子どもを知り，子育てする楽しさや，子育ての意義など，自ら見出すことが保育参加の目的であるとしています。さらに，保育者と保護者がそれぞれの立場から互いの姿を見ることで，学び合いや共感の気持ちが生まれ，「共に育てる」という認識が芽生えるきっかけとなります。

　また，保育参加や園外保育などで，わが子に対して実際に関わる担任の姿を見ることや，客観的にわが子を見たことがきっかけで，わが子の成長や，悩みを打ち明けられるということもあるでしょう。

　実際の子どもたちや保育者の姿，保育環境にふれたうえでの感想や気づきを伝えていただくことでより意味のあるものになります。その方法としては，当日または別の日に，担任と保護者が直接会話をするものや，簡単に記載できる用紙を配布し，翌日に提出してもらうなどの方法がとられます。さらには，懇談会などで保護者の方々にグループになってもらい，そのなかで振り返りながらシェアできる機会をつくっている園もあります。

　保育参加の意義として，保護者の方々にとって気づきや学びの場になるだけでなく，担任側が自分とは違う関わり方をしている保護者の方々の姿を見ることで，子ども理解や自分の子どもへの関わりを改めて見つめ直すことができる機会でもあるのです。そのため，保育参加とは，保護者と保育者の双方に学びが生まれる重要な機会となります。

　以上のように保護者と子どもたちの学びや成長を共有するツールはあるもの，保護者の誰もが，連絡帳を利用し，自分の思いを文字に起こせるわけではありません。人によって，自分の気持ちを開示できる方法はそれぞれ異なっているのです。そのため，保育者は保護者一人一人に合わせてアプローチを考えていくことが必要であり，それが保護者と共に子どもの姿を支える関係性の構築にもつながっていくのです。

Work 3 🖊 保護者との信頼関係を築くには

あなたは自分の悩みを人に伝える際，どのような人にどのような方法をとると一番素直に表現できますか？　「伝えられない」と答えた人は，なぜ伝えられないのかも考えてみましょう。

3 地域との連携

❶ 地域の資源を活用する

保育では，園内での遊びや活動だけでなく，さまざまな地域の資源を利用して，子どもの生活を豊かにしていくことも求められています。小学生と交流することで，少し年上であるお兄さん，お姉さんの姿に憧れを抱いたり，日常の散歩のコースを少し工夫することで，四季折々の自然と出会ったりすることも可能になります。

子どもたちが興味や関心をもったことを，少し丁寧に付き合おうとすると，保護者にも協力を求めたり，地域の人の助けを求めることで，さらに深く学べることができます。

Episode 4 ⛑ 野菜の育て方がわからない

年長児になると，自分たちで育てたい野菜を話し合って決めて，そのグループごとに野菜を栽培します。きゅうりを育てることにしたグループが，苗をプランターに植えて世話をしはじめたのですが，しばらくすると葉は白くなり，苗が一向に大きくなりませんでした。

担任は新たな苗を買うということも視野に入れていたのですが，きゅうりを育てることを決めた二人の女の子はどうしても，いまある苗を育てたいとあきらめません。土を変えてみたり，根が育っていないので，根を切り取って茎から植え直し，新たな根が出てくることを祈るなど，二人は，園の図鑑を調べたり，栽培に詳しい保育者に育て方を聞いたりして，どうしたらこのきゅうりの苗が伸びるのか，病気を治せるのかに一生懸命でした。

この時期に，たまたま小学校との交流授業があり，図書室で司書の先生から図書室の説明を受ける機会がありました。一通りの説明が終わり，司書の先生から，「何か質問がありますか」という問いかけに，すかさず手をあげたのが，病気になったきゅうりの苗を育てたい二人でした。

「きゅうりの病気が載っている本はありますか？」という質問に，司書の先生が，野菜の病気のこと

が書いてある図鑑を渡すと，二人は「小学校ってすごい」と感激します。図鑑を一生懸命見て，病気のことをわかろうとする二人がそこにはいたのです。

とはいえ，病気のことが書いている図鑑はみつかっても，きゅうりの病気が治るわけではありません。担任は悩んだ末に，農業を営んでいる昨年卒業した園児のお父さんに連絡をして，きゅうりの育っているところを見せてもらうことにしました。農家に行くと，早速，きゅうり畑に連れて行ってくれて，青々と育ったきゅうりを見せてくれました。それだけでも子どもたちは大興奮だったのですが，さらにきゅうりをもがせて食べさせてくれたのです。

結局，自分たちで植えたきゅうりは育てられなかったのですが，病気になったきゅうりの苗を育てることに夢中になった二人にとっては，学びが多い，そして印象に残るきゅうりの栽培となりました。

子どもたちが遊びや生活のなかで，主体的に学んでいくためには，その事象に対する興味や関心を深めていく必要があります。地域とのつながりを深めていくことで，思いがけないかたちで，学びが深まるきっかけを見つけることができます。地域との連携は，しなければならないのではなく，地域を保育にどう生かすかという発想が求められています。

❷ 子どもの育ちを支える地域とのネットワークをつくる

最近，保育所や幼稚園などの施設に対して，「子どもの声がうるさい」とか，「園児が散歩で公園にくると，地域の子どもが遊べない」などといった声を聞くことが多くなってきました。地域の方とトラブルになる前に，保育のなかでどのように地域との連携を深め，子どもや保育の理解を深めてもらうかは，園で子どもを育てていくために，避けては通れない課題になってきています。

Work 4 🖉 　地域の方に子どもへの理解を深めてもらうには

地域の方に子どものことを理解し，育ちを支えてもらうには，どのような方法が考えられるでしょうか。みんなで話し合ってみましょう。

地域の方に子どもへの理解を深めてもらうためには，まず保護者同士がつながっていくことが重要です。不審者情報がある場合のことを思い浮かべてもらうとわかりやすいのですが，保護者，それも小学生などの保護者も含め，みんなで子どもを見守るような意識が

きちんとつながっていればいるほど，子どもの安全は確保されるとも言えます。

　保育を通して，子どもだけでなく，保護者同士もつながっていくような機会をもつことで，新たな地域ができていくといってもいいかもしれません。自分の子どもだけよければいいというのではなく，地域の子どもに何かあれば，声をかけたり，保護してくれるような保護者を送り出していくことも，保育所や幼稚園には求められているのです。

　また，保育所などでは，散歩を通して，地域とのつながりを深めていく実践も生まれています。散歩コースで子どもたちが何に興味をもっているのか，保護者や近所の方も含めワークショップを行い，子どもが興味を示した道路沿いの家の置物や，ガーデニングの花などに対して感謝状を贈り，子どもの散歩に対して理解を求めるような取り組みにも注目が集まっています。

　子どもは家庭や園のなかだけで育つわけではありません。地域のなかに，どのように子どもの居場所をつくっていくか，その連携はますます重要になってきているのです。

Book Guide

・大豆生田啓友（監修）『つたえる＆つたわる園だより・クラスだより』赤ちゃんとママ社，2005年。
どうすれば「園での子どもたちの様子」や「園の保育のよさ」などが保護者に伝わるのか，園だよりやクラスだよりの実例を示しながら丁寧に解説しています。
・三輪律江・尾木まり（編著）『まち保育のススメ』萌文社，2017年。
まちで子どもが育つことをテーマに，子ども，保育者，保護者だけでなく，地域の人も巻き込んだ保育を実現させていった取り組みが書かれています。保育施設があるからこそ，まちが豊かになるのだと気づかせてくれる一冊です。

Exercise

1. 保護者との連携では，ドキュメンテーションが大きな役割を果たします。写真を使って周囲の
   人に自己紹介してみましょう。どんな写真が伝わりやすいかも考えてみてください。
2. これからの保育や教育の場面では，地域との関わりのなかで学ぶ機会が増えてきます。子ども
   たちが地域に出向いて学ぶことに，どんなことがありそうかを，みんなで考えてみましょう。

第 12 章

小学校との接続のデザイン

この写真は，年長児が小学校との交流のときに学校の図書室に案内されて，それぞれに好きな本を選んで見ている場面です。小学校の図書室には，園と比較して非常にたくさんの本があることに，多くの子どもが驚いています。年長の子どもたちは，小学校をどのように感じているのでしょうか。みんなで話し合ってみてください。

写真の子どもたちは，卒園前の小学校見学をとても楽しみにしていました。小学校で案内されたなかで，特に興味を示したのが図書室でした。図書室の大きさ，司書という本のことをよく知っている先生がいること，そして何よりも，置いてある本の多さに驚いていました。少し大きな椅子やテーブルに座って，自分の選んできた本を見ている様子を見ていると，すでに小学生になった気分を味わっているのかもしれません。

　人は誰でも新しい世界に出合うときに，不安を感じたりしますが，その一方で，期待感やわくわくするような感覚も味わいます。年長児から小学生になることを，不安に思うのではなく楽しみになるような受け入れ方をするために，すでに小学校も取り組み始めています。

　本章では，幼児期から小学校への接続について学びます。幼児期に遊びのなかで培ってきた力を，小学校が丁寧に受けとめ，さらにその力を伸ばしていくような取り組みが，スタートカリキュラムとして，小学校の学習指導要領に位置づけられました。そのことも含め，幼児期の教育と小学校教育との橋渡しをどのようにすればよいかを，本章に紹介する実際の事例から学んでください。

「小学校」とはどのようなところか

❶「小学校」に対するイメージ

　保育者としてみなさんが育てる子どもたちは，何年後かには小学校に入学します。みなさんは小学校のことをどれくらい知っていますか。

Work 1 「小学校」という言葉から思いつくこと

　あなたが小学校に対してもっているイメージを言葉で書き出してみましょう。それをグループで共有してジャンル分けします。各ジャンルに名前をつけ，なぜそう考えたのかを話し合いましょう。

　現場では，幼児教育と小学校教育の交流が進み，互いの保育・教育に触れる機会が増えました。Work 1 で出てきたイメージは，みなさんが受けてこられた小学校教育からイメージされたことが多かったと思われますが，それらはすでに10年ほど前のことになります。この約10年で変わっていないこともたくさんありますが，変わったこともたくさんあります。これは，幼稚園や保育所についても同じですが，10年ひと昔と言われるように，当時当たり前だと思われていたことが，現在そうではないこともあるのです。そのため，現在の小学校の教育を正しく理解しておくことは，保育に携わるうえで大切なことであると思います。

❷ 小学校入学に対する子ども・保護者の思い

　慣れ親しんだ園を巣立ち，いよいよ小学校入学のとき，子どもや保護者はどのような思いなのでしょうか。

Work 2 ✏ 一枚の写真から子どもと保護者の思いに迫る

写真は入学式の翌日の登校風景です。校門までわが子を送ってきた保護者，昇降口の所で最後まで手を振る子ども。

子ども・保護者それぞれの言葉を吹出しに書いてみましょう。心のなかの言葉も想像してみるとよいですね。

写真12-1 登校の風景 □1

□1　本章で掲載している写真はすべて筆者が撮影したものです。

□2　文部科学省・国立教育政策研究所教育課程研究センター「スタートカリキュラム　スタートブック」2015年。

入学という大きな環境の変化では，子ども・保護者，共に小学校生活に対して期待も大きい反面，不安もないとは言えないでしょう。保育者にとっても，これまでの育ちと学びがしっかりと受け継がれていくのかと疑問に思うこともあるかもしれません。小学校では，子ども・保護者・保育者の願いを受け止め，幼児教育・保育での育ちと学びを円滑に接続し，最年長児として園で活躍していた子どもたちが，その力を引き続き存分に発揮することを願っています。そのために，スタートカリキュラムを作成しています。

2 スタートカリキュラムとは

□3　合科的な指導とは，「各教科のねらいをより効果的に実現するための指導方法の一つで，単元又は1コマの時間の中で，複数の教科の目標や内容を組み合わせて，学習活動を展開するもの」です。

関連的な指導とは，「教科等別に指導するに当たって，各教科等の指導内容の関連を検討し，指導の時期や指導の方法などについて相互の関連を考慮して指導

スタートカリキュラムとは，「小学校へ入学した子どもが，幼稚園・保育所・認定こども園などの遊びや生活を通した学びと育ちを基礎として，主体的に自己を発揮し，新しい学校生活を創り出していくためのカリキュラム □2」のことです。スタートカリキュラム作成に当たっては，各小学校が子どもの実態や学校の特色を考慮し，以下のことなどについて考えます。

・生活科を中心とした合科的・関連的な指導 □3

・弾力的な時間割の設定をする等の指導の工夫や指導計画作成

みなさんも，育てた子どもたちが入学後どのような生活をするのか知っておくことは大切なことです。

次に，小学校の1年生の学校生活を具体的に見ていきましょう。

するもの」です。

参考：文部科学省「小学校学習指導要領解説生活編」2017年，pp. 58-59。

❶ 安心して自己発揮できる学習環境

　新たな環境で 1 年生が主体的に自己を発揮できるようにするためには，まず，安心して生活できる環境を整えることが大切です。

Work 3 ✎　新たな環境であなたは？

　みなさんが保育者として初めて保育の現場に出たとしましょう。新たな環境で，戸惑うことは何ですか。書き出した事柄をグループで種類別に整理し，どのような準備がされていればそれを解決できるか話し合ってみましょう。

　新たな環境では，友達がいない，どこに何があるかわからない，どういうリズムで生活するのかわからない，人に尋ねたいが……等，大人でも戸惑うことがあるはずです。6 歳の子どもであればなおさらでしょう。

　そこで小学校では，新しい友達や 6 年生との交流，担任との信頼関係など人的な環境を整えるとともに，やり方や手順が目で見てわかる表示，毎日が同じ生活パターンなど，幼児教育・保育を意識した学習環境を整えることによって，子どもが入学当初から自己発揮できるようにしようと取り組んでいます（写真12- 2 ～写真12-10）。

❷ 生活科を中心とした合科的・関連的な指導

　安心できる環境であることを感じ取ると，子どもたちは徐々に力を発揮していきます。それでは，まず，小学校での学び方について考えていきましょう。

　スタートカリキュラムでは，「学びの芽生え」を「自覚的な学び」に移行していきます。幼児期と児童期では学ぶ内容や進め方が異なり，幼児期は遊びを中心に総合的に学んでいきますが，児童期は各教科等の学習内容を系統的に学んでいきます。スタートカリキュラムでは，その違いに子どもたちが戸惑わず，自信をもって学習できるように，幼児期の育ち，生活や学び方を考慮しながら進めていきます。それでは，幼児期の育ち，生活や学び方を考慮した学習とは

写真12- 2　みんなで遊ぼう

写真12- 3　グループ机

写真12- 4　先生とハイタッチ

写真12- 5　名札置き場

写真12- 6　朝の時間

写真12- 7　6年生との交流

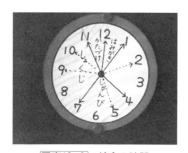
写真12- 8　給食の時間

写真12- 9　フリースペース

写真12-10　刺激の少ない前面

どのような学習なのでしょうか。

　生活科を中心とした合科的・関連的な指導についてあなたの経験したことを思い出しながら考えてみましょう。

Work 4　　合科的・関連的な指導

　上級生が学習中です。生活科の学習で，1年生は教室のなかに入りたいという思いをもっているのですが，困ってなかを覗いています。

　さて，1年生は何とつぶやいているのでしょうか。吹出しに書いてみましょう。

写真12-11　生活科の学習

　入学直後，生活科の授業で学校探検を行っています。初めての場所を探検する子どもたちにとっては，学習といえども秘密探しのような少しスリリングな遊びでしょう。この子どもたちは，兄のいる教室を見つけたものの，黙って入ることには躊躇しています。この場面を捉え，教師は国語の「なんていおうかな」という単元の学習との合科的な指導を行います。その際，幼児教育・保育での経験を出し合ったり上級生の姿を参考にしたりして，子どもたち自身が主体的に自己発揮しながら考えられるようにします。

　生活科は本来，幼児期と児童期を円滑に接続するための総合的な教科です。子どもたちには，教科の壁はありませんので，他教科等と合科的・関連的に指導することによって，幼児教育の遊びを中心とした学びにもっとも近づけることができます。「ガイコツがある部屋があるらしい」「屋上に出てみたい」「給食は誰がつくっているの」というように，子どもたちが日常生活のなかで興味・関心をもったことを自分なりに追究していくことによって，めあてをもって自覚的に学ぶことができるようにしていきます。[5]

❸ 主体的に学ぶ

➡4　この単元のねらいは，相手や場面に応じて適切な言葉遣いで話すことができるようにすることです。

➡5　横浜市こども青少年局「横浜版接続期カリキュラム　育ちと学びをつなぐ」2018年。

Work 5 🖉　あなたが育てた花は？

　みなさんは，小学校1年生のとき，生活科でどのような花を育てましたか。友達はどのような花を育てていたでしょう。グループで話し合ってみましょう。

　生活科の施行前，低学年には理科と社会がありました。理科でアサガオが教材として扱われることが多かった名残で，これまで生活科でも迷わずアサガオを育てる学校が多かったようです。しかし，子どものなかには，「オジギソウをおじぎさせてみたい」「背より大きいひまわりを育てたい」という思いや願いもあったでしょう。

　生活科では，子どもの思いや願いから学習が始まります。学校によっては，現在も全員が揃ってアサガオを育てている実践例もまだありますが，教科書にも何種類かの種が紹介されており，育てたい花を子どもが選ぶ学習の流れになってきています。子ども自身が種

写真12-12 育てたい花

を選び決めることによって，学びが自分事になります。自分の花への興味・関心が深まり，継続的に世話をしたり，注意深く変化を観察したり，起こった問題を自力で解決したりして主体性が育まれていきます。

Episode 1　学校探検

学校探検では「屋上に出るにはどうしたらよいか」という問題が毎年子どもたちから出されます。この子どもは，実際に屋上のドアのところまで行って，鍵穴の絵を描いて，それに合う鍵を学校中探しまわっています。職員室に鍵があることを突き止めますが，これと思った鍵が合いません。何度かチャレンジして，ようやく合う鍵を見つけることができました。

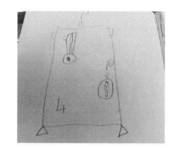

写真12-13　鍵穴

いかがでしょう？　小学校でもこのようなことが行われていると思っていましたか？　「屋上の鍵を自分たちで探すなんて先生に怒られるのでは？」と思った人もいるのではないでしょうか？

しかも「屋上に行きたい」という子どもたちの目的を達成することだけを考えると，教師が付き添って鍵を開けて一緒に行けばそれでよいと考えるかもしれません。小学校は「すぐに答えを求める」「すぐに正解を教える」という考え方も変わってきたのではないでしょうか。

このエピソードは，大人の目から見れば合理的な方法ではありませんが，自分の考えで納得がいくまで追究することは主体性を育むうえで大切なことです。

❹ 弾力的な時間割の設定

　座学への憧れはあるものの，45分間座ったまま学習することは，入学したばかりの子どもたちには難しいものがあります。そこでスタートカリキュラムでは，動的な体を使った活動を織り交ぜながら学習を進めていきます。たとえば，算数で10という数がいくつといくつで構成されているかを学ぶときには，5本ずつ持った積み木を使い，2人でじゃんけんゲームを行います。勝ったら1本相手からもらい負けたら1本相手に渡します。このようにして何回かジャンケンを行った後，何本ずつ持っているかで「10は2と8」というように学びます。

　また，45分間を15分と30分，15分を3回というように分けたり，45分間をさらに延長したりというように，子どもの実態や活動内容によって柔軟な時間計画をします。

　たとえば横浜市では，図12-1のような3つの時間帯を設定して行っています。またスタートカリキュラムは「小学校学習指導要領」では入学当初のカリキュラムとされていますが，横浜市では，入学当初から夏休み前頃までとしています。これは，環境の変化の大きい時期を長い目で捉えて，子どもの育ちと学びを支えていくという趣旨であり，「なかよしタイム」を7月までやり続けるということではありません。3つの時間帯をどのような割合で設定するかは，各学校で児童の実態に沿って考えられています。

　ちなみに「なかよしタイム」というのは，「一人一人が安心感をもち，担任や友達に慣れ，新しい人間関係を築いていく時間」で，「自分の居場所を学級のなかに見いだし，徐々に集団の一員としての所属意識をもち，学校生活の基盤である学級で，安心して自己発揮できるように工夫」しながら行われています。また，「わくわくタイム」は，「幼児期に身に付けた力を発揮し，主体的な学びをつくっていく時間」で，「生活科を中心として，さまざまな教科等と合科・関連を図り，教科学習に円滑に移行していくための時間として位置づけています。幼児期における遊びを通した総合的な学びを生かし，子どもの思いや願いに沿った学習や，具体的な活動や体験をきっかけにして各教科等につなげる学習を大切にすることで，主体的に学ぶ意欲を高め」ていきます。

▶6　以下，横浜市のスタートカリキュラムにかかる説明は，以下の文書によるものです。横浜市こども青少年局「スタートカリキュラム実践ガイド」2019年。

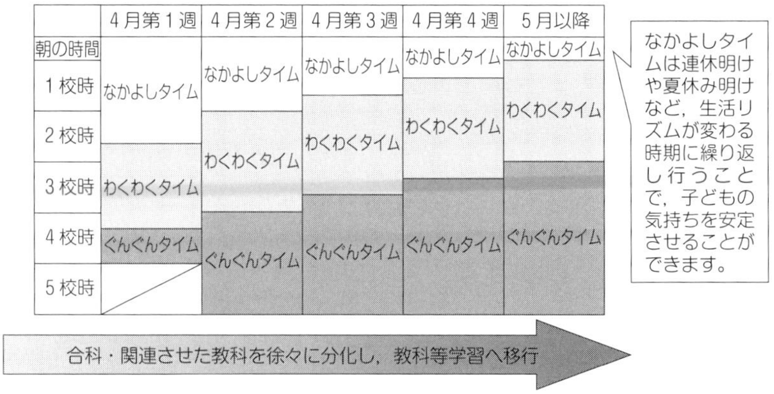

	4月第1週	4月第2週	4月第3週	4月第4週	5月以降
朝の時間	なかよしタイム	なかよしタイム	なかよしタイム	なかよしタイム	なかよしタイム
1校時	なかよしタイム				わくわくタイム
2校時		わくわくタイム	わくわくタイム	わくわくタイム	
3校時	わくわくタイム				
4校時	ぐんぐんタイム	ぐんぐんタイム	ぐんぐんタイム	ぐんぐんタイム	ぐんぐんタイム
5校時					

なかよしタイムは連休明けや夏休み明けなど，生活リズムが変わる時期に繰り返し行うことで，子どもの気持ちを安定させることができます。

合科・関連させた教科を徐々に分化し，教科等学習へ移行

図12-1　3つの時間帯のイメージ
▶出所：横浜市こども青少年局「スタートカリキュラム実践ガイド」2019年，p.3。

そして「ぐんぐんタイム」は，「わくわくタイムやなかよしタイム，日常の生活のなかで子どもが示した興味や関心をきっかけに，教科等の学習へ徐々に移行し，教科等特有の学び方や見方・考え方を身につけていく時間」です。

　多くの地区では，4月の1週目，2週目となかよしタイムの時間を徐々に減らしていき，連休前には通常の時間割で実施しています。一方で，わくわくタイム，ぐんぐんタイムは4月・5月と続き，合科的・関連的な指導を積極的に取り入れることで，教科等の学習に円滑に接続させています。

　このように，毎日同じ活動パターンで繰り返すことで子どもも見通しがもてるようになり，安心して学習することにつながるのです。

3　小学校が大きく変わってきた背景を考えよう

❶ 接続と連携は何が違うのか

　これまで紹介した小学校の姿を読んでみると，小学校が大きく変わってきていることがわかると思います。さらに2017年の「小学校学習指導要領」の改訂をふまえて，小学校の授業が大きく変わろうとしています。特に，生活科を中心としたスタートカリキュラムについては，「小学校学習指導要領」の「総則」にも明記され，どの

学校でも幼児教育と小学校教育との円滑な接続を行うことが求められています。スタートカリキュラムを作成し，子どもの姿から授業を組み立てていくことで，入学してすぐに「45分間ずっと前を向いて椅子に座っていなければならない」「先生の言われたことに従わなければならない」「学校のルールは早く覚えて従わなければならない」といった教師中心の学校文化が大きく見直されようとしているのです。

　もちろん，これまでも幼保小が連携し，お互いに幼児教育施設と小学校との交流を密にすることで，４月に入学した子どもたちが，小学校生活をスムーズに送れるような機会は大事にされてきました。ただ，今回の改訂で求められたのは，幼稚園や保育所，認定こども園といった具体的な施設と，小学校とで子どもや保育者，教師が機会をつくって交流する「連携」ではなく，幼児期の教育をどのように円滑に小学校教育につなげていくかという教育そのものを「どう接続していくか」なのです。

❷ 小学校はどのように変わるのか

　小学校が大きく変わろうとしているのは，単にスタートカリキュラムだけのことではありません。小学校教育の在り方そのものが大きく変わろうとしています。そのなかで特に重要なのは，アクティブ・ラーニングという指導方法です。実際の学習指導要領（幼稚園教育要領も含めて）では，「主体的・対話的で深い学び」と書かれています。

　これまでの授業は，教科書を中心に，教科書の内容を子どもにきちんと教え，子どもがどれだけ正解が出せるようになったかが良い授業とされてきました。子どもは当然，自分で深く考えるというより，うまいやり方を身につけ，間違えないように，正しい答えが出せるようになる力を身につけることを求められてきました。このような教育はいまも一般的ではあるのですが，これからの時代に生きる子どもたちが，自分の力で生きていく力を養っていくためには，本当にこれまでの教育の在り方でいいのだろうかと疑問を投げかけたのが，今回の学習指導要領です。

　実際にはどのような学び方になるのでしょうか，そのことを以下の小学校の実践を通してみなさんで考えてみてください。▶7

▶7　上智大学の奈須正裕氏の講演会資料から引用。小学校で行った授業では，実際にトマトを八百屋さんから買ってきたそうです。なお，説明しやすいように金額等一部については筆者が修正しています。

どのトマトが一番安い？

　1個50円のトマト，2個90円のトマト，3個120円のトマト，4個120円のトマトがあります。どのトマトが一番安いでしょうか？

①みなさんは，どのトマトが安いとなりましたか？　それは正しい答えと言えますか？

　実際の授業では，子どもたちが実際に八百屋さんで何種類かのトマトを買ってきました。そこで子どもたちに，もう一度，どのトマトが安いかをみんなで考えるように問いかけます。

②では，今度は子どもたちからはどのような意見がでたと思いますか？　正しいとされていた答えは，本当に正しいという結論になったと思いますか。みなさんで話し合ってみてください。

　実際のトマトを見た瞬間，子どもたちからは「大きさが違う」という声が出たそうです。グラム当たりの単価を出さなければ，どのトマトが本当に安いかはわからないということになったのです。さらに，子どもたちが話し合うなかで，「味はどうか」「新鮮さはどうか」「うちは3人家族だから3つのトマトのほうがいい」など，さまざまな意見が出てきます。単に割り算の答えを出すだけなら，「4個120円のトマトが一番安い」という解答が正解なのでしょうが，実際の生活では，割り算も使いながら，どのように子どもが主体的に考えたり，判断する力をもったりするか，そしてよりよい生活を営んでいけるかが，これからの教育には求められている資質・能力なのです（図12-2）。

❸ 小学校教育の変化をふまえたうえで，幼児期の教育と小学校教育との「接続」を考える

　小学校教育が一人一人の子どもの声を大事に，自分の意見を出し合い，クラスのみんなと考え合うような授業が行われるとするならば，問われてくるのは，幼児期にどんな力を育てたらよいかです。小学校で教わる内容を先取りして，過度に文字や数の練習をし，保育者の言うことを素直に聞き，保育者の指示を待ち，教えられたことをいつも素直に受け入れ，みんなと一緒の行動ができるようになることが，幼児期に育てるべき目的や目標とは言えなくなってきた

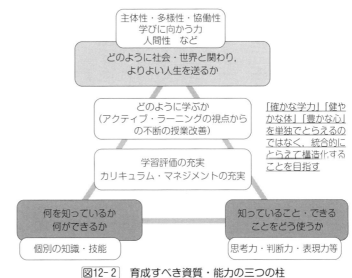

図12-2　育成すべき資質・能力の三つの柱

出所：文部科学省「教育課程企画特別部会　論点整理　補足資料（1）」2015年。

のです。

　そこで，幼児期にどのようなことを育てようとするのかを明らかにするために，今回の「幼稚園教育要領」「幼保連携型認定こども園教育・保育要領」「保育所保育指針」の改訂（定）では，「幼児期の終わりまでに育ってほしい姿（10の姿）」が示されました。この10の姿は，個々の子どもに身につけさせていくべき到達目標ではなく，あくまでも遊びを通した幼児期にふさわしい生活を積み重ねていくなかで，子ども自らが示す育ちの方向性を示したものと言えます。別の説明の仕方をすると，10の姿をチェックリスト的に使い，どの力が足りないかを見定め，個別にそれらの力を育てようと訓練するというようなやり方は，幼児期の教育ではふさわしくないということです。幼稚園，保育所，認定こども園などの施設の種別にかかわらず，乳幼児期は，子どもが夢中になって遊ぶことがとても重視されます。そのように子どもが遊んでいるなかで，どんな力が育っているかを，小学校の先生等にもわかりやすく説明できるように，10の姿が示されたのです。

　実際，横浜市の幼保小連携事業では，小学校の先生も交えて，子どもの遊んでいる様子を写した写真から，10の姿を読み取るような研修が行われています。図12-3は，保育所の2歳児が初めて咲いた朝顔の花を見つけて大騒ぎになっている姿を，小学校の先生が写真に撮って，子どもたちの姿からどんなことが読み取れたかを書き込んでもらったものです。小学校の先生方にも，乳幼児期の子ども

8　「幼児期の終わりまでに育ってほしい姿」として，以下の10の姿が示されています。①健康な心と体，②自立心，③協同性，④道徳性・規範意識の芽生え，⑤社会生活との関わり，⑥思考力の芽生え，⑦自然との関わり・生命尊重，⑧数量や図形，標識や文字などへの関心・感覚，⑨言葉による伝え合い，⑩豊かな感性と表現。
　「資質・能力」や「10の姿」については，本書第2章も参照。

の育ちを実感してもらえた研修となりました。

　このように，子どもの10の姿を共有するなかで，幼児期の教育と小学校教育との接続がよりスムーズに行われるようになっていくことが求められているのです。

4 「遊び」と「学び」の関係，そして「勉強」と「学び」の違いを考える

　今回の改訂（定）で，小学校との接続を考えるうえで，とても重要なキーワードとなるのが「学び」という言葉です。今回の改訂（定）では，前述したように，幼児期から大学教育に至るまで，「アクティブ・ラーニング」つまりは「主体的・対話的で深い学び」が求められています。これまでの教育では一般的だった「学習」とか「勉強」という言葉ではなく，「学び」という言葉が使われています。「学習」や「勉強」と，「学び」とは，何が違うのでしょうか。

Work 7 ✏ 「学び」とは？

　「学習」や「勉強」と「学び」とは何が違うと思いますか？　あなたがこれまで経験した教育のなかで感じた違いについて，話し合ってみましょう。あなたのなかで「学び」となったことはどんなことでしょうか？

　小学校以上の教育は，学習指導要領にもとづいて学校教育が行われますが，幼稚園は学習指導要領とは呼ばず，幼稚園教育要領とい

う言い方をしています。このような呼び方の違いにも，幼児期の教育は小学校以上の「学習」とは違うという基本的な違いを示しているとも言えます。幼児期の教育が，小学校以上の「学習」と決定的に違うのは，「何を学ぶか」について，小学校以上の教育では，学習指導要領に示された内容を教えなければならず，学習指導要領に則った教科書が作成されています。それに対して，幼児教育では，子どもの興味・関心や園の地域性などを重視して，「遊び」や「生活」を通した教育が基本となっている点です。

　ここでこのことについて，少しだけ触れていきます。幼児教育にも，もちろん5領域があり，「ねらい」や「内容」については明記されています。ただ，たとえば「自然に触れる」というねらいを達成するために，決められたやり方が示されているわけではありません。一口に「自然」といっても，寒い地域もあれば暑い地域もあります。都市部と過疎地域とでも，周囲の自然環境は大きく違います。園によっても，園庭や地域の公園があるかどうかなどで，子どもたちが触れる「自然」は大きく違ってくるからです。さらに言えば，同じ園の子どもであっても，子どもの興味・関心を重視すれば，今年は泥団子に夢中になった子どもたちであっても，次の年の子どもたちは虫探しや虫の飼育に夢中になることもあり得ます。「幼稚園教育要領」等で，どんなことが育ってほしいかという大枠は決められていても，それをどう実現していくかは，各園や各保育者に任されているというのが，基本的な幼児教育の考え方なのです。

　小学校以上の一般的な学習の仕方と，幼児教育の基本的な考えの違いを理解したうえで，改めて「学び」を考えてみましょう。

　これまでの「学習」や「勉強」では，いつも正解があり，「正解」を出せるようになることが目標になっていました。教える側がその内容や方法も決め，教えられる側はその指示に従って理解を深めるということが一般的でした。何を「学ぶか」については，学ぶ側の思いや意図が入る余地はほとんどなかったのです。「学び」には，学ぶ側の主体性が問われます。自分が疑問に思ったことを「調べたい」「知りたい」と行動することや，自分のやりたいことをとことん突き詰めてやってみたいというような行為こそが「学び」なのです。そこには，本人が納得したいという思いが伴っています。「納得する」まで挑戦するような経験がある人は，この「学習」や「勉強」と「学び」の違いをわかってもらえるのではないでしょうか。

5 これからの時代を生き抜く子どもを育てるために，幼児教育に求められていること

　これまで，幼児教育と小学校教育の違いを，「学び」というキーワードを使って説明してきましたが，これからは小学校以上の教育でも「学び」が重視される授業が展開されていきます。そう考えると，当然，小学校の授業も幼児期の教育で行っているようなかたちに変わらざるを得なくなってきます。幼児期の教育で，「学ぶ」おもしろさを知った子どもたちが，小学校の教育を変えていく原動力となっていくといってもいいでしょう。

　具体的な事例を通して考えてみましょう。以下の事例は，年長 3 学期の事例です。どこに「学び」があるか，事例を通して考えてみてください。

Episode 2　水はどうしたらきれいになる？

　「トイレの水はどこにいくの？」というある男の子の疑問が，クラスの子どもたちにも広がって，汚れた水をきれいな水にしようという実験が始まりました。さすがにトイレの水を実験に使うわけにはいかないので，園庭で泥水をつくり，どうしたらその水がきれいになるかを，子どもたちが試行錯誤しだしたのです。

　「ざるを使えばいい」「布を使えばきれいになる」という声があり，実際にやってみるのですが，砂はとれても，水はきれいになりません。家の人に聞いてきた子どもの案で，ろ紙のイメージなのか，いろいろな紙を使って試してみるのですが，やはり水はきれいになっていきません。

　そのとき，「砂利がいいらしい」という新たな情報が入ります。みんなで園庭から砂利を集めてきて，ざるに砂利を入れて，汚れた水を流してみます。しかし，何度水を流してもあまりきれいになりません。そこに「コーヒーフィルター」がいいのではないかという新たな情報が保護者から入ります。1 回目，少しだけきれいになったような感じがしました。2 回目，3 回目……。だんだん水がきれいになっていきます。子どもたちは大興奮で見守ります。66回繰り返したところで，水はほぼ透明になり，それ以上の変化がなくなりました。水がきれいになるということを発見した子どもたちは大興奮でした。

　「夢中になって遊ぶ」という力は，「もっとやりたい」「もっと知りたい」「みんなと力を合わせて考えてみたい」というように，「学ぶことがおもしろい」ということにつながっています。このような「学び方」は，幼児期だけでなく，むしろ小学校以上の教育にこそ

求められるものです。そう考えると，小学校との接続とは，1年生にスムーズにつなげるかというような単なるハウツーではなく，人がいかに学び育っていくかという大きな教育のありようを問いかけているのです。

Book Guide 📖

・文部科学省・国立教育政策研究所教育課程研究センター（編著）『発達や学びをつなぐスタートカリキュラム――スタートカリキュラム導入・実践の手引き』学事出版，2018年。
スタートカリキュラムを実際に編成実施していくために必要な考え方や具体的な手順，事例等を学ぶことができます。
・横浜市こども青少年局「横浜版接続期カリキュラム　育ちと学びをつなぐ」2018年。
全国的にもいち早く研究に着手，10年間にわたる実践をもとに作成されたカリキュラムです。乳児期からの育ちと学びが接続期に生かされることを述べています。

Exercise

1. 小学校入学後の子どもたちにもっとも必要な力とは何だと思いますか。また，そのために幼児教育・保育でどのような取り組みを行っていけばよいでしょうか。
2. 自分が育ってきたこれまでを振り返って，「自分が夢中になって学んだ」ということはどんなことだったでしょうか。そのこともふまえたうえで，周囲の人と，「人が学ぶとはどんなことか」について，さまざまな視点から話し合ってみましょう。

第 13 章

配慮を要する子どもへの保育方法

写真は運動会で年長児が行うリレーでの一コマです。配慮の必要なTくんは，バトンを持って走ることができません。クラスの子どもたちがいろいろ考えた末に，Tくんの走る順番が来たら，写真のように，みんなで応援しようということになりました。この写真から，みなさんはどんなことを感じますか？　自由に話し合ってみてください。

どの園でも配慮が必要な子や外国籍の子どもなど，多様な子どもが在籍するようになってきました。身近に多様な子どもがいることが当たり前になってきています。そのような子どもが園にいるときに，手がかかるからといって，フリーの保育者に任せていいわけはありません。写真のＴくんは，言葉も出ない子でしたが，クラスの子どもたちは，Ｔくんをクラスの一員として認めていました。とはいえ，運動会のリレーでは，Ｔくんはバトンを持って走ることができません。「手をつないで走る」とか，「Ｔくんの好きなものを一緒に見せながら走る」など，Ｔくんにもクラスの一員として，何とか走ってもらおうと考えました。でも，なかなかうまくいきませんでした。

　そのときに，一人の子が，Ｔくんがいつも座っている大好きな椅子を台車に載せて，みんなで押して走ればいいというアイディアを出しました。椅子を入れたかごを台車につけて，Ｔくんを椅子に座らせてみると，Ｔくんも大喜びです。このようにして，当日は写真のように，みんなが楽しい運動会を実現できたのです。

　障害のある子どもや関わりの難しい子ども，そして「気になる」子どもは全体的に増加の傾向にあります。しかし，その理由を明確にすることは困難で，保育の現場ではその対応に追われたり，難しさから保育者が多くの悩みをもつなどの実践の事例が多く報告されています。また，グローバリゼーションの流れから，外国籍の子どもの入園も増え，言葉のコミュニケーションに困難が伴うケースも増加しています。

　そのような変化から，特別支援教育が始まり，幼稚園・保育所・認定こども園・小学校・中学校，そして社会全般が，一貫した考えにもとづいて障害のある子どもに対するケアを実施していく方向性が明らかにされました。しかし，子どもの育ちはシステムによって促されるのではなく，日々の小さな出来事や保育者の考え方の変化によって育つものです。また周囲の子どもへの理解などが，子どもの育ちを支えていくための配慮として必要になり，その内容は大変多くの分野にまたがっています。

　本章では「配慮を要する」子どもとはどのような子どもであるのか，そして，どのような対応が必要であるか，また，保育者はどのような心構えで対応すればよいのか，保育の在り方の原点を考えることを目的にしています。

1　ちょっと「気になる」子どもへの保育の実際

❶「気になる」とはどういうことか

　保育者は日々の保育で子どもと接するなかで多くの問題に出会います。その問題は多岐にわたりますが，その悩みを解決するためにはさまざまな手立てがあります。ここでは「気になる」子どもに出会ったときのことを取り上げて，保育の悩みを解決する手立てを考えてみたいと思います。

　「気になる」子どもと出会ったときの「気になる」ことについて，ある園の園内研修で尋ねたところ，多くの保育者が次のようなことをあげています。

・行動が他の子どもと異なることが多い。

・他の子どもがしないようなことをしばしばする。

・何度言ってもわかってくれない。

・一斉の活動に入らない。

・友達と遊ぶことが苦手。

・なかなか視線が合わない。

・言葉を理解しているのか疑問。

　このようなときに，多くの保育者は「もしかすると障害があるの
では？」という疑いをもちます。このような状況になったときに，
大切なことは「理解」です。理解とは，相手の心のなかや，行動に
表れている内面的な状態を知ることです。難しいことではあります
が，子どもの心を理解することは保育の原点として考えなければな
りません。次のエピソードから心を理解することの大切さを考えて
みましょう。

Episode 1　集団行動が苦手なことが気になるサトシ

　年少組で入園したサトシは，入園後しばらくの間母親から離れることができずに，園長の判断で一週
間母親に園にいてもらった経緯があります。母親はサトシをとても大切に育ててきたようで，サトシの
言いなりになっているような印象がありました。そんなサトシは，6月頃からクラスでみんなで何かを
行おうとすると，必ず保育室から出て行ってしまいます。保育者はそのたびにサトシを連れ戻し，集団
のなかに入れることを第一の目標にして関わってきました。しかし，サトシの行動は変わりません。
徐々に保育者はサトシとの関わりに不安を抱くようになり，主任にそのことを相談しました。主任は次
のような見解を示しました。「だいたい親が甘やかしすぎ。もう少し厳しく接してもよいのかも」。それ
を聞いた保育者は，保護者にももう少しサトシに厳しく接するように連絡帳で伝え，サトシに対しても
厳しく接するようにしました。

　このような対応をされたサトシの行動は変化したでしょうか。ま
た，サトシの気持ちは理解されたのでしょうか。

　最近の保護者はしつけができていない，子どもがだらしない，甘
やかしすぎ，などという言葉は時々職員室のなかで聞かれます。し
かし，子どもの行動が気になるときに，保護者を責めることで子ど
もの行動は変化するのでしょうか。

　このエピソードのサトシは，保育室には入るようになったものの，
残念ながら「幼稚園に行きたくない」ということを主張するように

➡1　カンファレンス
　医療，臨床の現場において，特定の患者やクライアントに対する治療の方向性や改善の手立てなどについて専門家が集まって協議することをカンファレンスと言います。保育の現場では，子どもの育ちについて保育者間で話し合いながら保育の方向性や対応について語る機会が重視されなければなりません。このカンファレンスを通して保育者は専門性を高めていくのです。

➡2　発達障害
　脳の機能障害に起因して，認知・言語・運動・社会性などの何らかの問題をもつ障害として位置づけられています。発達障害者支援法では，その定義として，「自閉症，アスペルガー症候群その他の広汎性発達障害，学習障害，注意欠陥多動性障害その他これに類する脳機能の障害であってその症状が通常低年齢において発現するもの」とされています。

➡3　記　録
　日々の保育の振り返りについて，丁寧に記録することが重要で，そのことで，子どもの育ちが誰にとっても確認しやすいものとなります。障害のある子どもや関わりの難しい子どもについては，特に記録を他の保育者と共有することで，どこに課題があるのかなどを確認して，保護者や専門機関との連携に活用されます。

なってしまったのです。そこで園内でサトシのことを他の保育者と話し合う「カンファレンス[1]」を行うことになりました。サトシの4月からの様子やいままでの担任としての関わり，そして主任に相談してからの変化について話しました。そのなかで若い保育者が次のような発言をしました。「サトシはただ先生に関わってほしい気持ちが強いのではないか」。その言葉に担任の保育者ははっとしました。

　気になる行動が目につくときには，実はその子どもからのメッセージであったり，サインを出していることがあるのです。このカンファレンスを通して，担任の保育者は自身の子どもへの関わりを見直し，サトシやサトシの保護者を責めることから保育を考えるのではなく，サトシのメッセージを受け止めることを第一義的に考えて保育してみることにしたのです。

　サトシは最初担任の態度の変化に戸惑っていたようですが，徐々に心を開き，担任に対して甘えるような行為も見られるようになってきました。その結果，集団の行動にも抵抗を示すことなく入ってきたのです。サトシにとっては「やっとぼくのことをわかってもらえた」という実感がもてたのではないでしょうか。

　このエピソードからわかるように，担任が「気になる」行動の背景にある子どもの思いを理解しようとすることによって，子どもの行動は変化するのです。また，エピソードのような対応をしたことによって，保護者にとっては，いままでの子育てを否定されたような感情をもってしまい，担任との信頼は築かれないどころか，関係を悪化させてしまう可能性もあります。保護者に対する注文を出す前に，まずは目の前の子どもの内面を理解して保育を考え直していくことが重要になります。

❷ 発達障害[2]が疑われるような場合

　「気になる」子どもの行動や生活を見ていくなかで，障害が疑われることもしばしばあります。そのようなときには，子どもの記録[3]を丁寧に取ることが必要になります。また，日々の姿から，言葉の理解の程度や生活面の配慮の必要な場面と自分でできる場面などについて確認しておくことが大切です。

　障害の疑いがある場合に，安易に保護者に対してそのようなこと

➡️4　専門機関

　代表的な専門機関として
は，各市町村が運営する保
健所（保健福祉センター）
があります。出生後に子ど
もは保健福祉センターの集
団健診を受診して，成長や
発達の偏りなどを確認しな
がら，健康に育っていくた
めのアドバイスを受けます。
その際に，障害の可能性な
どがある場合は，地域にあ
る障害のある子どもの通園
施設などを紹介されます。
その施設では，障害に関し
てソーシャルワーカーや臨
床心理士，医師の相談や療
育を受けることができます。
これら専門機関で将来の子
どもの生活の保障や相談を
受けながら就学を迎える
ケースが多いです。また，
幼稚園や保育所への巡回相
談などを積極的に実施し，
多くの目で障害のある子ど
もへの対応を検討するケー
スが増加しています。

➡️5　共同体

　幼稚園や保育所，認定こ
ども園は，保育を営む保育
者相互が共に一つの目的に
向かって仕事に取り組む場
です。そのコミュニティは，
子どもにとって居心地のよ
い環境でなければなりませ
ん。子どもに何か問題が生
じたときには，担任の保育
者だけが責任を負うのでは
なく，共同体としての意識
をしっかりもち，多くの保
育者が協力して取り組むこ
とによって，問題を円滑に
解決できることがあります。

を伝えたり，専門機関を紹介してしまうと，園との信頼が崩壊する
ようなことがありますので，慎重に考える必要があります。大切な
ことは，園でどのような配慮が必要であるかを判断し，その子ども
がもっている課題を明確にしていくことです。子どもの状態や課題
を探ることから，保護者との相談や日常の話を積み重ねていきます。
まずは信頼づくりです。

　心が打ち解けて話せるようになると，保護者は自身のもっている
悩みや子どもの課題を話してくれるようなことがあります。「気に
なる」＝「障害」と考えるのではなく，まずは「理解」を最優先し
ます。その過程を通して，理解が難しい面や関わりが困難な場面に
ついて家庭での状況を知ることから，その子どもへの対応を保護者
と一緒に考えていくことが必要です。それらの経緯を経て，やはり
難しさを抱えている場合には専門機関と相談する機会を幼稚園や保
育所，認定こども園と共につくることが可能になっていきます。

　幼稚園や保育所，認定こども園が専門機関に単純に委ねるだけで
は「気になる」子どもの育ちにはつながりません。保護者と園，そ
して専門機関が一緒に子どもを育てるような意識を少しでももつこ
とができれば，保護者にとっては安心感をもつことができます。

❸ 園内の連携の必要性

　保育のなかで出会う「気になる」子どもの対応や理解には，自分
の判断や考えだけで決めつけるのではなく，他の保育者の意見や考
え方，経験の豊かな保育者，または新鮮な考えをもつ若い保育者な
ど多くの人と語る機会をもつことが必要です。

　そのために必要なことが「園内の連携」です。保育という仕事は，
担任という重大な責任を負う仕事であると同時に，「園」という一
つの共同体としての役割があります。子どもの育ちをよい方向に向
けていく保育の営みには，園の教育課程（全体的な計画）や指導計
画にもとづき，目標やねらいの実現を目指して保育者集団が力を合
わせて取り組むことが必要になります。特に「気になる」子どもや
障害のある子どもの保育を丁寧に実践していくためには連携が欠か
せません。

　連携することに必要な態度や姿勢としては「心を開く」「保育を
開く」ことです。開くとは，自分で抱えこむことの反対の姿です。

もちろん何でも人に頼るということではなく，問題を一人で解決することが困難なときには他者に自分の思いや考えを打ち明け，他者の意見を自分のなかに取り込むことです。ときには弱音をはいて，心を開いていくことで，自分の保育を他の保育者に見てもらったり，子どものサポートをしてもらうなど相互に支え合いながら保育をするなかで，園の共同性が育まれていきます。

Episode 2 　子どもと向き合うのがつらくなったA保育者

　他の保育者より少しプライドが高いA保育者は，自分の失敗や悩みを語ることはほとんどありません。保育参観のとき，保護者数名が子どもの遊びの場面を見ていました。そんなとき，保育者が見ていない場所で子ども同士がトラブルを起こしました。保護者の視線は担任のA保育者を探していますが，なかなか来てくれません。トラブルは激しくなり，一人の男の子アキラが大泣きをしてしまいました。参観中の保護者は傍観しています。しかし，一部始終は見ていたのです。泣き声に気づいたA保育者は子どもに理由も聞くことなく，アキラを泣かせたと思われるシゲオをきつく叱ったのです。しかし，最初に手を出したのはアキラで，シゲオは我慢できずにたたいてしまったのです。

　保護者は見ていたにもかかわらず担任には何も話さず，そのまま園の責任者である副園長に事態を伝えたのです。参観終了後，A保育者は副園長先生に呼ばれ，今日の保護者からの訴えをそのまま話しました。A保育者の心中は言うまでもありません。結果的には子どもに向き合うこと自体が辛くなり，精神的に厳しい状況に追込まれてしまったのです。

➡6　モンスターペアレント

　保護者のなかには理不尽な注文を学校や幼稚園，保育所等に投げかけてくる人もいます。そのような保護者をモンスターペアレントと称することがあります。このような保護者のなかには，保護者自身の否定感が強く，自己の存在を認めてほしいという内面的な問題をもっているケースも多いです。単純にモンスターペアレントなどと決めつけるのではなく，保護者の思いをしっかりと受け止め，丁寧に対応し，信頼関係を築くことが大切です。

　保育者だけで解決できないような状況は実際にはしばしばあります。このエピソードのように，保護者が見ていたのであれば「すみません。どんな状況でトラブルが起きたのですか？」と聞くことができれば事態は少し変わっていたでしょう。また，保護者も保育者から状況を聞かれていれば，副園長先生に対して直談判する必要もなかったのではないでしょうか。抱え込む保育ではなく，開く保育を実施することの難しさはありますが，自分だけで，自分の都合で問題を解決することの難しさ，つまり「保育を開く」ことの重要性がこのエピソードから見えてきます。

❹ 保護者との連携

　「最近の保護者はうるさくなった」「文句ばかり言ってくる」などモンスターペアレント[6]と言われるような人が増加しているような報道がされたり，多くの著書が出版されるようになりました。確かに

理不尽なことを言ってくるようなことがありますが，保護者の思い
を理解することから保護者との連携を考えてみましょう。

　自分の子どもを幼稚園や保育所，認定こども園に預けている保護
者の気持ちには個人差はありますが，次のような思いがあります。

　・自分の子どもはしっかり見てほしい。
　・私が見ていないときの子どものことがとても心配。
　・自分の子どもが人質にとられているような感覚がある。
　・自分の子どもが誰かにいじめられたりしていないか心配。
　・みんなと一緒にやっていくことができているか気になる。

　このように，保護者になって子どもを園に入れてから初めて感じ
る気持ちが多くあります。幼稚園か保育所，認定こども園かによっ
て保護者の意識も多少異なりますが，基本的に一生懸命に育てよう
とする親心は昔も今も変わらないものがあります。しかし，少子化
の影響によって一人の女性が生む子どもの数が少なくなれば，大人
の目が届きやすい状況になることは当然であるとともに，目と手を
かける度合いは多くなります。そのことが子どもに対する過剰な心
配や過保護，過干渉のような子育ての状況をつくっているのです。

　子どもを生み，育てる母親や家族が自分の子どもを大切に育てた
いと思う気持ちはとても大切なことなのです。ですから単に保護者
の子育てを否定することでは問題は何も解決しません。大切なこと
は，上述のような気持ちがあるということを「理解」して関わるこ
とです。ただ，丁寧に子育てを考えている保護者が多く存在する反
面，自分の子どもに対して興味をもてない人がいることも忘れては
なりません。現在子育てしている保護者の子育てについて感じるこ
とは，過保護・過干渉気味の保護者と，子育てに興味・関心の薄い
保護者との差が激しいということです。適度に子どもと距離を置き
ながら子育てができる人が少なくなっていると感じることが多々あ
ります。

　特に，障害があったり「気になる子」と言われる子どもの保護者
の場合，先にあげたような思いが強いように思います。そのため，
保護者が安心して子どもを預けられるように，また子どもの成長を
共に喜び合えるように，日々の子どもの生活やいま子どもが興味を
もっていることなどを丁寧に伝えていくことが大切です。そのこと
が保護者との信頼関係を築くことにつながります。

▶7　少子化
　女性の晩婚化，未婚化な
どに伴い，出生数は1973年
の209万人を境に減少の一
途をたどっています。地方
では過疎化と高齢化が進み，
都市部では働きたい保護者
が子どもを預けることがで
きない待機児童の問題が出
てきており，地域間格差が
激しくなっています。国と
しては少子化に歯止めをか
けるための施策を行ってき
ていますが，いまだ効果的
な方法が見出せていないの
が現状です。

❺ 専門機関との連携

　自分の子どもに障害があることがわかったとき，多くの保護者は大きなショックを受けます。なかには子どもの障害のことを隠そうとしたり，気づかないふりをしてしまう保護者もいるでしょう。しかし，子どもの今後の育ちを考えるためには，子どもの状況を理解し，今後の指導や生活に必要な配慮について専門機関と共に考えると同時に，その指導を仰ぐ必要があります。

Episode 3　専門機関を拒否したタカオのケース

　3歳児健診の際に障害の可能性が疑われたタカオの母親は，子育ての難しさを若干感じてはいたものの，言葉の理解もできているし周囲の友達の母親にも「そんなに心配しなくて大丈夫じゃない」と言われて，障害を打ち消すことに力を注いでいました。また父親の小さいときによく似ていると姑から言われて，育っていく可能性を信じて専門機関に行くことをためらったまま幼稚園に入園してきました。

　園生活では難しさが多くあり，園としても専門機関に関わる必要性を伝えてきたものの，上記のような理由によって拒否を続けていきました。園としても対応の仕方がなく，半分諦めていました。いよいよ小学校への就学が近づき，就学前の健康診断が実施されました。その際「一度専門の場所で相談してから就学先を検討させてください」と言われてしまい，幼稚園にそのことを報告に来ました。結果的に一般学級に入学することができず，特別支援学級に決まり，さらに専門機関では「自閉スペクトラム症」と診断され，大きなショックを受けるだけでなく，「どうしてこんなに放っておいたのか，できることはたくさんあったのに」と言われてしまったのです。

▶8　特別支援学級
　特別支援学級とは，障害の比較的軽い子どものために小・中学校に障害の種別ごとに置かれる少人数の学級（8人が上限）であり，知的障害，肢体不自由，病弱・身体虚弱，弱視，難聴，言語障害，情緒障害の学級があります。一般の学級では学習に対する支援を強く要するような場合などに，特別支援学級に在籍して，個別のニーズに応じた教育を行います。

　このEpisode 3から考えると，障害についての疑いがある場合には，専門機関と連携することの重要性を感じます。つまり，障害ということを受け入れていくためには，周囲のさまざまな人の支えが必要なだけでなく，身近に相談できる人や場所があることが必要です。

　幼稚園や保育所，認定こども園は保護者との関係を良くすることによって，保護者が心を開いてくれる可能性の高い場所です。そのことをしっかりと考えて，保育者は保護者と対応していくような力が必要となります。

　障害についての知識をしっかりと得ていくことと，地域の専門機関などの情報を収集し，場合によってはしっかりと連携をしていかないと，保護者の心に打撃を与えてしまったり，子どもの育ちに損

失を与えてしまうことになります。幼稚園や保育所，認定こども園の「子育て支援」では障害のある子どものことを意識して考えていかなければなりません。

2 インクルーシブな保育の実現

➡9 「保育所保育指針」第1章「総則」3「保育の計画及び評価」(2)「指導計画の作成」のキ。
➡10 障害者の権利に関する条約
　この条約では，障害者の人権及び基本的自由の享有を確保し，障害者の固有の尊厳の尊重を促進することを目的として，障害者の権利の実現のための措置等について定めています。2006年12月に国連総会において採択され，2008年5月に発効しました。わが国は2007年9月に署名し，2014年に批准・発効しました。
➡11 障害者差別解消法
　正式名称「障害を理由とする差別の解消の推進に関する法律」。「障害者の権利に関する条約」の締結に向けた国内法制度の整備の一環として，すべての国民が，障害の有無によって分け隔てられることなく，相互に人格と個性を尊重し合いながら共生する社会の実現に向け，障害を理由とする差別の解消を推進することを目的として，2013年に制定され，2016年4月1日から施行されています。

　障害のある子どもの保育について，「保育所保育指針」には次のように書かれています。「障害のある子どもの保育については，一人一人の子どもの発達過程や障害の状態を把握し，適切な環境の下で，障害のある子どもが他の子どもとの生活を通して共に成長できるよう，指導計画の中に位置付けること」。特に重要なことは，「他の子どもとの生活を通して共に成長」することです。以前は統合教育・保育という考えもありましたが，現在は多様性を受け入れるとともに，障害などさまざまな特性や個性をもつ人と共生する社会を形成することに焦点が当てられています。統合（integration）は別にしていたものを一緒にする概念です。共生社会の形成に必要なインクルーシブ（inclusive）とは，人間の多様性の尊重を強化し，障害のある人が精神的身体的な能力などを最大限発揮できる，自由な社会に効果的に参加することを可能にする社会構造を形成することです。これは「障害者の権利に関する条約」「障害者差別解消法」などに明確に位置づけられており，就学前の子どもの育ちのためには大変重要な考え方です。

　「保育所保育指針」に明記されているように，共に成長するプロセスを大切にすることは，正にインクルーシブな保育を実現することなのです。

❶ インクルーシブな保育の原点

　障害のある子どもは，私たち保育者にさまざまな要求を強く出してくれる場合があります。そのことがすごく理解しやすいときと，ときには理解できない行動もあります。そんなとき，保育者は迷い苦しむこともあります。しかし，個々の乳幼児の理解と配慮によって，子どもの訴えている本当の意味が見えてくることがあります。

そのような日々の保育の積み重ねのなかで，子どもが何とも愛おしい存在になってくることがあります。そのような気持ちが生まれてくると，たとえ言葉の出ない子どもであっても，お互いが保育のなかで通じ合える関係性が生まれてきます。逆に，子どもの「できないこと」ばかりに目がいき，何とかやらせようとしたり，「○○してはダメ」など行動を制限したりするような否定的な関わりが続くと，子どもとのよい関係性が生まれず，むしろ苦悩の連続になってしまうこともあります。

　保育者にとっても子どもにとっても，よりよい心もちで日々の生活が過ごせるようになると，「障害」という言葉にとらわれることなく，子ども一人一人の新しい変化や小さな育ちが見えるようになってくることがあります。これが保育における共生社会なのです。

❷ クラスの仲間として関係を形成することの大切さ

　子どもの育ちを大切に保育を考えていくと，保育者だけがその力を発揮しているのではなく，実は周囲の子どもとの関係がとても大きく影響を与えていることに気づかされます。保育者が子どもの前であまりにも中心的な役割を果たしているクラスでは（保育者はとても重要な役割を演じていると感じるのですが），子ども同士の関係があまり見えていなかったりすることがあります。逆に，保育者が少し控えめに見えるのですが，子ども同士が活発に刺激し合い，子どもが自己を十分に発揮して子ども同士で問題を解決するなど，自分たちの生活を自分自身でつくっているクラスもあります。

　大切なことは，子ども相互が育ち合うクラスづくりを心がけることです。障害のある子どもと共に生活するインクルーシブな保育を実現するためには，子ども同士が互いを尊重することや，遊びを通してつながりがしっかり生まれるクラスにならなければなりません。そのようなクラスでは，障害のある子どももクラスの一員として大切な存在として位置づけられていくのです。

❸ 子どものニーズに応える保育

　子どもは，障害の有無にかかわらず，生活や遊びのなかでさまざまなニーズ（要望や要求）をもっています。保育という営みの原点

としてニーズに応える保育という考え方があります。大人の要求ばかりを強くする保育は，子どもに窮屈な感覚を与えるばかりか，子どもの主体性や能動性をつぶしてしまう可能性があります。ニーズに応える保育とは，子どもが「いま」何を望んでいるのか，何を考えているのか，何を実現しようとしているのか，どこに課題があるのかなど，内面的な部分に対する理解をすることです。「いま」の思いが叶うことで，子どもは自己実現を遂げ，次の課題に取り組む意欲を強くもち，新たな課題に向かいながら他者と協力するなかで，主体的に生活を営むことができるのです。

その実現のためには保育者の力が必要なのです。そのために保育者は，子どもの思いに寄り添いながら，子どもが「いま」を実現できる生活を送れるように日々取り組まなければなりません。しかし，現実的には保育の仕事にはさまざまな業務があり，行事や製作活動，給食・午睡・生活習慣に関する指導，クラスでの課題活動など，次から次へと時間が過ぎていきます。そのなかで，どうしても子どもの「いま」ではなく，大人の都合で業務をこなすことに必死になってしまうときもあるでしょう。しかし，常に「子どものニーズに応える」という意識をもつことで，子どもの内面にふれながらの保育が可能になります。障害のある子どもにとっては，知的な難しさや，状況の理解の困難性などをもつ場合が多くあるので，より一層保育者がこの子の「いま」を丁寧に探る必要が出てきます。この意識をもって保育を実践していくことで，理解が深まり，子どもにとって安心できる生活を営むことができるようになっていくのです。

3 外国籍の子ども等への保育の実際

❶ 多様性を受け入れることの重要性

障害のある子ども，外国籍の子ども，医療的なケアが必要な子どもなど，「配慮を要する」と言われる子どもは今後ますます増加していくと思われます。そのようななかで，「配慮を要する」ということを「違い」として，特別扱いしたり排除したりするのではなく，

「多様性（diversity）」として認め，お互いを尊重することがこれからの社会では求められています。

　世界は多様性を受け入れる方向で確実に動きはじめ，多様性に対して寛容な心をもつことの重要性や，具体的な取り組みが進みつつあります。

　保育の世界でも同様で，地域によっては多様性を受け入れることを積極的に進められ，その課題を克服するような事例も多くなっています。そこでこの節では，多様性を考えるにあたっての一つの課題でもあり，近年増加してきている外国籍の関わりのある子どもの保育について，その実際と留意する点などについて学びを深めてほしいと思います。

❷ 外国籍の子どもの増加傾向

➡12　文部科学省「外国人の子供の就学状況等調査結果（速報）」2019年（https://www.mext.go.jp/content/1421568_001.pdf）。

　2019年10月に文部科学省は，小中学校に通っていない可能性のある外国籍の子どもが約 2 万人いるとの調査結果を発表しました。[12]この 2 万人という数字は，住民登録のある約12万4,000人の16％に当たり，このうち，不就学が確実な子どもは1,000人でした。この調査結果から見ても，外国籍の子どもが大変多くなっている実態とともに，大切な時期の教育を受けることができない子どもが多く存在することが明らかになりました。都道府県，市区町村による差はありますが，地域によってはかなりの外国人が幼稚園・保育所・認定こども園に入園している実態があります。そのような状況なかで，外国籍の子どもが入園したことで，園としての対応や子どもの言語的な課題が明確になり，保育に困難な状況が生まれてしまう事例もあります。しかし，多くの外国籍の子どもを受け入れる傾向は今後ますます増加することは確実です。その対応のためにはいくつかの大切な要素があります。外国籍の家族や子どもに対してどのような対応が必要かについて学び，抵抗なく受け入れることが可能になることが園として，保育者として求められています。

❸ 対応の難しさと課題

　外国籍の子どもが多く入園してくる地域だけでなく，外国籍の子どもの入園数は少ないけれども対応に苦慮するケースが増加傾向に

あります。園や地域社会には新たな取り組みの必要性が高まってきているのです。東京都内のある地域では，中国人の子どもの入園が増加傾向にあり，クラスの3分の1が中国人になっていて，さらに年度の途中での入園が当たり前になり，その都度保護者への対応や子どもの保育に課題が生まれている園があります。しかし，園としての受入れ経験が豊かになることによって，保護者にとっても子どもにとっても安心した生活が過ごせるようになっている事例もあります。つまり，受入れる側の姿勢や個別の対応や努力によって，課題とされていたことを乗り越え，多様性を認め合える関係を構築できる可能性があります。

　外国籍の子どもの保育を考えるとき，まず最初の大きな課題となるのが，言葉の問題です。では，この言葉の問題を考えるときに，どのような配慮が必要であるか以下で検討してみたいと思います。

❹ 言葉の問題への対応

Episode 4　日本語がまったくわからない母親と子どもの入園

　C園にはいままで外国籍の入園がほとんどなく，日本人への対応が中心でした。しかしここ数年，地域に外国籍の家族が引っ越してくる傾向にあり，C園にも入園の希望がありました。入園児の父親は日本人ですが，母親は中国籍で日本語を話すことができません。父親に伝えることで母親への通訳にはなるので，入園までの手続きについては常に父親が同伴して書類などを作成してくれました。

　子どもは日本語をまったく理解することができず，園に初めて来た日はとても不安な表情で母親にしがみついている状況でした。保育者が声をかけても母親の後ろに隠れてしまいました。入園を迎えた日から数日は子どもは不安から泣くことが多く，母親も日本語が理解できていない状況で園生活を迎えました。

　保育者は母国語である中国語の簡単な言語をパソコンで検索して保育室に掲示していました。子どもはまだ文字が読めないので，保育者が覚えた中国語で挨拶をしたのですが，発音が悪く，まったく通じませんでした。しかし，母親に拙い言語で挨拶をしたところ，急に笑顔になり，言い直すように正確な発音を教えてくれました。それを必死で真似た保育者は少しずつ正しい発音になり，子どもにも伝わるようになっていきました。母親が園に対して安心感を少しもつことができたことも大きかったと思いますが，保育者が積極的に子どもに話かけることで，子どもだけでなく周囲の子どもたちにも変化が生まれました。

　周囲の子どもから当初は「なんでしゃべらないの？」などと言われていましたが，遊びを通して関わりも増え，言葉も自然と覚えていくようになりました。保育者が必死でコミュニケーションを図ろうとする姿が保護者の安心感や信頼感につながり，それが子どもにも広がり関わりが増えいきました。そし

て，それはさらに周囲の子どもたちにも影響を与え，子ども同士の関係も広がっていったのです。

　結果的には保護者の安心感から，子どもは仲間関係を形成しながら園に馴染むことが可能になり，言葉の課題も乗り越えていったのです。

　このような事例から考えても，ちょっとした保育者の工夫や努力によって，子どもや保護者も安心できる園生活につながることを意識して取り組む必要があります。コミュニケーションは，言語だけでなく，非言語でも可能なこともあります。ジェスチャーや思いを伝えようとする努力が関係性を育むきっかけになるので，まずは相手の気持ちを知りたい，こちらの気持ちを伝えたいという思いを表現することが重要でしょう。

　また，園に外国語が話せる保育者がいれば通訳の役割をしてもらうことによって意思疎通が可能になりますが，日常会話だけでなく，園の仕組みや書類など，異なる文化で育ってきた外国人にとってはとても理解できないことも多くあります。ある園では翻訳ツールを使って会話をすることや，お手紙を日本語から中国語や英語に翻訳するパソコンの機能を活用して読んでもらうなど，対象の保護者にとって一番わかりやすい方法を選択しながら進めるといったことも行っています。昨今の翻訳機はかなり正確に訳してくれますので，活用することで保護者の不安が軽減されることもあります。

　なにより，日本語がまったく理解できない状況で園に入園してきた子どもにとってその状況は，非常に不安も大きくかなり辛い状況にあると言えるでしょう。保育者が片言の外国語での挨拶や母国語の言語を少し使ってあげるだけでも少し安心感が生まれます。また，Episode 4 にもあったように，保育室内に子どもの母国語を掲示するといったことで，周りの子どもたちも外国の文化に興味をもち，子ども同士の関わりも広がっていくこともあるでしょう。

　子ども同士の関係ができてくると，多くの場合，子どもはかなり早い時期に生活や言語に慣れて不自由を感じなくなりますが，日々の園生活のなかで国によっては食事の習慣やしつけなどの文化の違いが鮮明となり，園に対する要望や要求が日本と異なることで対応に苦慮することもあります。そのようなときは，日本の文化を押しつけるのではなく，各国にある文化を尊重したうえで，保育者も国の特徴や文化を学ぶことで知識を深め，相互理解することが必要に

なります。このような対応が多文化共生の時代を切り拓いていく一歩になるのです。

❺ ある市町村の取り組みから

　特に外国籍の多い地域では，市町村として外国人への対応をかなり丁寧に実施しているところがあります。A市では，市が通訳者外国児支援員を園に派遣する取り組みを行っています。何かコミュニケーションの点で難しい状況があるときに市に依頼し，約束をした時間に園に来ていただき，保護者との意思疎通を図ってくれるのです。この取り組みによって保護者と子どもにとっては安心して生活を送るベースができるとともに，通訳者と外国籍の子どもや保護者とのやりとりに触れることを通して，保育者や周囲の子どもたちもその子どもや保護者に対する理解が深まることもあるでしょう。

　普段はおとなしくほとんどしゃべらない子どもが，通訳者と生まれ育った国の言葉で生き生きと笑顔で楽しそうに話している姿を見ることで，保育者にとっては，その子の新たな一面を発見することもあるでしょう。また周囲の子どもにとっても，聞いたことのない言語の響きに興味をもち，そこからその国のさまざま文化に興味を広げていくこともあるでしょう。このような積み重ねにより，園のなかで多様な子どもが存在することが当たり前になっていくのです。

❻ 外部機関の活用

　近年では，外国籍の家族の安心した生活を支援するための施設も増えてきています。都道府県や市町村などの公的な機関もあれば，民間のNPO法人，またボランティアで実施している団体や個人による支援も増えてきています。大切なことは，このような情報を集めて地域の資源をできるだけ活用することです。神奈川県にある施設では，各国の対応のノウハウを個別に教えてくれたり，場合によっては翻訳や手紙の文例などを丁寧に示してくれます。また，このような施設は園外保育などにも活用することができ，世界の文化に触れる体験なども可能な施設となっています。

❼ 多文化共生社会に向けて

　先にも述べたように，外国籍の子どもは，今後増加の一途をたどると思われます。そのような状況のなかで，外国籍の人に対する受け入れを拒む状況や不就学などの問題が多く取り沙汰されている現実もあります。「保育所保育指針」のなかには次のような記述があります。「子どもの国籍や文化の違いを認め，互いに尊重する心を育てるようにすること」[13]。さまざまな文化的背景がある多様な人々がお互いを認め合い，ともに生活する多文化共生社会を実現するためには，何が必要でしょうか。まずは自国の文化を大切にすることと共に，外国の文化を尊重することがとても重要です。そのためには，言語の壁を乗り越え，外国籍の人や子どもと関わる経験が重要になってきます。無理にすべてを受け入れる必要はありませんが，関わりを通して相手を尊重し認め合うということが求められるでしょう。

　外国籍の人に限らず，障害のある子どもや医療的なケアが必要な子ども，被虐待児，貧困家庭など，多様な背景をもった人々が増加するなかで大切なことは，その人を特別な人として見るではなく，いまを共に生きるかけがえのない人として見ること，そしてお互いを尊重し，相手のことを知りたいという思いを大事にすることではないでしょうか。多様性を大切にできる園が増えることを期待したいものです。

➡13　「保育所保育指針」第2章「保育の内容」の4「保育の実施に関して留意すべき事項」のオ。

Book Guide

・浜谷直人ほか『多様性がいきるインクルーシブ保育——対話と活動が生み出す豊かな実践に学ぶ』ミネルヴァ書房，2018年。
　目の前の子ども同士や子どもと保育者との間で生まれるやりとりや気持ちを大事にして，臨機応変に保育をつくり出していく「インクルーシブ保育」の実際を伝える一冊です。
・小山望『インクルーシブ保育における園児の社会的相互作用と保育者の役割——障がいのある子どもとない子どもの友だちづくり』福村出版，2018年。
　障害児を含むすべての子どもの保育ニーズに応えるインクルーシブ保育とは？　著者の数十年にわたる実践研究の成果を丁寧に示しています。

・山脇啓造・服部信雄（編著）『新　多文化共生の学校づくり──横浜市の挑戦』明石書店，2019年。

　本格的な外国人労働者の受け入れに舵を切った日本において，とりわけ外国につながる子どもたちの数が激増している横浜市における，学校・教育委員会・国際交流協会・市民団体等のさまざまな取り組みを収載し，"横浜市の挑戦"として発信する一冊です。

・外国につながる子どもたちの物語編集委員会（編）『クラスメイトは外国人──多文化共生20の物語』明石書店，2009年。

　日本で暮らす外国人の子どもたちの来日の理由，日本での立場などがマンガと丁寧な解説でわかりやすく学べます。

Exercise

1. いままでの生活のなかで経験した障害のある人との出会いについて語り，各自の障害に対する意識について話し合ってみましょう。

2. 保育を開くとはどのようなことでしょうか。抱え込まずに人に語ることの大切さについて，自身の経験から語ってみましょう。

3. 身の回りの人で外国と関わりのある人がいたら，その人に母国のことを語ってもらいましょう。また，日本のよいところ，改善してほしいところなどを聞き，そのことに対する自分の意見をまとめてみましょう。

第 14 章

教材や情報機器を活かした保育方法

子どもたちが森のなかで保育者に絵本を読んでもらっています。絵本など
の教材を，いつもの保育室ではなく，外に出て読んでもらうことで，子ど
もたちの絵本の受けとめ方にどんな変化があると思いますか？

絵本などの教材や，カメラやパソコンなどの情報機器を，保育のなかでどのように使うかによって，子どもたちの受けとめ方はまったく違ってきます。写真のように，森のなかで，お気に入りの絵本を読んでもらったり，自然に関する絵本を読んでもらうことで，より深く絵本の世界を味わったり，自然の神秘さなどに出会えることが多くあります。

　本章では，教材や情報機器を使った保育方法を学びます。教材や情報機器は，小学校以上では，子どもに何かを教えるために使用することが一般的です。ただ，保育方法としての教材や情報機器については，子ども同士がより興味や関心を高めたり，自分の疑問についてより深く調べたいと思ったときに新たな情報を得る手段となったり，自分たちで見つけたことや調べたことをみんなに知らせたりするための記録として使うなど，子どもの生活に応じて，子どもたちの活動や学びがより広がったり深まったりしていくような使い方を意識してみてください。子どもたちが主体的に学ぶ姿が見えてくるはずです。

　この章では保育における情報機器の活用について学びたいと思います。情報機器とは，その名のとおり情報を処理，伝達，加工するための機器のことで，具体的にはパソコンやデジタルカメラ，プロジェクターなどがあげられます。みなさんの身近にあるスマートフォンやタブレットなどもその一つですね。

　それらの情報機器は，一見，子どもたちとは無関係のように感じられるかもしれませんが，実は，保育のなかでも効果的に活用することで，子どもの育ちを支えたり，遊びに広がりをもたせたり，保護者を支援することなどに役立つアイテムになり得るのです。具体的な実践例を紹介しながら，保育のなかでの効果的な活用法をお伝えします。

1 保護者に向けた情報発信のツールとしての活用

　保育者の役割というと，子どもの発達状況の把握，生活面全般の援助，遊びに必要な環境構成など，さまざまなものがあげられます。保護者に向けた情報発信もその一つです。

❶ なぜ，園からの「情報発信」が必要なのか

　たとえば保育所の場合，保護者は，朝，子どもを園に預けてから，仕事を終え，夕方迎えに来るまでの数時間の間，わが子と離れ離れの時間を過ごすことになります。そのため，大切なわが子が，どのような一日を過ごしたか，保育者が伝えない限り，保護者は知ることができません。もちろん，自分の言葉で話ができる子どもたちは「今日，○○ちゃんと砂場でお山つくったよ」「明日はお散歩行くんだ」などと会話をすることもできますが，その日にあったことを順序立てて話すということは簡単なことではありません。ましてや，乳児は，言葉を使って自分の気持ちを表現することが難しいため，保育者からの情報発信が重要になってくるのです。

　また，保育所と家庭は，場所は離れていますが，「子どもの一日」は連続しているものとして見る必要があります。健康状態や生活面はもちろん，子どもの興味・関心，好きな遊びなどは，場所が変

わったからといって，急に途切れてしまうものではありません。そのため保育所は，朝の受け入れ時間に，保護者から睡眠時間や起床時間，前夜の体調，朝食の食べ具合など細かく情報をもらい，その情報をその日の保育に活かします。それと同じように，保育所での子どもの様子をお迎えの際に家庭に伝え，降園後にできるだけ子どもが健康的に，また興味を継続しながら生活できることをねらっています。このことは幼稚園でも同じです。子どもの育ちを，「園と家庭が一緒になって見る」という視点において，園からの情報発信はとても大切な仕事と言えます。

❷ 写真を使った記録「ドキュメンテーション」

園の情報を保護者に伝える手段として「口頭でのコミュニケーション」「園だより」「クラスだより」「連絡帳」などがあげられますが，近年は，写真を取り入れた記録が注目されています。もしかしたら，みなさんが実習や見学で行かれる園でも，見ることができるかもしれません。この写真を取り入れた記録は，一般的にはドキュメンテーションと呼ばれ，個人にスポットを当てたものや，クラス全体にスポットを当てたもの，行事をテーマにしたものなど，さまざまな種類があります（図14-1）。また，園によって，その考え方，取り組み方もさまざまです。

➡1　ドキュメンテーションについては，本書第11章も参照してください。

この写真付きの記録があることで，保護者に園の様子を言葉や文章だけで伝えるときと比べ，明らかに情報が伝わりやすくなります。ここで一旦，みなさんが休み時間にしている，友達とのおしゃべりの時間を思い出してみてください。友達に「この前，買い物に行ったときに，かわいい洋服を見つけたんだ」と言葉だけで言われても，それがどのような色や形，デザインの洋服なのか，なかなかイメージが湧かないのではないでしょうか。ですが，そこに写真が加わることで，話している内容が一度にわかりやすくなるでしょう。そして，その写真を見ながら，その後の会話も盛り上がるのではないでしょうか。つまり，写真は「情報を伝えるための助け」になると同時に，「対話の媒体」にもなり得るのです。

これと同じように，保護者に園での子どもの様子を伝えるときに，写真を使うことで，情報はより伝わりやすくなります。さらに，写真を説明する文章を添えることで，園の様子がわかるだけでなく，

秋の葉

裏庭に行ったAちゃん，Bちゃん，Cちゃんは秋の葉を探していました。茶色や黄色，赤色の色の変わった葉だけでなく，形にも注目していて「ハートの葉っぱ」「しわくちゃ葉っぱ」など沢山名前をつけていて，秋を感じているようでした。

きういグループ
2019年11月5日（火）

ラグビーを振り返って

ラグビーの新聞が貼られた模造紙を見てラグビーの話をしていました。Bちゃんは決勝戦を見て「南アフリカは強いよね。日本は3点しか取れなかったもんね」Dくんは「3度目の優勝だったんだってね」と話していました。ワールドカップは4年に1度ということも知っていて次のワールドカップには自分たちがお兄さん，お姉さんになっていることに気づき喜んでいました。

トマト

Eくんが「トマトが2つ落ちてる！」と気づいて教えてくれました。緑だったトマトも赤くなってきて，再びトマトが実っていました。そのことを集まりで伝えると「早くピザを作りたい」，ピザ屋さんのようにしたい子どもたちは「看板も作ろうか」とアイディアを出していました。

虫を捕まえたい！

Fくんは日本庭園や裏庭に出るといつも虫を探していました。今日はクラスにクモを見つけ手で捕まえようと追いかけっこのように逃げるクモを追っていました。全然捕まえられないことを考えてクモが歩く前に手を差し伸べてクモが手に乗ったときに手を握って捕まえていました。初めてとれたクモを見てすごく嬉しそうな表情をしていました。

オンブバッタ

オンブバッタを見つけたGくんたちは手で素早く捕まえていました。観察しながら「赤ちゃんは一緒にいないね」「一人は可哀想だから逃してあげない？」と自分たちで話をして逃してあげていました。

Aちゃんは紙とストローを使って家を作っていました。ストローを足の部分にしたり，水色のストローに細かく切った水色の紙を通して水を表現したいようで考えていました。

図14-1　ドキュメンテーション（例）

➡資料提供：社会福祉法人仁慈保幼園。

「子どもたちの活動は，これからどうなっていくのだろうか？」と保護者が興味をもったり，「こういう活動なら，自分の経験が活かせるかもしれない」などと保育への参加を促すことにもつながったりします。

　また，ドキュメンテーションを上手く活用することで，園・保育者自身にとっても良い効果が期待できます。どのような効果が期待できるか，次にまとめてみます。

❸ ドキュメンテーションに期待できる効果

① 保護者の子ども理解・保育理解

　生まれたばかりのわが子をもつ保護者のなかには，子どものことを「まだ小さくて何もできない存在」と考える人もいます。これは決して悪いことではありません。ですが，どんなに小さくても私たちと同じように，自分の意思をもち，身近なモノゴトを不思議がったり，おもしろがったり，探求している存在なのではないでしょうか？

　そんな子どものもつ力を，保育の専門家である保育者が，日常のなかから丁寧に切り取って，ドキュメンテーションとして表すことで，それを読んだ保護者にも知ってもらうことができます。わが子がいま何をおもしろがり，どんなことに興味をもち，遊びを通してどんなところが発達しているのか，または，食事や排泄などの生活の場面でどのような成長を見せているのか，ドキュメンテーションを通して理解し，時に子育てのヒントを得ることができます。

　またドキュメンテーションの写真や文章は，つくり手である保育者が，どう子どもを見ているか，どのような考え方で保育を行っているかという「子ども観」「保育観」が土台となってつくられます。そのため，読み手である保護者は，ドキュメンテーションを通して，その園が大切にしている考え方や理念を理解することにつながります。こうした日々の積み重ねがあることで，保護者と園とが，同じ方向を目指しながら，共に子どもの育ちを支えることが可能になっていくことが期待されます。

② 保育者の振り返りの機会

　園の一日はとても忙しく，あっという間に時間が過ぎていってし

まいます。そのようななかでも,「子どもの今日の姿を振り返り,明日の保育につなげる」というプロセスは,保育者にとって必要不可欠です。子どもの日常は,毎日途切れるわけではなく,経験や興味・関心は続いていくため,日頃から保育者同士で子どもの姿を話し合い,それを元に保育準備をすることが重要になるのです。そんなときに役立つのが,ドキュメンテーションです。その日の姿を収めた写真を見ながら,保育者は「この瞬間,この子は何を考えていたのだろう?」「昨日の経験があったから,今日はこんなふうに展開したのだろうか?」などと振り返り,考察をすることができます。そして,それを他の担任と共有しながら,「だとするなら,明日の保育はこんなふうにしてみたらどうだろうか?」と,翌日に必要な環境や援助を考えることができるのです。「今日の子どもの姿を振り返り,明日の保育を予想する」という,必要不可欠でありながら,忙しい園において難しいことを,ドキュメンテーションが可能にしてくれるのです。

③ 保育者の成長

　ドキュメンテーションが保護者との対話の媒体になることは先に述べましたが,それは保育者同士にとっても同じです。ドキュメンテーションを囲んで,他の保育者,あるいは主任や園長など,自分とは違う人と対話をすることで,自分にはなかった視点や考え方が見えてくることがあります。どんなに経験豊かなベテランの保育者であっても,その人だけの見方で子どもを見ると,どうしても偏った一面的な見方になりがちです。ドキュメンテーションを媒体にしながら他者と対話を重ねることは,保育者自身の成長につながると言えるでしょう。

❹ ドキュメンテーションを活用した保育の実際

　さて,ここまで述べてきたように,写真つきの記録があることで,保護者,保育者にはさまざまなメリットが生まれることが期待されます。そして当然,こうした取り組みが,子ども一人一人の成長にもつながっていきます。ここで,実際にドキュメンテーションを取り入れている園のエピソードを紹介します。

Episode 1　園と家庭との連携

　A園では，個人をスポットに当てたドキュメンテーションを作成しています。このドキュメンテーションは，0歳9か月のYくんについて書かれています。内容は以下のものです。

Yくん（0歳9か月）
　「バチで叩くと違う音がする」という発見をし，長い間さまざまな所へ移動してカンカン……トントン……タンタン……とずっと探求しています。

感触を楽しむ

　マット，ラグ，床，最近では緩衝材やゴムの滑り止め，鏡など様々な場所を親指でトントンとし，感触の違いを楽しんでいます。石や草など，硬さや自分が触れたことで揺れる様子などにとても面白さを感じているようです。揺らしたり握ったり，摘んでは離したり，石を離した時にバケツに当たった時の硬い音に気付いたり…。一つひとつのことを教えてくれるかのように保育士の方を振り向きます。そして目が合うとニッと笑い，また遊びこむのでした。その時，Yくんはさまざまな発見をしているように感じました。室内外問わずに楽しい発見が出来るようにし，その驚きを共有していけるようにしたいです。

葉のチクチク…

鏡の向こうの玩具が
取りたい…

届いた！

　すり這いが出来るようになりました！玩具を取りに行けるようになったこと，大好きな保育士に自分から会いに行けるようになったこと，その全部が嬉しくて，たくさん動きまわっています！

緩衝材　金網

　「バチで叩くと違う音がする」という発見をし，長い間さまざまな所へ移動してカンカン…トントン…タンタン…とずっと探求しています。

☆食事☆

　「自分で食べる」という経験も少しずつ積めるように関わっています。先日は自分で野菜を掴んで，口へパクッと運ぶことが出来ました！その嬉しさや美味しさを感じられるように，食事を楽しんでいきたいですね。

つるっと滑って
落ちてしまいましたが…
食べ物に触れることを
楽しんでいます！

図14-2　個人にスポットを当てたドキュメンテーション

🔹資料提供：社会福祉法人仁慈保幼園。

このドキュメンテーションを読んだ保護者は，「そういえば家でもいろいろなものを叩いている姿がありました。家でも音の出るものを用意してみます」と話し，後日おもちゃの太鼓を用意したそうです。Yくんは園で見つけた「音を鳴らす」という好きなことを，家で保護者と一緒に楽しむことができるようになり，より一層音への関心を高めていきました。また，きっと保護者はまだ言葉を話さないわが子と，遊びを通してつながれたような気がしたのではないでしょうか。

Episode 2 　保護者の保育への参加

　B園では，3歳以上児クラスで毎日クラスのドキュメンテーションを作成しています。このクラスでは，春から自然物を使った色水遊びが盛り上がり，そこから染物へと展開していきました。

　その様子を毎日のドキュメンテーションに記録，掲示していたところ，Sちゃんのお母さんが染物の資料をもってきてくれました。紅茶染め，コーヒー染め，玉ねぎの皮染めなど，身近なものを使った染物の方法が，わかりやすくまとめられた資料は，子どもたちの興味を膨らませ，活動の幅を広げたと同時に，Sちゃんのお母さんへの憧れの気持ちも生みました。

　日々のドキュメンテーションで染物の活動のことを知ったからこそ得られた，Sちゃんのお母さんの協力，参加でした。

写真14-1　染物レクチャー
➡写真提供：仁慈保幼園（鳥取県，米子市）。

❺ 写真や動画を使った「プロセス」の展示

　先に述べたドキュメンテーションは，日々の生活のなかで子どもたちの様子を伝えるときに使われることが多いアイテムですが，それ以外にも，子どもの姿を伝える機会はあります。たとえば，クラス懇談会や，作品展，生活発表会などです。定期的に掲示されるドキュメンテーションと比べると，機会はぐっと少なくなりますが，こうした行事のときにも動画や写真を活用することで，伝えたい内容がより相手に伝わりやすくなります。

　たとえば，入園して1か月が経った5月，クラス懇談会を行うとします。保護者のなかには「わが子は園で楽しく生活できているのか？」「新しい環境のなか，不安で泣いていないだろうか？」など

写真14-2 懇談会で子どもの動画を見る保護者
➡写真提供：多摩川保育園（東京都，大田区）。

写真14-3 作品展の様子
➡写真提供：世田谷仁慈保幼園
（東京都，世田谷区）。

という心配事がつきものです。そのようなときに，いくら担任が言葉で「日中は元気に遊べていますよ」と話したとしても，その不安は完全には消えません。ですが，日中，元気で遊んでいる様子，笑顔で過ごしている様子を動画で撮影し，それを紹介したらどうでしょうか？　映像を見た保護者は，きっと「心配していたけど，笑顔で過ごせているんだ」「楽しく遊んでいるんだ」と納得し，安心するのではないでしょうか（写真14-2）。保育中，映像を撮影することは難しく感じられるかもしれませんが，デジタルカメラの動画モードなどを使ってさりげなく撮影することで，子どもの自然な表情や何気ない日常の一場面を切り取ることが可能になります。そうした工夫で，保護者が安心し，園を信頼して子どもを預けることにもつながるのです。

　さらに，作品展や生活発表会などで，写真や映像を活用することで，作品や発表といった「結果」だけでなく，そこに行き着くまでの「プロセス」を保護者に伝えることも可能になります。たとえば，作品展では単に作品を展示するだけでなく，その作者である子どもについてまとめた記録や，製作時の写真などを添えます（写真14-3）。そうすることによって，子どもがどのような思いで，何をおもしろがりながら，またどのような試行錯誤を経て完成に至ったか，プロセスを伝えることができるのです。作品だけを見ていては伝わらない一人一人のストーリーを伝えることで，子どものもつ力を，保護者により一層理解してもらうことができるのです。

2 保育環境としての活用

　ここからは，保育環境としての情報機器の活用法について学びます。「情報機器と保育環境」と聞いて，みなさんはどのようなイメージをもたれるでしょうか？　一見，小さな子どもたちには無縁に思える情報機器ですが，上手に活用することで魅力的な保育環境を生み出すことにつながります。

❶ 子どもの興味をさらに広げ，深めるための写真・掲示物

　子どもたちは日常のなかで，さまざまなことに興味をもち，探求する力をもっています。草むらで見つけたダンゴムシの動きに夢中になったり，ピカピカの泥だんごをつくろうと毎日磨き続けたり，赤と青の色水を少しずつ混ぜ合わせて何色になるか実験したり，「おもしろい」「不思議」「美しい」などと思えるものに出会うと，納得するまでとことん追求していきます。ただ，そのときに，重要になってくるのが，そばにいる保育者のサポートです。子どもが感じているワクワクした気持ち，もっと知りたいという意欲に気づき，それを大切にできるか，一緒になって楽しめるかが重要になってくるのです。つまり，ダンゴムシや，泥だんご，色水を「何気なく見過ごしてしまう」と，必要なサポートやアプローチができなくなり，子どもの探求を深めるサポートをすることは難しくなるでしょう。

　保育環境をつくるときに，もっとも大切なのは，目の前の子どもが何をおもしろがっているか，何を不思議がっているか，何に感動しているか知ろうとすることだということなのです。

　保育者は日々の生活のなかで子どもの姿を観察し，それをもとに必要な環境を整えなければなりません。先ほどの例をあげて説明すると，ダンゴムシ好きな子がいれば，観察できるように飼育ケースや図鑑を準備したり，色水に関心をもっている子がいれば，とことん色水を楽しめるように絵の具や食紅，透明の容器やじょうご，スポイトなどを用意したりといったように，「今」の子どもの姿をヒントとしながら，次に何があれば子どもの遊び，探求が深まるのか，

237

常に考えて構成していきます。

　それと同じように，写真や掲示物を活用することができます。たとえば，キャンプに興味をもっている子どもがいれば，テントや焚き火の写真を部屋に飾り，手に取れるようにしたり，レストランごっこが盛り上がっていれば，ウェイトレスの写真や料理の写真を掲示したりします。

　インターネットなどを活用して写真や画像を掲示することで，子どものイメージが膨らみ，新たな興味の広がりを生むことにもつながります。玩具や素材と同じで，環境に用意するタイミングや，出す方法は見極める必要がありますが，こうした写真や画像を活用することで，子どもたちの今ある興味がさらに膨らみ，思考を巡らせたり，経験の幅を広げたりすることにつながります。

❷ 子ども自身の振り返り，他児への興味の広がりに　　つながる掲示物

　先に子どもの興味に関するモノの写真を掲示する環境構成の方法を述べましたが，子ども自身の写真や子どものつくった作品の写真を使うことで効果が期待できることもあります。

① 認められる体験が自信，さらなる意欲につながる

　みなさんは，これまで一生懸命描いた絵やつくった作品を飾られたり，周りの人に「いいね」と言われたりした経験はあるでしょうか？　自分の表現を，誰かが見てくれたり，「いいね」と言ってもらったりする経験，つまり「認められる経験」は，「私は絵が得意」という自信につながったり「新しい作品にも挑戦してみよう」という新たな創作意欲に結びついたりするでしょう。それと同じように，子どもたちも日常のなかで他者に認めてもらうことで，自信をつけたり，意欲を膨らませたりしています。もちろん，遊んでいる場面で，そばに寄り添い「素敵だね」と直接伝えることも大切ですが，子どもが夢中になって遊んでいる写真や，そのときにできあがった作品を掲示することで，それを見た子どもが認められた感覚を感じることもあります（写真14-4）。見やすい場所に掲示することで，保育者だけでなく，友達から認めてもらうこと，知ってもらうことにもつながるでしょう。

写真14-4　子どもの作品の写真の掲示
➡写真提供：世田谷仁慈保幼園（東京都，世田谷区）。

② 遊びの共有，他の子どもたちへの興味の広がり

　多くの園では，それぞれ自分の好きな遊びを選んで取り組む時間が保障されています。そのなかで，大好きな遊びと出会ったり，夢中になれる興味と出会ったりしますが，それをそのままにしておくと，子ども同士は互いの経験や学びを，共有できないまま一日が終わってしまいます。そんなとき，写真を使うことで友達が何をして遊んでいたかを理解しやすくなります。夢中になって遊んでいる写真を掲示したり，集まりの時間に紹介したりすると，「○○ちゃんは，こんな遊びが好きなんだ！」「○○ちゃんは，こういうことが得意なんだな」と他者を知る機会になります。また，それまでは，その遊びに興味をもたなかった子どもが，友達の作品の写真を見て「僕もこんなのつくってみたい！」と新たな興味や経験の広がりを生みます。

　自分とは違う友達と刺激し合いながら成長することは，多様性を認め，生かし合う社会をつくることにつながっていくのではないでしょうか。

③ 子ども自身の活動の振り返り，継続していく興味

　毎日，園で過ごす子どもたちの遊びは，その日その日で途切れているわけではありません。もちろん，数ある遊びのなかには一日で終わっていくものもあるかもしれませんが，少なくともその体験は子どもたちのなかに残り，次に何かに取り組むときに「経験」としてその子どもに影響を与えるでしょう。「瞬間を生きる子ども」である一方で，やはり経験が力となっていく子どもにとって，これま

での取り組みや経験を視覚化したかたちで見られることは，意味のあることと言えます。

　たとえば，子どもたちの活動の様子を時系列に壁面に飾ると，日常生活のなかで自ずと自分たちの生活を振り返ることができます。そして経験してきたことを思い出し「それを生かして次はこんなふうにやってみよう」と新たな活動を始めたり，続きになっていた遊びにまた意欲を燃やし，広げ深めることにつながったりします。

　毎日の体験を積み重ねて学びを深めていく子どもたちにとって，「振り返ることのできる環境」はとても重要だと言えます。

3　保育環境の一つとしての捉え

　これまでは写真やドキュメンテーションを使った環境構成とその意味について学んできましたが，パソコンやデジタルカメラなどの情報機器そのものを，保育環境として使うこともあります。扱いが難しいパソコンやデジタルカメラは，一見，子どもが使用するのには向いていないように感じるかもしれません。もちろん，そばにいる大人が使い方を伝えたり，安全に使えるように見守る必要はありますが，保育環境の一つとして捉えることで，子どもたちの遊びや体験の幅がぐっと広がります（写真14-5，写真14-6）。

　ここからは実際に情報機器を活用して展開した実践例を紹介します。

▶2　仁慈保幼園（鳥取県，米子市）の3・4・5歳児縦割りクラス（子ども26名，担任2名）の実践です。

写真14-5　デジカメを使う子ども
▶写真提供：仁慈保幼園（鳥取県，米子市）。

写真14-6　パソコンを使う子どもたち
▶写真提供：仁慈保幼園（鳥取県，米子市）。

Episode 3 　万華鏡の取り組み

〈3月〉

　前年度から光と影の遊びが盛り上がっていた子どもたちの様子を見て，光あそびのアイテムとして「テレイドスコープ」（筒の先端に球体のレンズを設けたもので前方の景色を取り入れて万華鏡様に映し出すもの）を用意した。筒の先端にビー玉がついたテレイドスコープは，子どもたちから「ビー玉万華鏡」と呼ばれ，興味をもった子どもたちが順々に日々の生活のなかで覗いて楽しんでいた。

〈5月〉

　ビー玉万華鏡を覗くたびに新しい模様ができるのを楽しんだり，万華鏡を解体してなかの構造を知ったりしながら興味を広げていく姿を見て，担任は新たに「カレイドスコープ」という万華鏡を環境に用意した。先端にビーズやスパンコールなど細かなパーツを入れて模様を楽しめるその万華鏡は，ビー玉万華鏡とは違うおもしろさを感じることができた。そんななか，Ａちゃん（4歳児，女）があることに気づいた。カレイドスコープを覗いていたＡちゃんが発見したのは「この万華鏡を回すと，模様が変わるよ！」という気づきだった。そこで早速，朝の集まりを利用して，Ａちゃんの気づきをクラスのみんなで共有した。集まりではＡちゃん自身に，気づきを言葉で話してもらった後，カレイドスコープを一人一人順番に覗きながら「回すと模様が変わること」を確かめた。ただ，担任のなかには「Ａちゃんの気づきをどうにか同時に共有することはできないだろうか」という考えが浮かんだ。同時に共有することで，新たに遊びが広がる可能性があると感じたからである。そこで，すぐにデジタルカメラとプロジェクターを活用することを思いついた。

〈6～11月〉

　子どもたちが覗いたときにできた万華鏡の模様を，デジタルカメラで静止画や動画として記録していき，それを朝の集まりで万華鏡映画館として上映した（写真14-7）。映し出された画像を見た瞬間，万華鏡を覗く遊びとはまったく違う遊びがそこに広がった。さらに，動画を見ながらＡちゃんの気づきをみんなで同時に共有することも実現できた。万華鏡の模様は，スクリーンに映し出すだけでなく，後に身体に映したり，模様を活用して物語を演じたり，お化けの世界をつくり出したりする遊びへとつながっていった（写真14-8）。

写真14-7　万華鏡映画館
➡写真提供：仁慈保幼園（鳥取県，米子市）。

写真14-8　万華鏡を身体に映す
➡写真提供：仁慈保幼園（鳥取県，米子市）。

これは，万華鏡というアナログな遊びに，デジタルの情報機器を加えることで大きく展開した事例の一つです。プロジェクターを取り入れたきっかけは大人でしたが，その後は子ども自身がデジタルカメラやパソコンを保育者と一緒に操作し，遊びの幅を広げていきました。

　プロジェクターを保育環境の一つとして取り入れたことで，新たな発見が生まれ，「万華鏡を覗く」のとはまったく違う映像の，美しさ，不思議さに夢中になりながら，探求することにつながっていったのではないでしょうか。

　保育の中心にいるのはもちろん子どもです。しかし，さまざまな興味・関心にもとづいた遊びが展開されるとき，子どもの発想だけにとどめるのではなく，そばにいる大人の経験値や知識を生かすことで，子ども自身の興味を広げたり，経験の幅を広げたりすることにつながります。大人だからこそ考えついた情報機器ですが，きっかけさえ与えれば，子ども自身が「遊びの道具の一つ」という認識で，自分のものにしていくことができるのです。安全性は考える必要がありますが，相手が子どもだからといって「これは難しすぎる」「子どもには向いてない」と勝手に判断するのではなく，目の前の子どもにとってどのようなサポートや環境が必要かを考え，保育者自身が「環境」を幅広く捉えることが重要になってくるのではないでしょうか？

4 アナログあってこそのデジタル

　これまで，保育の場面において情報機器を活用することで，さまざまな効果が期待できることを学んできましたが，実はその効果が発揮されるためには，一つの条件があると考えられます。それは，パソコンやデジタルカメラ，プロジェクターなどの情報機器を使うアプローチをする前に，とことん「アナログ」な語り合いをすることや，実体験の積み重ねをすることが重要だということです。

　先に紹介した万華鏡の事例は，デジタルカメラやプロジェクターを取り入れたことで大きく展開しましたが，それ以前の段階では万華鏡を覗きながら模様探しをしたり，解体して万華鏡のなかの構造

を知ったりするなど，アナログ体験をたっぷり積み重ね，興味を広げていきました。もしその体験がなく，一方的に大人が万華鏡の映像を紹介していれば，「綺麗だな」「すごいな」という感想が生まれても，事例のなかにあったような発見や，その後の展開にはつながらなかったのではないでしょうか？

　また，先に紹介したドキュメンテーションも，効果的なものをつくるためには，「子どもをしっかり観察する」「観察したことを保育者間で語り合う」などのアナログな過程が必要不可欠だと言えます。

　情報機器を効果的に使うことは，子どもの興味を広げたり，保護者とのコミュニケーションを増やしたり，保育者の振り返りを行うことにつながると言えますが，その根底には，子ども一人一人を知ろうとする意識や，子どものことを語り合う保育者同士の対話の時間がもっとも重要になってきます。アナログなくして，デジタルの効果は期待できないと言えるのではないでしょうか。

Book Guide

・照木公子『だれでも作れる万華鏡──子どもから大人まで楽しく作って遊べる！』日東書院本社，2011年。
　万華鏡の活動が盛り上がったときに実際に保育室に出していた本です。万華鏡のつくり方がわかりやすく説明されています。
・請川滋大ほか（編著）『保育におけるドキュメンテーションの活用』ななみ書房，2016年。
　本書は，ドキュメンテーションとは何かをわかりやすく説明しています。また，具体的な実践例についても記されています。ドキュメンテーションの基本を学ぶのに適しているでしょう。さらに，この続編もあるので，より学びたい方はそちらもおすすめです。

Exercise

1.写真を使って記録をつくってみよう！
　友達や家族などの写真を使って簡単な記録をつくってみましょう。スマートフォンやデジタル

カメラで撮影した写真を5〜6枚使い，Ａ4サイズの紙に「伝えたいこと」に沿ってレイアウトし，それを説明する文章をつけてみましょう。ポイントは，読み手に「何を伝えたいか」をはっきりさせてから，始めることです。

　　例）お店で洋服を選ぶ友達が，あれこれ迷いながら洋服を決めるまでの記録

2.アナログの遊びにデジタルの要素を加えてみよう！

描画，粘土，砂遊び，鬼ごっこ，ままごと，積み木など，子どもたちが普段楽しんでいる遊びをより広げられるような，デジタルの工夫を考えてみましょう。

　　例）積み木でつくったタワーに，プロジェクターで光を投影して楽しむ。

《執筆者紹介》（執筆順，担当章）

大豆生田啓友（おおまめうだ・ひろとも）はじめに，第1章，第5章第2節，第10章第1節
　　編著者紹介参照。

三谷大紀（みたに・だいき）第2章
　　現　　在　関東学院大学准教授。
　　主　　著　『子どもを「人間としてみる」ということ』（共著）ミネルヴァ書房，2013年。
　　　　　　　『保育原理（アクティベート保育学）』（共著）ミネルヴァ書房，2019年。

松浦浩樹（まつうら・ひろき）第3章
　　現　　在　和泉短期大学教授。
　　主　　著　『新キリスト教保育指針』（共著）キリスト教保育連盟，2010年。
　　　　　　　『幼児理解からはじまる保育・幼児教育方法（第2版）』（共著）建帛社，2019年。

遠山洋一（とおやま・よういち）第4章
　　現　　在　バオバブちいさな家保育園前園長。
　　主　　著　『保育のグランドデザインを描く』（共著）ミネルヴァ書房，2016年。
　　　　　　　『響き合う子どもたち』（単著）ひとなる書房，2022年。

渡邉英則（わたなべ・ひでのり）第5章第1節，第12章第3節～第5節
　　編著者紹介参照。

佐々木麻美（ささき・あさみ）第6章
　　現　　在　お茶の水女子大学附属幼稚園教諭。
　　主　　著　『保育用語辞典（第8版）』（共著）ミネルヴァ書房，2015年。

佐々木晃（ささき・あきら）第7章
　　現　　在　鳴門教育大学大学院教授。
　　主　　著　『保育内容「環境」』（共著）ミネルヴァ書房，2021年。
　　　　　　　『0～5歳児の非認知的能力』（単著）チャイルド本社，2018年。

松永静子（まつなが・しずこ）第8章
　　現　　在　秋草学園短期大学教授。
　　主　　著　『幼児期の終わりまでに育ってほしい10の姿』（共著）東洋館出版社，2018年。
　　　　　　　『イラストでわかる！　0．1．2歳児　担任のおしごとまるわかり』（共編著）学
　　　　　　　陽書房，2018年。

平野麻衣子（ひらの・まいこ）第9章
　　現　　在　東京学芸大学准教授。
　　主　　著　『テーマでみる保育実践の中にある保育者の専門性へのアプローチ』（共著）ミネル
　　　　　　　ヴァ書房，2018年。
　　　　　　　『生活習慣形成における幼児の社会情動的発達過程』（単著）風間書房，2018年。

髙嶋景子（たかしま・けいこ）第10章第2節
　　現　　在　聖心女子大学教授。
　　主　　著　『子どもを「人間としてみる」ということ』（共著）ミネルヴァ書房，2013年。
　　　　　　　『子ども理解と援助（新しい保育講座)』（共編著）ミネルヴァ書房，2019年。

石井美和（いしい・みわ）第11章
　　現　　在　港北幼稚園教諭。

益田正子（ますだ・まさこ）第12章第1節・第2節
　　現　　在　前・横浜市立鶴見小学校校長。

若月芳浩（わかつき・よしひろ）第13章
　　現　　在　玉川大学教授。
　　主　　著　『保育の変革期を乗り切る園長の仕事術』（共編著）　中央法規出版，2018年。
　　　　　　　『人間関係の指導法（第2版)』（共編著）玉川大学出版部，2019年。

佐伯絵美（さえき・えみ）第14章
　　現　　在　合同会社子どもベース代表。

《編著者紹介》

大豆生田啓友（おおまめうだ・ひろとも）
　現　在　玉川大学教授。
　主　著　『あそびから学びが生まれる動的環境デザイン』（編著）学研教育みらい，2018年。
　　　　　『日本が誇る！　ていねいな保育』（共著）小学館，2019年。

渡邉英則（わたなべ・ひでのり）
　現　在　ゆうゆうのもり幼保園園長，港北幼稚園園長。
　主　著　『子どもを「人間としてみる」ということ』（共著）ミネルヴァ書房，2013年。
　　　　　『保育原理（新しい保育講座）』（共編著）ミネルヴァ書房，2018年。

　　　　　　　　　　　　　　　　　　　　　新しい保育講座⑥
　　　　　　　　　　　　　　　　　　　　　保育方法・指導法

2020年4月30日　初版第1刷発行　　　　　　　　〈検印省略〉
2023年2月20日　初版第4刷発行
　　　　　　　　　　　　　　　　　　　　定価はカバーに
　　　　　　　　　　　　　　　　　　　　表示しています

　　　　　　　　　編著者　　大豆生田啓友
　　　　　　　　　　　　　　渡　邉　英　則
　　　　　　　　　発行者　　杉　田　啓　三
　　　　　　　　　印刷者　　藤　森　英　夫

発行所　株式会社　ミネルヴァ書房
　　　　607-8494　京都市山科区日ノ岡堤谷町1
　　　　　　　　　電話代表　（075）581-5191
　　　　　　　　　振替口座　01020-0-8076

ISBN978-4-623-08532-3
Printed in Japan

新しい保育講座

B 5 判／美装カバー

① 保育原理
渡邉英則・髙嶋景子・大豆生田啓友・三谷大紀 編著
本体2200円

② 保育者論
汐見稔幸・大豆生田啓友 編著
本体2200円

③ 子ども理解と援助
髙嶋景子・砂上史子 編著
本体2200円

④ 保育内容総論
渡邉英則・大豆生田啓友 編著
本体2200円

⑤ 保育・教育課程論
戸田雅美・渡邉英則・天野珠路 編著

⑥ 保育方法・指導法
大豆生田啓友・渡邉英則 編著
本体2200円

⑦ 保育内容「健康」
河邉貴子・鈴木康弘・渡邉英則 編著
本体2200円

⑧ 保育内容「人間関係」
渡邉英則・小林紀子・髙嶋景子 編著

⑨ 保育内容「環境」
久保健太・髙嶋景子・宮里暁美 編著
本体2200円

⑩ 保育内容「言葉」
戸田雅美・秋田喜代美・岩田恵子 編著

⑪ 保育内容「表現」
小林紀子・砂上史子・刑部育子 編著
本体2200円

⑫ 保育・教育実習
大豆生田啓友・三谷大紀・松山洋平 編著
本体2200円

⑬ 乳児保育
岩田恵子・須永美紀・大豆生田啓友 編著

⑭ 障害児保育
若月芳浩・宇田川久美子 編著
本体2200円

アクティベート保育学

A 5 判／美装カバー

① 保育原理
汐見稔幸・無藤 隆・大豆生田啓友 編著
本体2000円

② 保育者論
大豆生田啓友・秋田喜代美・汐見稔幸 編著
本体2000円

③ 子ども理解と援助
大豆生田啓友・久保山茂樹・渡邉英則 編著

④ 保育・教育課程論
神長美津子・戸田雅美・三谷大紀 編著

⑤ 保育方法・指導法
北野幸子・那須信樹・大豆生田啓友 編著

⑥ 保育内容総論
大豆生田啓友・北野幸子・砂上史子 編著

⑦ 保育内容「健康」
河邉貴子・中村和彦・三谷大紀 編著

⑧ 保育内容「人間関係」
大豆生田啓友・岩田恵子・久保健太 編著
本体2000円

⑨ 保育内容「環境」
秋田喜代美・佐々木正人・大豆生田啓友 編著

⑩ 保育内容「言葉」
汐見稔幸・松井智子・三谷大紀 編著

⑪ 保育内容「表現」
岡本拡子・花原幹夫・汐見稔幸 編著
本体2000円

⑫ 保育・教育実習
矢藤誠慈郎・髙嶋景子・久保健太 編著
本体2000円

⑬ 乳児保育
遠藤利彦・髙嶋景子・汐見稔幸 編著

⑭ 障害児保育
榊原洋一・市川奈緒子・渡邉英則 編著
本体2000円

ミネルヴァ書房

https://www.minervashobo.co.jp/